卓越法官文库

A Study of the Exit Mechanisms for Non-Executable Judgments: From the Perspective of Individual Judgment Defaulters' Cases

执行不能案件退出机制研究

——以个人执行不能案件为研究对象

孙吉旭　著

法律出版社
LAW PRESS·CHINA
北京

图书在版编目（CIP）数据

执行不能案件退出机制研究：以个人执行不能案件为研究对象 / 孙吉旭著. -- 北京：法律出版社, 2024.
ISBN 978-7-5197-9327-2

Ⅰ. D925.04

中国国家版本馆CIP数据核字第2024ME1372号

执行不能案件退出机制研究
——以个人执行不能案件为研究对象
ZHIXING BUNENG ANJIAN TUICHU JIZHI YANJIU
—YI GEREN ZHIXING BUNENG ANJIAN WEI YANJIU DUIXIANG

孙吉旭 著

策划编辑 朱 峰
责任编辑 苗 婕
装帧设计 贾丹丹

出版发行 法律出版社
编辑统筹 辞书·融出版编辑部
责任校对 王 丰
责任印制 吕亚莉
经　　销 新华书店

开本 710毫米×1000毫米 1/16
印张 20 **字数** 237千
版本 2024年8月第1版
印次 2024年8月第1次印刷
印刷 北京建宏印刷有限公司

地址：北京市丰台区莲花池西里7号（100073）
网址：www.lawpress.com.cn
投稿邮箱：info@lawpress.com.cn
举报盗版邮箱：jbwq@lawpress.com.cn

销售电话：010-83938349
客服电话：010-83938350
咨询电话：010-63939796

书号：ISBN 978-7-5197-9327-2

定价：70.00元

凡购买本社图书，如有印装错误，我社负责退换。电话：010-83938349

序　一

生效法律文书确定之债权的实现风险应由债权人抑或法院来承担?不同法域对此有不同的答案,从而也体现出不同法域司法机构的职能差异。这不仅是比较司法制度的重要研究课题,而且对跨境执行判决实务有实践意义。2008年,内地与香港特别行政区相继签订协议管辖安排、相互认可和执行婚姻家庭民事判决的安排以及相互认可和执行民商事案件判决的安排。这使深入研究两地差异显著的判决执行制度及执行不能的后续程序更具迫切性和重要性。

在香港特别行政区,取得生效判决的债权人须自行向政府相关部门查册,向法庭申请资产冻结令、资产披露令、询问令,或者指示第三方私人机构作出资产追踪报告,以确定债务人可供执行的资产。在追踪到债务人的资产后,债权人可向法院申请适当的执行令状(包括押记令、执行令、扣押债务人财产令、第三债务人直接给付债权人令、停付令、有价证券转让停止通知等)。债权人在取得执行令状后,再向法院的执达主任办事处申请强制执行该令状。此后,执达主任会代安排私人护卫员陪同其执行扣押债务人财产令,后者协助在成功执行令状后看守被扣押的财产。执行生效判决的费用(包括执行令状存档费用、执达主任交通费、私人护卫员费用等)须由债权人承担。若债务人违反法院的命令,则构成藐视法庭罪,承担罚金或监禁的刑事责任。如果债务人资不抵债,债权人可向法院提出清盘或破产申请。因此,香港法下,债权人承担生效法律文书确定之债权的实现风险和成本。

而在内地，法院在多大程度上将生效法律文书确定之债权执行到位，成为影响司法机构权威与公信力的重要指标。判决执行被视为实现公平正义的“最后一公里”，解决执行难问题亦成为法院亟须攻克的工作难点和重点。就生效判决确定之债权的执行不到位，应区分“执行难”与“执行不能”两种情形并制定不同的对策。正如最高人民法院院长、首席大法官张军指出，“通过终本清仓、执破融合等方式依法解决确实存在的执行不能案件，促进市场有序出清、盘活资源”，可谓是对执行不能退出机制作出了方向性指引。

然而，在尚未建立个人破产制度的情形下，作为暂时性结案方式的“终结本次执行程序”（终本）清仓时应如何保障债权人的基本利益？当前个人执行不能案件退出机制的具体运作情况如何？存在哪些实践困境？如何解决个人执行不能案件有序退出的目标？现有学术文献鲜有对上述问题作出全面系统的讨论，而孙吉旭博士的《执行不能案件退出机制研究——以个人执行不能案件为研究对象》一书正是尝试弥补这项研究漏洞。

本书首次对判决执行中终本案件进行了全面细致的实证研究和分析，揭开了终本制度在司法实践中的“面纱”。终本制度是我国法院探索执行不能退出机制的一种司法创新。法院亦通过该项程序间接地降低未结案执行案件的数量以达清理积案的效果。但就实践中进入终本程序的执行案件样态、终本案件中涉及无法处置债务人财产或确无财产可供执行的案件样态、终本制度在解决执行不能问题上的实际效果等问题，鲜有文献提供全面的实证资料。本书作者审慎选择具有代表性的样本法院，多维度搜集并分析实证数据，不仅揭开终本制度的“面纱”，而且为准确评价终本制度在清理结案中的实际效果及其对保障债权人利益的有限性等方面提供客观、翔实的实证证据。举一例说明：比如，本书对终本案件中恢复执行的情况进行实证考察，发现司法实务中仅有7%的终本案件得以启动恢复执行程序，且大部分恢复执行案件又因未能成功执行回财产而再次终本，继而进入漫长或永久的“执行冬眠期”。该现象不禁引人进一步思考：那些大量处于执行冬眠期的终本案件对涉案债权人、债务人、司法机构的权威和整体社会的和谐等会造成哪些影响与伤害？作者对此一一作出分析和评价。

本书的另一个亮点即对我国试行“个人破产制度”的实证研究。作者基于其多年的执行工作经验，细致且深入地展示、剖析、评价了多地法院所开展的具有个人破产制度之实质功能的各项尝试，包括深圳中院的个人破产改革试点以及浙江省、江苏省法院所尝试的“类个人破产制度”。作者对相关改革所涉的案件情况、成效、实践困境进行了微观层面的实证调查和分析，并汲取不同试点的改革经验，阐释我国推行“个人破产制度”所面临的实际障碍以及有效实施个人破产制度所需的配套机制。

本书亦务实地提出我国个人执行不能案件退出机制的“两阶段路径”。作者认为终本制度是“近期解决方案”。为提升其实施效果，作者建议完善配套性的财产保全制度、建立金钱给付类执行案件的立案审查制度和执行时限制度。作者视个人破产制度的健全、与执转破程序的有效衔接为执行不能退出机制的“远期解决方案”。基于对个人破产中各项具体制度的比较法考察，结合我国（类）个人破产制度试点的实证发现，本书就启动标准、实体规则、程序设计、配套机制四个层面提出构建我国个人破产制度的建议，为立法者在改革时机成熟之际提供预案与参考。

最后，作为见证人，我了解孙吉旭博士的整个读博过程历经起伏：从一开始的“行路难、行路难，多歧路，今安在？”到中途的“山重水复疑无路，柳暗花明又一村”，再到后期获得“长风破浪会有时，直挂云帆济沧海”的信心。我相信，孙博士的这段学习经历不仅带给他学有所成的快乐，还是丰富人生的一笔浓彩重墨！

丁春艳

2024年6月28日于香港

序　二

生效的法院裁判、仲裁裁决、赋予强制执行效力的公证债权文书确定的内容应当实现，这是维护法律和司法权威的基本要求。然而，在我国，“执行难”的问题还是十分突出。继1999年7月中共中央发出《关于转发〈中共最高人民法院党组关于解决人民法院“执行难”问题的报告〉的通知》（中发〔1999〕11号）之后，党的十六大报告、《中共中央关于全面推进依法治国若干重大问题的决定》均明确提出“切实解决执行难问题”。2019年7月，中央全面依法治国委员会发出《关于印发〈关于加强综合治理从源头切实解决执行难问题的意见〉的通知》（中法委发〔2019〕1号），再次强调解决“执行难”问题并提出了明确、可操作的方案。中央反复提出要求，既体现了国家决策层对解决“执行难”问题的重视，又体现了解决这一问题对完善国家和社会治理体系的重要性。

“执行难”既是一个法律问题，更是一个社会问题。说它是一个法律问题，是因为它发生在通过国家公权力实现民事权利的法律程序中，对于法律权威和司法尊严具有明显的破坏性；说它是一个社会问题，是因为它不仅反映了包括社会诚信体系、经济运行体系、法律制度体系在内的国家和社会治理体系存在的不足，而且会反过来危害国家和社会治理体系。因此，单从法律的角度，尤其单靠人民法院是不可能完全解决“执行难”问题的。只有进行综合治理，将其纳入国家治理体系和治理能力现代化的体系进行源头治理，才有可能切实解决这一难题。提到更高的层次，超越单纯的法律视野来认识“执行难”问题并寻找解决这一问题的路途，是必然之路。

当前，人们已经普遍认识到，解决“执行难”问题应当区分执行难和执行不能两种情形。其中，前一种情形是指债务人具有履行能力的案件的债权人的债权难以通过执行程序实现，主要体现为债务人难找、执行财产难寻、已查控的财产难动、规避执行难治、协助执行难求、执行法官难见、执行周期长、执行效果差、债权实现率低等。后一种情形则是指因债务人确实缺乏履行能力，或者由于执行依据不明确等导致执行机构无法确定执行标的、无法采取执行措施而造成债权人的债权无法实现。由于形成原因不同，解决执行难和执行不能的方案也不一样。但是，应当看到，站在债权人的角度，执行不能也是执行难，甚至是更为严重的执行难。因此，简单地将执行不能归结为债权人应当承担的市场交易风险，进而认为它不属于解决执行难问题的研究对象，显然不符合“执行难”问题是一个社会问题的实际情况，结论也难以被全社会接受，尤其是债权人难以接受。

为了解决执行不能问题，理论界和实务界都在想方设法。其中，《最高人民法院关于适用〈中华人民共和国民事诉讼法〉的解释》规定了终结本次执行程序（简称“终本”）和执行程序转破产程序（简称“执转破”）两项制度。但是，该两项制度不仅在法理上被质疑，实践运行效果也不理想：“终本”率过高，债权人难以接受，“终本”后恢复执行难又增加了执行难的样态；“执转破”率低，没有发挥制度设计者预期的功效。第十三届全国人大常委会第三十五次会议首次审议的《中华人民共和国民事强制执行法（草案）》拟规定裁定“终本”经过五年仍未发现债务人有可供执行的财产的，人民法院可以终结执行，但遭到激烈的反对。如何妥善处理执行不能案件，确实还需要慎重研究。

孙吉旭博士以他的博士学位论文为基础写成的专著《执行不能案件退出机制研究——以个人执行不能案件为研究对象》，从执行案件管理者和执行程序操作者的角度，对现行的“终本”制度和个人破产、个人债务清理程序在个人执行不能案件处置中的作用，进行了全面和系统的分析，提出了我国个人执行不能案件退出的制度建议。

幸得信任，我成为吉旭博士专著的少数读者之一。当我怀着膜拜的心情读完全部稿件，最深的感触是“实”：直面现实、基于实践、强调方案切实可行。

首先，本书用大量的数据分析了个人执行不能案件退出机制的现实情况。重点分析了现行“终本”制度的运行现状，部分地区个人破产、个人债务清理制度在个人执行不能案件退出中的尝试，为读者描绘了一幅真实的个人执行不能案件退出机制现状的图景。

其次，作者从长期从事民事执行案件管理和执行程序操作的实践者的角度，结合相关数据，详细分析了现行制度存在的问题、形成问题的原因、解决这些问题的应然方向。由于作者长期从事民事执行案件的管理和执行程序的操作，本书呈现的现行个人执行不能案件退出机制存在的问题、原因及其解决方向，显然具有相当的准确性与权威性。

最后，本书提出的个人执行不能案件退出机制的建议，特别强调其现实可行性。作者从现实情况出发，设计了个人破产制度确立前与后两种不同的个人执行不能案件退出方案。其中，在个人破产制度确立前，一方面要强化执行案件源头治理工作，把好案件入口关，做好立案、审判、执行三个环节的协调配合，从源头减少执行不能案件；另一方面要做好末端疏导退出，建立执行不能案件退出的时限制度，促使符合条件的案件有序退出执行程序。在个人破产制度确立后，要明确个人执行不能案件转入个人破产的程序性机制与个人破产制度的实体构建，明确退出路径，同时厘清个人破产的程序适用、豁免财产、免责以及失权复权的制度界分，建立适应个人执行不能案件退出的个人破产制度。

吉旭博士是典型的专家型法官和领导。每次与他探讨专业问题，总是受益匪浅。他的博士学位论文的选题、写作以及本书的出版，充分体现了他理论上有造诣、操作上有经验的特质。

个人执行不能案件是否应当退出，如果需要退出又该如何退出，确实是值得研究的重要问题，且应当由正在制定的《民事强制执行法》作出明确规定。现有的“终本”、“执转破”以及建议中的“终本”一段时间后终结执行制度，都是“法院执行结案驱动型”的执行不能案件退出模式，与民事执行程序实现债权的功能定位以及民事执行的“债权人中心主义”基调并不相符。完善破产制度，包括建立个人破产、个人债务重整和债务清理制度，为执行不能案件的债权人提供更多选项，确保其既可以选择申请债务人破产、重整和债务清理，也可以选择在执行程序中等待债务人恢复清偿能力，是完全必要的。与此同时，还要特别强调尊重和保护债权人的选择权，以债权人的选择作为执行不能案件退出的前提，也就是要构建“债权人选择驱动型”执行不能案件退出机制。个人认为，“债权人选择驱动型”执行不能案件退出机制，更加符合作为民事权利实现程序的民事执行的基本属性，更契合民事权利的可处分性特性，与民事执行的“债权人中心主义”基调更加协调，因而应当成为我国执行不能案件退出机制构建的基本方向。吉旭博士的著作，为构建“债权人选择驱动型”个人执行不能案件退出机制提供了具体的路径和运行保障建议，值得认真研究和学习。

在专著出版之际，吉旭博士嘱我写序。感念吉旭博士的信任并得益于拜读吉旭博士大作的启发，我就执行不能与执行难的关系、执行不能案件的退出机制等写成了以上一些文字，向吉旭博士及本书的读者讨教。期待着与吉旭博士以及本书的读者有更多交流，不断推动我国民事执行理论的繁荣和民事执行制度的完善！

谭秋桂

2024年6月28日

前　言

生效法律文书确认的债权难以完全兑现，一直是困扰甚至是影响司法权威的难题。在申请人乃至社会公众的观念之中，执行就是通过各种强制执行措施的采取，迫使债务人履行债务以确保债权实现。如果法院不能及时实现债权，则会被冠以“空调”“白判”“法律白条”“执行不力”等，受到来自各方面的质疑指责批判，“执行难”因之而生。〔1〕自此，“执行难一直被视为阻碍司法正义实现的藩篱”〔2〕。

“执行难”从无到有，再到成为社会普遍关注的问题，大致经历了四个时期：(1)前执行难时期(新中国成立后至改革开放初期)。这一时期的特点是国家实行高度集中的计划经济，个人所有的生活资料仅用于维持基本的生活需要，经济纠纷相对较少。据统计，1980年10月至1981年9月，地方各级人民法院处理的一审民事案件仅有63.2万余件。〔3〕此时，政策和调解工作力量强大，案件更多地自动履行，强制执行仅作为补充性措施，“就地解决”成为民事权益兑现的主要途径。〔4〕到1984年就地解决的案件在所有审结的民事案件中占80%左右，〔5〕可见在当时，执行难并非一个现实问题。

---

〔1〕 郭兵主编：《法院强制执行》，人民法院出版社2008年版，第475页。

〔2〕 杨东伟、张楠：《执行难视域下的个人破产制度研究——以G市Y区人民法院执行案件相关数据为样本》，载《法治论坛》2018年第3期。

〔3〕 黄永民：《通往和谐社会之途——“执法如水”理念的表达与实践》，载《司法改革论评》2007年第1期。

〔4〕 周继业主编：《强制执行新实践》，法律出版社2018年版，第5页。

〔5〕《最高人民法院工作报告(1984年)》，载中国政府网，www.gov.cn。

此外，第一个五年计划期间，地方财政机动性和灵活性很小，中央财政收入占总收入的80%，占总支出的75%。〔1〕地方保护尚未成为影响执行的因素。(2)初步显现期(改革开放初期至1999年)。这一时期，随着改革开放的不断深入，经济纠纷增多，收案大幅增长，而相应的配套制度机制以及法律的缺失，导致大量案件无法执行到位。“有的判决和裁定没有得到执行”〔2〕作为执行工作的突出问题首次出现在1987年最高人民法院的工作报告之中。此后，最高人民法院的工作报告更是提出要“大力扭转执行难的局面”〔3〕。截至1998年底，全国法院共积存未执行案件53万余件，标的金额总计1000多亿元。〔4〕“法院裁判从基本全部执行到位，到仅有六七成能执行到位并形成案件大量积存，无论是当事人还是人民法院，都必然产生明显的心理落差。”〔5〕据统计，人民调解解决的纠纷数从1991年的713万件下降到2002年的314万件。作为替代性纠纷解决机制的调解功能明显弱化，导致大量纠纷进入法院。〔6〕(3)快速发展期(2000年至2018年)。进入21世纪，解决执行难的目标也在不断地发生变化，从最初的“当事人申请执行的案件基本能得到执行，实现执行收结案的动态良性循环”〔7〕，到“最大限度地实现债权人的合法权益”〔8〕，再到“最大限度实现生效裁判所确认的权益，维护司法权威”〔9〕。为破解这一难题，中央陆续发文强力推动。〔10〕理

---

〔1〕 张千帆:《中央与地方财政分权——中国经验、问题与出路》，载《政法论坛》2011年第5期。

〔2〕《最高人民法院工作报告(1987年)》，载中国政府网，www.gov.cn。

〔3〕《最高人民法院工作报告(1988年)》，载中国政府网，www.gov.cn。

〔4〕《中共中央关于转发〈中共最高人民法院党组关于解决人民法院“执行难”问题的报告〉的通知》(中发〔1999〕11号)。

〔5〕 周继业主编:《强制执行新实践》，法律出版社2018年版，第10页。

〔6〕 汤鸣、李浩:《民事诉讼率:主要影响因素之分析》，载《法学家》2006年第3期。

〔7〕《最高人民法院工作报告(2000年)》，载中国政府网，www.gov.cn。

〔8〕《第十届全国人民代表大会第五次会议关于最高人民法院工作报告的决议》，载最高人民法院公报。

〔9〕《最高人民法院工作报告——2007年3月13日在第十届全国人民代表大会第五次会议上》，载人民政府网，https://www.gov.cn/2007lh/content_556959.htm。

〔10〕 1999年7月，中央11号文件转发了《中共最高人民法院党组关于解决人民法院“执行难”问题的报告》，吹响了解决“执行难”的号角；2002年11月，党的十六大报告郑重提出“切实解决执行难的问题”，并将其作为推进司法体制改革的一项重要内容。

论界多维度就执行难题的破解进行了深入的研讨论证。[1]最高人民法院一方面推动内部改革，强化执行管理；[2]另一方面采取有效措施，加大对被执行人的惩戒力度，[3]在全国范围内开展了“清理积案”“破冰行动”“飓风行动”等一系列强制执行活动。为将此项工作推向深入，2016年，最高人民法院提出“用两到三年时间基本解决执行难”[4]。截至2018年底，“基本解决执行难”取得阶段性胜利。[5]（4）分类解决期（2019年至今）。2018年10月24日，时任最高人民法院院长周强向第十三届全国人大常委会第六次会议报告关于基本解决执行难工作时指出，“执行难不同于执行不能”，要探讨“执行不能案件的退出机制”[6]。

关于执行难，理论界与实务界已经作了大量的论述。有学者指出执行难是指被执行人有可供执行财产但故意规避执行，致使债权人权益无法实

〔1〕 曾祥生从完善执行管理机制的角度，参见曾祥生:《无财产案件执行管理机制:困境、改革及其完善》，载《法学论坛》2018年第3期；陈杭平从执行权配置模式的视角，参见陈杭平:《比较法视野下的执行权配置模式研究——以解决“执行难”问题为中心》，载《法学家》2018年第2期；苏福从规范“完成财产调查”的标准认定视角，参见苏福:《民事执行中“完成财产调查”的认定标准与运用向度》，载《东方法学》2017年第5期；张榕从诚信体系的构建视角，参见张榕:《“执行难”化解之误区及其归正》，载《厦门大学学报（哲学社会科学版）》2017年第4期；汤维建、王林清等提出应当借助执行机构改革，将执行彻底外分，真正实现审执分离，参见汤维建:《执行体制的统一化构建——以解决民事“执行难”为出发点》，载《现代法学》2004年第5期；王林清、张璇:《审判权与执行权分离模式之建构》，载《华东政法大学学报》2016年第5期。

〔2〕 1999年10月20日，最高人民法院印发《人民法院五年改革纲要》，提出“在全国建立起对各级人民法院执行机构统一领导，监督、配合得力，运转高效的执行工作体制”的总体改革构想。最高人民法院印发《人民法院五年改革纲要》-中国法院网（chinacourt.org）。

〔3〕 2010年5月17日，最高人民法院审判委员会第1487次会议通过《最高人民法院关于限制被执行人高消费的若干规定》，并于2015年修正。2013年7月1日，最高人民法院审判委员会第1582次会议通过《最高人民法院关于公布失信被执行人名单信息的若干规定》，并于2017年修正。2015年7月6日，最高人民法院审判委员会第1657次会议通过《最高人民法院关于审理拒不执行判决、裁定刑事案件适用法律若干问题的解释》，并于2020年修正。

〔4〕 王茜:《用两到三年时间基本解决执行难问题——最高法提出解决执行难期限》，载新浪网，https://news.sina.com.cn/c/2016-03-28/doc-ifxqssxu8441360.shtml。

〔5〕 周强:《最高人民法院关于人民法院解决“执行难”工作情况的报告》，载《人民法院报》2018年10月25日，第1版。

〔6〕 最高人民法院在《关于落实“用两到三年时间基本解决执行难问题”的工作纲要》中明确将商业风险、交易风险或法律风险排除于执行难范畴，强调要正确区分执行难和执行不能。执行难是指有财产、有条件执行的案件基于各种原因无法执行、拖延执行或懈怠执行的情形。执行不能主要是基于客观原因无法执行的情况，如被执行人无可供执行财产或无履行债务的能力。

现的情形。[1]亦有学者认为，执行难属于一种客观现象，表现为权益实现难，包括权益未实现以及虽然实现但实现过程难。而权益未实现主要表现为因被执行人确无财产可供执行而无法实现以及被执行人虽有财产可供执行但由于各种原因未能实现。[2]此外，有观点指出，执行难是指依法应当执行，被执行人又有偿付能力而因为种种原因导致案件没有执行。[3]还有观点指出，执行难是指“执行员在执行个案中，因某种来自内部或外部的非法对抗执行的行为，而使其不能实施执行行为或实施的执行行为不能继续进行的执行过程”。[4]再如，执行难并非法律概念而是对一种特殊社会现象进行描述的社会学概念，这种特殊的社会现象是指人民法院在执行过程中，因遇到主客观因素的阻碍，致使生效债权无法实现。[5]对于执行难较为权威的论述来自《中共中央关于转发〈中共最高人民法院党组关于解决人民法院“执行难”问题的报告〉的通知》，即“被执行人难找、被执行财产难寻、协助执行人难求、应执行财产难动”[6]。有学者认为应当在“四难”的基础上，再加上“特殊主体难执行，抗拒执行难追责”。[7]

尽管论述的角度不同，但主要聚焦于执行难是因为各种主客观因素的影响，导致生效的法律文书不能及时得到有效执行的情形。概括后主要包括：其一，由于外部因素影响造成的执行难。[8]包括地方保护主义、部门保护主义等干预执行以及被执行人以各种手段规避执行、抗拒执行等。[9]其二，由于内部因素造成的执行难。更多地表现为执行人员在执行过程中存

〔1〕 程功舜：《解决我国民事执行难的新思考》，载《中共山西省委党校学报》2019年第6期。

〔2〕 沈志先主编：《强制执行》，法律出版社2012年版，第32－33页。

〔3〕 景汉朝、卢子娟：《“执行难”及其对策》，载《法学研究》2000年第5期。

〔4〕 高执办：《“执行难”新议》，载《人民司法》2001年第5期。

〔5〕 周继业主编：《强制执行新实践》，法律出版社2018年版，第4页。

〔6〕 叶林果：《破冰人民法院“执行难”》，载《四川经济管理学院学报》2007年第3期。

〔7〕 郑涛：《中国民事执行难问题的再解读——法院权能的视角》，载《南大法学》2021年第1期。

〔8〕 四川省高级人民法院执行局课题组：《无财产可供执行案件退出机制研究》，载《中国应用法学》2017年第6期。

〔9〕《最高人民法院工作报告（1990年）》，载人民政府网，www.gov.cn。

在消极执行、选择执行甚至乱执行等情形。[1]其三，被执行人确无可供执行财产导致案件执行不能。[2]这类案件由于被执行人客观上没有财产可供执行，无论法院采取何种措施，债权人的利益都无法得到有效保护。[3]

从理论界与实务界对于执行难的论述，可以将执行难形成的原因概括为以下几点：（1）从客观情况上看。一是由于被执行人在激烈的市场竞争中失败，导致被执行人丧失履行能力，形成客观上的执行不能。二是法律意识薄弱，个人信用的缺失。被执行人躲债逃债行为盛行，拒执行为屡见不鲜。[4]三是一定程度上基于社会稳定的考虑，法院不敢轻易执行，造成案件久拖不执。[5]四是法院内部一直以来存在"重审判，轻执行"的现实造成执行队伍成为年龄大、学历低人员的聚集地。[6]（2）从体制机制上看。执行工作不同于审判工作，审判工作行使的是裁判权，是对当事人之间争议纠纷的一种判断。裁判依据的是法律规定以及当事人提供的相关证据。而能否执行则完全取决于被执行人有无财产这一客观事实。[7]（3）从立法上看，目前国内尚无专门规范执行工作的强制执行法，只有《民事诉讼法》对执行工作进行了简单的规定，具体的操作规范只能依靠司法解释以及各高级人民法院制定的更加细致的办法。立法缺失导致诸如执行不能案件如何退出缺乏明确具体的法律依据。[8]

执行不能是被执行人财产能力的一种客观状态，[9]是指案件进入执行程序后，被执行人的全部财产无法满足或无法全部满足生效法律文书确

---

〔1〕李宏飞：《对造成"执行难"原因的分析》，载《太原理工大学学报（社会科学版）》2002年第20期。

〔2〕李兆勇：《终本案件分类管理的实证分析与规则构建》，载《人民司法》2022年第16期。

〔3〕徐隽：《向"执行难"全面宣战》，载《人民日报》2016年4月27日，第18版；董如易：《面对"执行不能"：退出与恢复双向通行》，载《人民法院报》2017年11月22日，第2版。

〔4〕《最高人民法院工作报告（1998年）》，载人民政府网，www.gov.cn。

〔5〕童兆洪：《民事执行前沿问题》，人民法院出版社2003年版，第5页。

〔6〕严军兴、管晓峰主编：《中外民事强制执行制度比较研究》，人民出版社2006年版，第10页。

〔7〕董林华：《"执行难"的原因及对策》，载《燕山大学学报（哲学社会科学版）》2005年第1期。

〔8〕潘慧斌、郑丛华：《重获新生：自然人执行不能案件的出路与利益衡平——以构建个人破产制度为思路》，载上海市法学会：《上海法学研究》2021年第9卷。

〔9〕李永林：《论执行不能及其风险后果的承担》，载《四川省政法管理干部学院学报》2002年第3期。

认的债权的情况。[1]对于执行不能案件如何实现有序彻底地退出，司法实务界一直在进行着不断的尝试与探索，但由于终结本次执行程序（以下简称终本程序）只是执行不能案件暂时性地退出，待发现被执行人有可供执行财产线索后，可以随时申请恢复执行，不仅生效债权无法得到及时有效的保障，有限的司法资源被挤占，司法权威、司法公信亦受到极大的质疑。执行不能按照被执行主体不同可以分为个人执行不能与企业法人执行不能。[2]鉴于目前企业法人作为被执行人的执行不能案件可以通过执行转破产（“执转破”）的形式实现退出，因此，本书将研究的对象仅限定于被执行人为个人的执行不能案件。

从最初的中止执行，[3]到债权凭证、[4]分次立案、[5]登记备案，[6]再到终本程序最终以司法解释的形式被固定。[7]对于执行不能案件退出机制的探讨与尝试，一直没有停止。为了回应社会的关切与质疑，法院对终本程序的改造不断深入。[8]当判决确认的权利长期得不到兑现时，申请人就会对司法的公信产生怀疑。过度负债的个人没有合理的退出机制，法院穷尽

---

〔1〕 左登：《健全民事执行程序中执行不能应对机制的若干思考》，载《湖南社会科学》2010年第1期；李兆勇：《终本案件分类管理的实证分析与规则构建》，载《人民司法》2022年第16期。

〔2〕 靳建丽、靳可可：《“基本解决执行难”背景下对“执行不能”问题的探索》，载《湖北经济学院学报（人文社会科学版）》2019年第7期。

〔3〕 对于无财产可供执行案件，1998年，《最高人民法院关于人民法院执行工作若干问题的规定（试行）》中明确可以依照《民事诉讼法》规定裁定中止执行；2004年4月，上海市高级人民法院《关于基层人民法院执行案件流程管理的办法（试行）》第25条直接规定可以中止方式结案；云南省高级人民法院《关于规范执行工作指导意见（试行）》第16条则规定需要中止一定时间后结案；广东省高级人民法院《关于中止执行案件恢复执行的规定（试行）》第18条规定第二次中止可以结案。

〔4〕 童兆洪、林翔荣：《论债权凭证制度的实施》，载《人民司法》2001年第4期。

〔5〕 董振国：《试论一个执行依据多次立案》，载《人民司法》2006年第3期。

〔6〕 蔡晖：《对无履行能力案件的处理》，载《人民法院报》1999年10月28日，第3版。

〔7〕 《最高人民法院关于适用〈中华人民共和国民事诉讼法〉的解释》（以下简称《民诉法司法解释》）第519条规定：经过财产调查未发现可供执行的财产，在申请执行人签字确认或者执行法院组成合议庭审查核实并经院长批准后，可以裁定终结本次执行程序。

〔8〕 武汉市中级人民法院2016年8月出台《关于建立无财产可供执行案件退出和恢复执行机制的意见（试行）》，规定终本程序后继续通过网络查询被执行人财产并及时反馈；广东省高级人民法院2016年8月《关于规范执行不能案件退出强制执行程序的意见（试行）》明确终本程序后继续对被执行人采取限制高消费、纳入失信名单、限制出境等措施；江苏省高级人民法院（以下简称江苏高院）规定将无财产案件纳入终本案件管理系统动态管理3年。

一切执行措施也无法消解，造成大量“执行不能”案件积压。[1]据统计，在进入执行程序的案件中，约有43%属于确无财产可供执行的“执行不能”案件。[2]按照这个比例计算，国内法院每年有近200万件案件无财产可供执行，也就是说，从20世纪累积至今的执行不能案件总数超过了千万件，[3]被执行人为个人的案件（个人执行不能案件）更是占到其中的70%。[4]对于这些个人执行不能案件，目前尚没有可以选择的有效退出路径。[5]终本程序的“退而不出”，不仅造成当事人的误解和耗费巨额执行资源，[6]还导致这些案件只能常年像“僵尸”一样沉睡于法院执行案件管理系统，[7]已经成为法院无法承受之重。

执行不能案件长期无法实现有效的彻底退出，势必造成立法价值减损。[8]对于申请人而言，债权长期得不到实现，使其对于法院甚至社会产生不满、愤怒甚至敌意。[9]对被执行人而言，如果案件执行不能，都要被限制高消费，甚至列入失信被执行人名单，这样的规定对于“老赖”确实起到

---

〔1〕殷慧芬：《个人破产立法的现实基础和基本理念》，载《法律适用》2019年第11期。

〔2〕《最高人民法院工作报告（全文）》，载中国法院网，https://www.chinacourt.org/article/detail/2019/03/id/3791943.shtml。

〔3〕曾祥生：《无财产案件执行管理机制：困境、改革及其完善》，载《法学论坛》2018年第3期。

〔4〕《破除公平正义最后一道藩篱——最高人民法院审判委员会专职委员刘贵祥等回应“基本解决执行难”问题》，载中央人民政府网，https://www.gov.cn/xinwen/2019-03/13/content_5373290.htm。福建省高级人民法院执行局的调研数据显示，被执行人为个人的案件在所有统计的执行不能案件中的占比达到72.25%。参见福建省高级人民法院执行局：《数字说话：执行不能与民商交易风险》，载《人民司法》2002年第10期。

〔5〕管文超：《反思与重构：关于完善我国民事执行案件退出机制的探讨》，载万鄂湘主编：《审判权运行与行政法使用问题研究——全国法院系统第二十二届学术讨论会论文集》，人民法院出版社2011年版，第2003-2024页。

〔6〕曾祥生：《无财产案件执行管理机制：困境、改革及其完善》，载《法学论坛》2018年第3期。

〔7〕数据来源北京法院执行案件系统：北京法院2016年终本案件54190件，终本率34.97%；2017年终本案件70520件，终本率36.93%；2018年终本案件81172件，终本率37.51%；2019年终本案件119255件，终本率59.12%；2020年终本案件103678件，终本率53.56%。需要说明的是，2020年受疫情影响，在全年收结案件下降的情况下，终本案件数以及终本率有所下降。

〔8〕宫云举、于向华：《“执行难”的司法自救——以统一无财产可供执行案件标准为视角》，载《山东审判》2015年第2期。

〔9〕马登科、张晓凡：《终结本次执行论》，载张卫平主编：《民事程序法研究》，厦门大学出版社2016年版，第15页。

了一定的限制与震慑，而大量客观上确无财产可供执行的诚信的被执行人本不该受到这样的惩罚，但由于制度的原因导致这种情况无法避免。这些“诚实的”“确无财产可供执行”的债务人无法投入正常经济活动之中，遑论偿债能力的重建，一定程度上剥夺了其通过自身努力实现“重生”的希望。[1]对于法院而言，由于需要对执行不能案件进行定期的查询、管理，挤占了大量本就十分紧张的司法资源。同时，司法公正与法律权威也因此备受挑战和质疑。对社会而言，“市场经济是一种加入了合作、对话与互惠因素的信用经济，也是主体自律的经济”。[2]在商业交往中遭遇风险与不利后果同样是市场经济发展不可避免的一环，由于执行程序无法引导交易秩序回归正轨，正常的社会经济秩序亦会受到影响。

无论是立法上的缺失，抑或实践中长期存在的诟病与质疑，都指明了寻求执行不能案件彻底退出的路径已成为当下执行领域亟待解决的现实问题。然而，从笔者在知网对“执行不能”进行文献检索的情况来看，学术界对于该领域的重视以及研究程度明显不足。截至2023年2月28日，笔者在中国知网以“执行不能”作为题名/篇名检索到235篇文献资料，经过人工筛查，在剔除与该主题无关联或关联不大的文章后，具体文献资料分布情况如表0-1：

表0-1 “执行不能”文献资料类型

类型	普通期刊	核心期刊	硕士论文	博士论文	报纸	图书专著
数量（篇）	23	8	13	0	58	0

由此可见，“执行不能”领域研究文献呈现三大特点：一是社会领域关注度较高。在检索到的81篇报刊稿件中共有58篇涉及“执行不能”，从标题

〔1〕 高星阁：《“执行不能”案件退出机制的当下境遇与未来图景》，载《学海》2020年第3期；贺小荣：《人民法院四五改革纲要的理论基点、逻辑结构和实现路径》，载《人民法院报》2014年7月16日，第5版。

〔2〕 宫云举、于向华：《“执行难”的司法自救——以统一无财产可供执行案件标准为视角》，载《山东审判》2015年第2期。

能显示出新闻媒体对执行不能关注逐步提升与深入，如"破解'执行不能'的'僵尸案'"[1]"执行不能≠执行难≠执行不力"[2]"探索个人'执行不能'退出路径"[3]等，且自最高人民法院2016年提出"基本解决执行难"的目标后，关于执行不能报道更是逐渐增多，引发社会关注。二是学术成果整体偏少。经过精确检索后笔者发现涉及执行不能研究的期刊类文献共有31篇，其中核心期刊仅有8篇，且时间跨度较大，近几年缺乏深入研究。面对社会越来越高的关切度以及越发棘手的司法现状，学术界对执行不能的关注显著不足。三是理论研究深度不足。从查找结果来看，目前仅有10余篇关于执行不能的硕士论文，尚未有相关的博士论文针对此问题进行系统全面的研究，亦没有相关的专著等对执行不能的基础理论等进行专门研究。

"在执行程序中，如何衡平公正与效率的关系，实现国家公权力的程序性出路与保护申请人私权利的双重价值目标，始终是我们必须面对的课题。"[4]随着"切实解决执行难"[5]的稳步推进，个人执行不能案件的彻底有序退出越发显得重要。现有研究虽有一些成果，但缺乏系统性、全面性、完整性。学者更多地从个人执行不能或个人执行不能案件退出的单一视角进行论述，而实务界的研究更多地侧重于提高法院内部绩效考核、提高执结率的角度去探讨。从理论与实践相结合的视角，对个人执行不能案件退出机制进行宏观、整体的研究相对薄弱；实证研究中数据的采集，往往局限于作者所在的县区或市法院，统计到全省法院的数据极少，无法涵盖更广阔的范围。因此，对于相关问题的分析缺乏全面性；对于域外国家和地区关于个人执行不能案件退出的制度研究，更多地存在于介绍相关的规定，没有比较分析各国相关制度规定的异同。此外，对于域外个人执行不

〔1〕严剑漪：《破解"执行不能"的"僵尸案"》，载《人民法院报》2017年7月23日，第1版。

〔2〕黄榆：《执行不能≠执行难≠执行不力》，载《工人日报》2018年6月18日，第3版。

〔3〕胡芦丹：《探索个人"执行不能"退出路径》，载《台州日报》2019年5月18日，第1版。

〔4〕曹波：《无财产可供执行案件退出机制的重设与运行》，载《人民司法》2009年第15期。

〔5〕"切实解决执行难"概念的提出参见《中共中央关于全面推进依法治国若干重大问题的决定》，载人民网，https://cpc.people.com.cn/n/2014/1029/c64387-25927606-2.html。

能以及执行不能案件退出机制问题研究的文献极少，特别是对一些原始资料的获取路径欠缺，部分文献由于时间过长，其中的内容存在真实性与有效性待考证的问题。

基于上述研究存在不足之处，本书力图对个人执行不能及个人执行不能案件退出机制进行全面系统深入的分析研究，通过填补在先研究的空白之处，改进不足之处，由此提出完善我国个人执行不能案件退出机制的路径建议。笔者将主要围绕以下思路进行研究，试图为彻底解决个人执行不能案件的退出寻找可行的路径：

一是目前个人执行不能案件退出机制的理论研究状况如何？二是作为个人执行不能案件暂时性退出机制的终本程序运转的现状如何？三是作为个人执行不能案件退出机制试点的个人破产以及个人债务集中清理机制的试点效果如何，如果建立个人破产制度会遭遇哪些现实障碍，又应如何破解？四是域外国家（或地区）是否存在个人执行不能案件的退出难题；如果没有，有哪些值得借鉴的制度或做法？五是如何在充分考察现有机制障碍，借鉴域外经验的基础上，设计一套符合我国基本国情且能实现个人执行不能案件有序退出的制度机制？

立法供给的不足和有待进一步深入的理论研究，这也为本书的撰写提供了契机。《强制执行法（草案）》已由最高人民法院提请审议，并向社会公开征求意见。在此大背景下，研究个人执行不能案件退出机制具有了较强的现实意义。此外，个人破产制度入法的呼声日益高涨，地方立法与实务部门更是积极行动，开展了丰富多样的改革探索。[1]本书以研究我国个人执行不能案件退出为题，一方面可以为完善相关立法提供理论依据和规则支撑；另一方面则可以弥补我国关于个人执行不能研究之不足，促进民事执行理论体系和破产法体系的完善。

---

〔1〕 江苏省高级人民法院课题组：《我国个人破产制度立法模式的选择》，载《中国应用法学》2021年第5期。

目　录

第一章　理论探究：个人执行不能退出的逻辑基础 ……… 001
一、个人执行不能概述 ……… 001
（一）“执行不能”定义 ……… 002
（二）“个人执行不能”定义 ……… 004
二、个人执行不能的特征 ……… 005
三、个人执行不能的分类 ……… 007
（一）绝对执行不能与相对执行不能 ……… 007
（二）暂时执行不能与永久执行不能 ……… 008
（三）真实执行不能与虚假执行不能 ……… 009
四、个人执行不能的认定标准 ……… 010
（一）实质标准——被执行人确无可供执行财产 ……… 010
（二）程序标准——“四个穷尽”标准 ……… 014
五、个人执行不能的危害 ……… 023
（一）案件积压，执行机关不堪重负 ……… 023
（二）债务人长期背负债务，无法重生 ……… 024
（三）债权无法实现，申请人信访、闹访不断，司法权威受到质疑 ……… 025
（四）正常的市场交易秩序遭到破坏 ……… 026

六、个人执行不能产生的成因分析 027
（一）市场交易风险长期存在 027
（二）地区经济发展不均衡 028
（三）执行措施的有限性 028
（四）退出路径的立法缺失 031
七、建立个人执行不能案件退出机制的必要性 034
（一）执行效率优先原则的必然要求 035
（二）执行程序公正实现的必然路径 036
（三）司法资源实现合理配置 037
（四）交易风险应当合理分担 039
（五）维护正常市场交易秩序 041
（六）促进司法和谐与社会稳定 043

第二章 现状审视之一：个人执行不能退出机制实证研究之终本制度 047

一、实证研究目的及方法 047
（一）研究目的 047
（二）研究方法 048
二、基础情况概述 052
（一）执行结案分布情况 052
（二）终本案件中被执行人的类型 055
（三）个人终本案件中小标的额占比情况 056
（四）个人终本案件中的主要案由 057
（五）个人终本案件中的债权受偿比例 059
（六）个人终本案件中被执行人确无财产的情况 060
（七）失信、拘留、罚款等处罚措施的适用情况 061

三、深层问题透视……063
（一）执行不能成为切实解决执行难的最大阻碍……063
（二）执行机关受客观因素制约难以有效获取并处置资产……066
（三）恢复执行的消化能力落后于未审结案件的增长速度……070
（四）债权人面对悬而未决的执行结果难言放弃……074
（五）债务人背负终身债务无助于其提升主动履行意愿……075

第三章　现状审视之二：个人执行不能退出机制实证研究之个人破产制度……082

一、实证研究目的与方法……083
（一）研究目的……083
（二）研究方法……084
二、个人破产制度实证研究……085
（一）情况概述……085
（二）试点成效……091
（三）实践困境……095
三、个人债务集中清理（类个人破产）制度实证研究……101
（一）情况概述……102
（二）试点成效……108
（三）实践困境……110

第四章　比较借鉴：个人执行不能案件退出的域外经验……120

一、比较法视野下个人执行不能案件程序性退出机制选择……122
（一）执行时限制度……122
（二）执行转破产制度……127

二、比较法视野下个人执行不能案件实体性退出机制选择 …… 138
（一）比较法视野下的个人破产能力模式选择 …… 138
（二）比较法视野下的个人破产程序选择 …… 147
（三）比较法视野下的豁免财产选择 …… 155
（四）比较法视野下的免责制度 …… 164
（五）比较法视野下的失权复权选择 …… 193

第五章 个人执行不能案件退出的路径选择 …… 202
一、个人执行不能案件退出的路径选择之一：相关制度的建立与完善 …… 205
（一）完善诉讼保全制度 …… 205
（二）实行执行立案审查制度 …… 206
（三）建立健全执行时限制度 …… 208
二、个人执行不能案件退出的路径选择之二：构建个人破产制度 …… 210
（一）个人破产程序的启动与准入规制 …… 211
（二）个人破产的程序规则设置构想 …… 219
（三）个人破产的实体规则设置构想 …… 226
三、个人破产配套制度的构建与完善 …… 245
（一）个人财产登记制度的健全 …… 246
（二）个人信用体系的完善 …… 248
（三）传统债务观念的进一步转变 …… 252
（四）社会保障制度的建立完善 …… 254

参考文献 …… 258

后　记 …… 289

第一章　理论探究：个人执行不能退出的逻辑基础

本章从执行不能的内涵定义出发，逐一论述个人执行不能概念、特征及主要类分，明确个人执行不能的认定标准，阐释个人执行不能的相应危害，再行分析个人执行不能产生的深层次成因，进而从理论层面分析有序建立个人执行不能案件退出机制的必要性，为实践层面合理制定退出机制和举措提供有力支撑。

一、个人执行不能概述

案件判决生效后，能否最终得到执行，起决定性作用的因素是被执行人有无可供执行的财产。[1]当被执行人客观上确无财产可供执行时，案件会处于执行不能的状态。[2]个人执行不能案件寻求规范化的破解出路，首先要全面正确认识个人执行不能的内涵。1998年，最高人民法院首次提出“无财产可供执行”的概念，并将其明确为可以裁定中止执行的情形之一。[3]2009年，中央政法委和最高人民法院联合发布规范文件明确扩大了

---

〔1〕 曹波：《无财产可供执行案件退出机制的重设与运行》，载《人民司法》2009年第15期。

〔2〕 青岛市中级人民法院执行一庭：《民事执行案件退出与救济机制探析》，载《山东审判》2007年第6期。

〔3〕《最高人民法院关于人民法院执行工作若干问题的规定（试行）》第102条第2项规定：“有下列情形之一的，人民法院应当依照民事诉讼法第二百三十四条第一款第五项的规定裁定中止执行……（2）被执行人确无财产可供执行的……”

“无财产可供执行”的适用范围,[1]并将其列为可以裁定终结执行的情形。执行不能是被执行人财产能力的一种客观状态。[2]实质上,被执行人名下财产的多寡决定了其实际执行能力的高低,有财产则可以部分实现或者全部实现生效法律文书确认的债权,无财产则无法实现。[3]被执行人的执行能力并不是一成不变的,而是随着时间的推移不断变化,这种无财产可供执行的客观状态,不以申请执行人的主观意志为转移,而是由社会经济发展水平和市场交易风险的客观存在综合决定的。[4]

(一)“执行不能”定义

审判实践中,无论案件多么疑难复杂,最终都会被审结。与审判相比,执行程序的特殊性体现在,有些案件即使执行机关穷尽一切执行措施,依旧无法发现被执行人存在可供执行财产。此类案件即为客观上的“执行不能”案件。[5]执行不能是指案件作出判决并依法生效后,进入执行程序中,经法院调查核实,被执行人的财产不能实现或者不能完全实现生效法律文书确认的债权。[6]评判或者确认一个案件是否执行不能,需要从生效法律文书确认的债权能否得到实现或者实现的程度这一执行目的的角度来衡量。[7]实践中,执行不能、不能执行以及执行难常被提及,均属于案件未能执行到位的情形,但三者间实质上具有较大区别,应当进行辨析以便于更好理解执行不能的定义。

---

〔1〕 中央政法委、最高人民法院《关于规范集中清理执行积案结案标准的通知》第2条。

〔2〕 董振国:《试论执行不能》,载《人民司法》2002年第5期。

〔3〕 李永林:《论执行不能及其风险后果的承担》,载《四川省政法管理干部学院学报》2002年第3期。

〔4〕 曹波:《无财产可供执行案件退出机制的重设与运行》,载《人民司法》2009年第15期。

〔5〕 董如易:《面对“执行不能”:退出与恢复双向通行》,载《人民法院报》2017年11月22日,第2版。

〔6〕 左登:《健全民事执行程序中执行不能应对机制的若干思考》,载《湖南社会科学》2010年第1期。

〔7〕 郑岗:《破解“执行难”背景下无财产可供执行案件退出机制研究》,载《上海法治报》2017年12月13日,第B05版。

执行不能与不能执行的关键区别在于，执行不能是一种无涉申请执行人或执行人员主观意志的客观存在，而不能执行则是一种主观意志的体现，是人民法院出于对社会稳定、被执行人生存权益等因素的考量，让被执行人在一定时期内有所发展，而选择采取暂不执行。[1]执行不能与不能执行之间界限较为明确，实践中较易混淆的则是执行不能与执行难两个概念。执行难一般是指被执行人有可供执行财产，前提是有财产、具备履行债务的能力，但由于被执行人本身确无财产外的各种主客观原因无法执结。[2]执行不能不同于执行难，其是一种客观状态，即客观上被执行人已经无可供执行的财产，无法通过规范执行行为、加大执行力度等方式，使这种客观状态得以改变。执行不能的本质和根源还是在于社会风险，系市场交易中不可避免的风险与道德风险相交导致的社会问题。

执行不能与执行难的区别主要表现在两个方面：其一，内涵不同。(1)视角不同。执行不能主要从执行结果来评价案件，而执行难主要根据执行过程评价案件。(2)范围不同。执行不能的案件都是金钱给付类案件，而执行难案件不仅包括金钱给付类案件，也包括非金钱给付类案件。(3)被执行人财产状态不同。执行不能是客观上被执行人确无财产可供执行，生效法律文书确认的债权，由于客观原因无法实现；而执行难则是被执行人实质上具有履行能力，由于各种因素的影响导致无法执行到位。(4)解决措施不同。执行不能仅能通过事前合理预判交易风险以及事后制定完善合理的退出机制来寻求解决；而执行难则可以通过深化执行体制改革、制定“民事强制执行法”、加大执行力度、规范执行行为等方式综合施策、协调推进。

其二，外延不同。执行不能仅指被执行人客观上无可供执行财产的情形，而执行难主要表现为由于各种主观因素导致生效法律文书确定的

---

〔1〕 董振国：《试论执行不能》，载《人民司法》2002年第5期。

〔2〕 刘建国：《分清“执行难”与“执行不能”》，载《人民法院报》2018年7月13日，第2版。

权利无法实现。[1]包括但不限于：法院执行人员消极执行导致案件久拖不执；被执行人采取隐匿、转移财产的行为，致使其财产无法被查到；委托执行效果不佳，受托法院往往基于地方保护主义等考量，以无法查到被执行人财产、财产无法处置等理由不予执行；协助执行不顺畅，协助执行是指人民法院根据案件需要，依法通知有关单位或个人协助采取查封、扣押、冻结等措施。[2]因协助执行不畅，如房屋查封不及时导致房屋被多次转卖、银行账户查封不及时导致资金转移，致使申请执行人的权利无法实现。可见，执行不能案件的外延范围要明显小于执行难案件，因债务人确无财产可供执行而依法应当中止或者终结执行的案件，不应当归入执行难的范畴。[3]

执行不能是一个客观存在的现象与问题，在每一个国家或时期都难以避免。执行不能的根本原因在于被执行人客观上处于无财产可供执行的状态，这种情形的出现，很大程度上降低了申请执行人的获得感，也由此引发社会公众对法院执行工作的不满与误解。[4]因此，要通过宣传与解读，让人民群众充分认识到法院执行工作面临的障碍与困境，逐步破除“执行万能”的习惯与偏见。[5]

（二）“个人执行不能”定义

“执行不能是指被执行人的一种财产能力状态。”[6]个人作为被执行人，根据其财产状况可以将其财产能力分为三种不同的情况：一是完全执行能力。即被执行人自身财产足以全部清偿生效法律文书确认的债权。

---

〔1〕 杨荣馨、乔欣：《论强制执行制度的改革与完善》，载田平安主编：《民事诉讼程序改革热点问题研究》，中国检察出版社2001年版，第506页。

〔2〕 田应梅：《论民事强制执行的改革与完善》，载《贵州工业大学学报（社会科学版）》2006年第1期。

〔3〕 葛行军：《再议“执行难”》，载《人民司法》2003年第1期。

〔4〕 董如易：《面对“执行不能”：退出与恢复双向通行》，载《人民法院报》2017年11月22日，第2版。

〔5〕 刘建国：《分清“执行难”与“执行不能”》，载《人民法院报》2018年7月13日，第2版。

〔6〕 李永林：《论执行不能及其风险后果的承担》，载《四川省政法管理干部学院学报》2002年第3期。

二是部分执行能力，又称部分执行不能或相对执行不能。即被执行人的财产只能部分实现生效法律文书所确认的债权。三是无执行能力，又称无财产可供执行或绝对执行不能。即被执行人确无可供执行财产，且完全丧失恢复执行能力的可能性。[1]

个人作为被执行人的案件进入执行程序后，因其确无财产可供执行，人民法院穷尽了执行程序、穷尽了财产调查、穷尽了执行措施、穷尽了制裁措施后，生效法律文书确认的债权仍然无法全部或部分实现，案件已无法继续执行，该类案件即属于个人执行不能案件。数据统计显示，约有43%的案件确无财产可供执行，属于执行不能案件。其中很大一部分包括交通事故、损害赔偿等个人债务是由于被执行人缺乏可供执行财产所致。[2]

二、个人执行不能的特征

个人执行不能案件，从发生的时间上看，案件必须已经进入执行程序。从被执行人履行能力上看，必须是无可供执行财产。从执行结果上看，必须是在执行过程中出现了非正常阻却的事由，案件无法正常进行下去，导致债权无法全部实现。从执行标的上看，主要为金钱给付义务。从执行手段上看，必须是已经穷尽了各种执行措施。除从程序角度呈现上述特点外，个人执行不能案件在实质层面呈现出申请人无法提供有效财产线索、人民法院已无能力核查财产以及善意被执行人长期受困、无法重生三大特征。

（1）线索提供不能——申请人无法提供进一步财产线索

依据法律规定，在执行程序中，申请人负有提供被执行人财产信息的

---

〔1〕 董振国：《试论执行不能》，载《人民司法》2002年第5期。

〔2〕《最高人民法院关于人民法院解决“执行难”工作情况的报告》，载人民法院网，https://www.chinacourt.org/article/detail/2018/10/id/3542564.shtml。

义务，但由于受申请执行人自身财产调查能力的限制以及社会各种不确定因素的影响，提供的财产信息很难达到理想的程度，有时甚至连被执行人家庭住址、电话等关键信息都会出现错误，导致无法与被执行人取得联系或进行必要的线下调查。亦有部分申请执行人为了自身的目的提供虚假、不真实的信息，不仅浪费了有限的司法资源，还将无法查找到被执行人财产的责任甩给法院，影响法院正常工作的开展。〔1〕

（2）财产核查不能——执行部门无法核查到进一步财产线索

随着信息技术的发展和"智慧法院"建设不断深化，人民法院通过统一查控系统查控被执行人财产的手段和能力都有了很大的提高，全国层级的"总对总"网络查控系统以及各级法院间的"点对点"网络查控系统的打造，基本可以实现对房屋、车辆、有价证券、存款等被执行人主要财产的"一网打尽"。但是随着大数据、互联网的迭代，个人财产形式日趋多样化、隐私化、分散化，给执行部门的财产核查提出了新的更大难度的挑战。〔2〕

（3）重生不能——被执行人长期受困于债务枷锁

"诉讼能够给权利人一个法律意义上的法律确认，但执行是受客观因素制约的，胜诉并不必然意味着其权利一定能得到实现。"〔3〕被执行人无可供执行财产，致使生效法律文书确认的债权无法获得兑现。然而，无论是申请执行人，还是社会公众，尚未充分认识到生效法律文书所确定的债权得不到实现，其中有被执行人的原因，有经济发展水平、市场交易风险等多种因素的叠加，也与债权人自身对于交易风险的考量以及预防不足有关。〔4〕他们更多地受习惯思维的影响，认为判决就应当执行，执行不力、执

---

〔1〕 王亚新、百晓锋：《强制执行中债务人财产调查制度的完善》，载江必新、刘贵祥主编：《执行工作指导》，人民法院出版社2011年版，第56页。

〔2〕 肖建国：《民事强制执行立法的中国选择》，载《华东政法大学学报》2021年第2期。

〔3〕 董振国：《完善民商事执行案件退出程序机制研究》，载《法律适用》2006年第5期。

〔4〕 百晓锋：《程序变革视角下的终结本次执行程序制度——以〈民诉法解释〉第519条为中心》，载《华东政法大学学报》2015年第6期。

行不能就是法院的责任，就是法院不作为，并采取各种极端的手段去诋毁去贬抑，从而极大地损害了人民法院的权威以及司法的公信。[1]此时，对被执行人而言，尽管其已经没有可供执行的财产，但是按照现行的法律规定，只要案件没有执行完毕需要终本程序的，都必须对被执行人采取限制高消费措施；对于符合一定条件的还要被列入失信人名单等进行各种惩戒。此外，被执行人从事某些职务工作等也会受到影响，[2]只能长期背负沉重的债务负担，无法实现重生。

三、个人执行不能的分类

对执行不能进行分类有利于更进一步理解执行不能的本质特征，从而更准确把握执行不能退出案件的标准。

（一）绝对执行不能与相对执行不能

按照被执行人的财产状态，也即被执行人是否存在可用于清偿债务的财产所进行划分，可以分为绝对执行不能和相对执行不能。绝对执行不能是指被执行人完全没有可供执行的财产，对于这类案件，人民法院应当按照法律规定及时作出终结执行的裁定，使案件退出执行程序。这样可以实现参与主体的利益最大化：对于法院而言，可以避免不必要的司法资源被占用损耗，有利于集中精力对有财产案件的执行；对于被执行人而言，其基本的生存权益得以保障，不会因为债务的存在而长期受到各种侵扰；对于债权人而言，可以增强其责任意识、风险意识，使其充分认识到债权无法得到实现是其应当承担的市场风险、商业风险、社会风险，其应当有合

---

〔1〕 曹波：《无财产可供执行案件退出机制的重设与运行》，载《人民司法》2009年第15期。

〔2〕 中央文明办、最高人民法院、公安部、国务院国资委、国家工商总局、中国银监会、中国民用航空局、中国铁路总公司《关于印发“构建诚信　惩戒失信”合作备忘录的通知》（文明办〔2014〕4号）规定，被纳入失信被执行人的个人，不得担任企业的法定代表人、董事、监事、高级管理人员等。

理的预判，并且应当无条件地接受。相对执行不能是指被执行人拥有一定数量的可供执行财产，具有一定劳动能力，可以通过劳动能力换取劳动报酬，但并不稳定持续。对于这类案件，人民法院应当及时采取能够采取的各种执行措施，控制变卖被执行人的财产，最大限度地兑现申请人的胜诉利益，并在满足无财产可供执行条件时终结本次执行程序。未清偿的，法院需按规定定期查询，如发现被执行人有财产时，应当及时恢复执行。申请人发现被执行人的财产线索，可以随时申请恢复执行。〔1〕

（二）暂时执行不能与永久执行不能

根据被执行人执行能力不同，可以将执行不能分为暂时执行不能与永久执行不能。暂时执行不能是指被执行人暂时没有可供执行财产或虽然有财产但不能予以处置。被执行人暂时不具备清偿能力，但随着时间的推移，可能会在未来某个时间内恢复清偿债务的能力。暂时执行不能主要有三种不同的形式：一是人民法院穷尽财产调查措施，未能发现可供执行财产。二是虽经查控发现被执行人有财产，但属于无法处置的情形。如《最高人民法院关于人民法院民事执行中查封、扣押、冻结财产的规定》（以下简称《查封、扣押、冻结规定》）第3条〔2〕及《最高人民法院关于严格规范终结本次执行程序的规定（试行）》（以下简称《终本规定》）第4条规定的不能

〔1〕 董振国：《试论执行不能》，载《人民司法》2002年第5期。

〔2〕《查封、扣押、冻结规定》第3条规定："人民法院对被执行人的下列财产不得查封、扣押、冻结：（一）被执行人及其所扶养家属生活所必需的衣服、家具、炊具、餐具及其他家庭生活必需的物品；（二）被执行人及其所扶养家属所必需的生活费用。当地有最低生活保障标准的，必需的生活费用依照该标准确定；（三）被执行人及其所扶养家属完成义务教育所必需的物品；（四）未公开的发明或者未发表的著作；（五）被执行人及其所扶养家属用于身体缺陷所必需的辅助工具、医疗物品；（六）被执行人所得的勋章及其他荣誉表彰的物品；（七）根据《中华人民共和国缔结条约程序法》，以中华人民共和国、中华人民共和国政府或者中华人民共和国政府部门名义同外国、国际组织缔结的条约、协定和其他具有条约、协定性质的文件中规定免于查封、扣押、冻结的财产；（八）法律或者司法解释规定的其他不得查封、扣押、冻结的财产。"

处置的情形[1]。即被执行人的财产经法定程序处理后无法变现，且申请执行人不接受以物抵债；被执行人的财产，如车辆、船舶等特殊动产，虽然已经进行了档案查封，但无法实际查找到财产；等等。三是发现被执行人有部分财产，依法处置后不足以全部清偿所有债务，属于部分执行不能。永久执行不能是指被执行人不仅目前，在未来一定期限内也没有执行的可能。如《民事诉讼法》第264条第3项、第5项规定的终结执行的情形。[2]尽管该条款纳入终结执行的范畴，但其第1款“申请人撤销申请的”，属于申请人自主处分其权利的情形，不属于执行不能；第2款“据以执行的法律文书被撤销的”，由于原生效法律文书确定的债权被撤销，执行失去了依据，也不属于执行不能的范畴；第4款“追索赡养费、扶养费、抚育费案件的权利人死亡的”，由于涉案权利人灭失，客观上已经没有继续执行的必要，也不属于执行不能。

（三）真实执行不能与虚假执行不能

根据被执行人确无可供执行财产状况是否客观真实，执行不能可划分为真实执行不能与虚假执行不能。真实执行不能是指在执行过程中，申请人进行了充分的举证，被执行人向人民法院如实陈述、提供真实财产报告，人民法院详细核查后，最终认定被执行人确无财产可供执行。“真实执行不能既包括全部执行不能和部分执行不能，又包括暂时执行不能和永久执行不能。”[3]虚假执行不能是指被执行人有履行债务的能力或有部分履

---

〔1〕《终本规定》第4条规定：“本规定第一条第三项中的‘发现的财产不能处置’，包括下列情形：(一)被执行人的财产经法定程序拍卖、变卖未成交，申请执行人不接受抵债或者依法不能交付其抵债，又不能对该财产采取强制管理等其他执行措施的；(二)人民法院在登记机关查封的被执行人车辆、船舶等财产，未能实际扣押的。”

〔2〕《民事诉讼法》第264条第3项、第5项规定：“有下列情形之一的，人民法院裁定终结执行……(三)作为被执行人的公民死亡，无遗产可供执行，又无义务承担人的……(五)作为被执行人的公民因生活困难无力偿还借款，无收入来源，又丧失劳动能力的……”

〔3〕董振国：《试论执行不能》，载《人民司法》2002年第5期。

行能力，但为了逃避执行而事先或在执行过程中采取转移隐藏财产，或与第三人串通虚构债务以扩大负债额，或以较低价格出售或以较高价格购入财产，或进行偏颇清偿，从而导致债务无法履行。例如，被执行人将财产借名登记在他人名下、小产权房没有登记权属、价值较大的动产（字画、珠宝等）由第三人保管等。对于真实执行不能案件，人民法院可以根据不同的情况予以区别处理。对于虚假执行不能案件，人民法院应当加大执行力度，采取有效惩戒措施，对抱有侥幸幻想的被执行人形成强有力的震慑，同时对于查证属实的被执行人坚决予以严惩，或罚款、拘留，或追究其刑事责任。〔1〕

四、个人执行不能的认定标准

按照现行法律规定，笔者探讨个人执行不能案件实质上是指个人作为被执行人的终本案件，属于真实的执行不能的情形。在认定个人执行不能案件时，可以参考终本案件认定标准，同时满足实质标准与程序标准，并在此基础上加以完善。〔2〕其中，实质标准是指被执行人确无可供执行财产，程序标准是指“四个穷尽”。符合怎样的条件可以认定为“无财产可供执行”？如何设置实体上的认定标准？程序上如何进行区分？这些问题的答案不仅对于执行不能案件退出机制的构建有着重大的意义，也是认定执行不能案件退出的重要依据。〔3〕

（一）实质标准——被执行人确无可供执行财产

执行实践中，执行财产的取得主要有三个路径：第一是被执行人主动

〔1〕 董振国：《试论执行不能》，载《人民司法》2002年第5期。

〔2〕 参见《终本规定》第1～4条。

〔3〕 王亚新、百晓峰：《无财产可供执行案件的退出机制及相关争议的处理》，载《法律适用》2011年第12期。

履行（包括被执行人申报的财产）；第二是法院依据申请人提供的财产线索查找核实；第三是法院依职权通过网络查控系统查询或者通过线下调查或者搜查被执行人住所地、经营场所等发现。如果通过上述三条路径均没有发现被执行人的财产，就需要对被执行人的财产状态作出认定，即被执行人是否属于法律规定的“确无可供执行财产”的情形。此时，“认定无财产可供执行不是一个传统意义上的证明问题，与诉讼中的证明存在诸多差异，却与诉讼中法官通过证据获得确信具有某种类似的效果”。〔1〕

在现行法律框架下，终本程序的实质标准——确无可供执行财产，可以从两个方面理解把握：一是在执行过程中没有发现被执行人有可供执行财产；二是虽然被执行人有财产，但由于客观原因导致发现的财产无法处置。

1.未发现被执行人的可供执行财产。

实践中，“可供执行财产”主要是指依照《民事诉讼法》在“可供执行财产”的认定顺序上的规定。第一，按照最高人民法院公布的《查封、扣押、冻结规定》第3条的规定，先排除被执行人的豁免财产。第二，按照可查封、扣押、冻结财产的范围的相关规定，以财产的权利外观为认定的基本原则，即根据物权公示的情况，凡登记在被执行人名下的财产（房屋、车辆、存款、有价证券等）以及被执行人实际占有的动产（金银首饰、古玩字画、高档烟酒等），皆应纳入可供执行财产的范围。第三，对于实践中广泛存在的“借名登记”等情况，可以在采取相应的执行措施后，通过赋予实际权利人提起执行异议、申请复议以及执行异议之诉的方式解决。第四，对于共有财产可以按照财产的性质分别处理，无论按份共有或共同共有，可以先征求其他共有人的意见，通过支付等价的方式优先取得共有物中属于被执行人部分的所有权；如果共有人放弃优先权，则可以通过拍卖、变卖

---

〔1〕 刘静：《无财产可供执行案件证据问题研究——以执行财产的发现为中心》，载《证据科学》2014年第3期。

等方式实现共有份额的财产价值。第五，对于所有权保留的财产，如果被执行人是出卖人，则应当允许作为买受人的第三人在合理期限内支付剩余价款以取得所有权；如果被执行人为买受人，则应当以该财产变价款优先支付剩余价款即可。[1]

被执行人的可供执行财产必须是在执行时属于被执行人。如被执行人的部分财产在执行程序开始前已经被合法处分，除能证明系被执行人为了逃避债务履行而恶意转移或者隐匿等特定情形可以认定为无效外，应当确认有效并不得纳入被执行人可供执行财产的范围。对于被执行人未来可能取得的财产，除未到履行期限的请求权、已经具备基本法律要件具有期待权的财产、只要作出明确意思表示就可以取得的财产外，一般情况下不得作为被执行人的"可供执行财产"。[2]

按照中央政法委、最高人民法院联合下发的《关于规范集中清理执行积案结案标准的通知》第3条第8款的规定，个人作为被执行人时，对于无财产可供执行的认定，主要包括：被执行人确无可供执行财产，申请执行人书面同意法院终结本次执行程序；因被执行人无财产中止执行满两年，经查证被执行人确无财产可供执行的；申请执行人明确表示提供不出被执行人的财产或财产线索，并在法院穷尽调查措施后对法院认定被执行人无财产可供执行书面表示认可的；法院穷尽财产调查未发现被执行人有可供执行财产，双方当事人达成分期履行和解协议的；被执行人确无可供执行财产，而申请执行人属于法律规定的特困群体，法院已经按照规定对申请执行人进行司法救助的。

虽然现行法律对无财产可供执行情形进行了规定，但现实复杂的情况使法院在认定被执行人"确无可供执行财产"时具有很大的不确定性，同

---

〔1〕 王智杰：《无财产可供执行案件运行机制的规范化探究——以构建终局性退出机制为中心》，载《华南大学学报（社会科学版）》2021年第4期。

〔2〕 王亚新、百晓锋：《无财产可供执行案件的退出机制及相关争议的处理》，载《法律适用》2011年第12期。

时在财产的处置方面依旧存在较大难题。如对于不动产仍然存在借名登记、小产权房、违章建筑无法处理等问题，农村房屋的处置按照《土地管理法》的相关规定，农村宅基地只有本集体经济组织成员才能够享有，并且原则上实行一户一宅，禁止城镇居民到农村购买宅基地。这样的规定，保护了农村居民的合法权益，但客观上也导致部分农村居民作为被执行人时除农村的房屋外无可供执行财产，而农村房屋由于法律规定的限制，在目前的强制执行实践中，无法作为可供执行的财产予以变现。〔1〕农村房屋是否属于“不能处置”的情形，现在尚无明确的规定。

在对个人确无财产可供执行的认定标准方面，现行的法律规范没有具体明确的规定，实践中主要参照以下顺序：（1）自然人住所地或经常居住地无可供执行财产；（2）已婚的被执行人，未发现其有夫妻共同财产或其他共有财产；（3）被执行人无有价证券、工资收入和其他经常性的收入；（4）申请人不能提供被执行人财产线索或者其提供的线索经查无可供执行财产或提供的财产线索或状况不明确、不确切，法院无法执行；（5）虽有财产，但无法拍卖变卖，申请执行人又不接受以物抵债；（6）被执行人已死亡，但无遗产可供执行，又无义务承担人的，或者因生活困难无力偿还借款，无收入来源又丧失劳动能力的。

2. 发现的被执行人财产不能处置。

按照《关于规范集中清理执行积案结案标准的通知》的规定，个人作为被执行人时，对于被执行人虽有财产，但不能处置的情形主要包括：被执行人的财产无法拍卖变卖，或者不动产经过三次拍卖、动产经过两次拍卖仍然流拍，而申请执行人拒绝接受或者依法不能交付其抵债；经法院穷尽财产调查被执行人虽有财产但不宜强制执行，当事人达成分期履行和解

---

〔1〕 陈荃：《执行程序中对被执行人宅基地上房屋的处置》，载《人民司法（应用）》2018年第34期。

协议的。[1]此外，根据《终本规定》第4条的规定，发现的财产不能处置的包括：(1)被执行人的财产经法定程序拍卖、变卖未成交，申请执行人不接受抵债或者依法不能交付其抵债，又不能对该财产采取强制管理等其他执行措施。《最高人民法院关于人民法院民事执行中拍卖、变卖财产的规定》第27条、第28条以及《最高人民法院关于人民法院网络司法拍卖若干问题的规定》第6条、第26条，分别对“经依法拍卖、变卖未成交”的标准进行了明确的规定。(2)人民法院在财产登记机关已经将登记在被执行人名下的相关财产进行档案查封，如车辆、船舶等，但没有能够实际扣押的。[2]

(二)程序标准——“四个穷尽”标准

在认定执行不能案件退出的程序标准方面，参照《终本规定》的相关规定，应当符合“四个穷尽”的标准，即穷尽执行程序、穷尽财产调查、穷尽执行措施、穷尽执行制裁措施四个方面内容。[3]

1.穷尽执行程序。“执行程序是指民事执行机关在执行当事人、协助执行人及其他有关人员的参加下，根据已经发生效力的法律文书，采取执行措施，迫使债务人履行义务，实现债权人权利的法定阶段、过程与步骤。”[4]执行机关在执行过程中，必须严格遵照法律规定的程序公正执行，凡是法律有规定的程序都必须遵照执行，以确保执行程序公正。

当债务人拒绝履行生效法律文书确定的义务时，经债权人申请或审判机关依职权移送案件进入执行程序。执行过程中，人民法院已经根据《民事诉讼法》及相关法律、司法解释的规定，就一切可供申请执行人申请的

---

〔1〕 刘静：《无财产可供执行案件证据问题研究——以执行财产的发现为中心》，载《证据科学》2014年第3期；邱星美：《终结本次执行制度的创新与未来设计——兼评民事强制执行法草案第83条第1款第8项》，载《中国政法大学学报》2023年第2期。

〔2〕 潘昌锋、孙志丹：《地方法院司法解释性质文件的问题及其破解之道——以执行类司法解释性质文件为切入点》，载《淮阴师范学院学报（哲学社会科学版）》2020年第3期。

〔3〕 郭兵：《强制执行中的司法为民》，载《人民司法》2007年第15期。

〔4〕 谭秋桂：《民事执行法学》，北京大学出版社2010年版，第166页。

权利与程序进行了充分履行与保障，并就执行经过、采取的执行措施及强制制裁措施以及查明的被执行人财产情况、已实现的债权情况、未履行的债务情况等最终执行情况，对申请执行人进行了全面解释，就可以认定为已经“穷尽执行程序”。

笔者认为，“穷尽执行程序”就是要保证执行程序的规范完整。因此，穷尽执行程序是指执行案件从开始进入执行程序，执行法院已经按照法律的规定完成了相应的步骤要求。包括但不限于必须做到：(1)及时向被执行人发出执行通知书、报告财产令，要求被执行人在规定的期限内申报个人财产，并对被执行人申报的财产进行核查；〔1〕(2)及时核实申请人提供的财产线索；〔2〕(3)通过网络查控系统查询被执行人的财产，采取线下调查，必要时可以采取搜查的方式查找被执行人的财产，对发现的被执行人可供执行财产采取查封、扣押、冻结等措施，并及时进行处置分配；〔3〕(4)将所有的执行情况(包括已经采取的财产调查措施、财产处置情况、执行措施以及制裁措施等)告知申请人，明确被执行人已处于“确无可供执行财产”的状态，并征求其对于法院拟采取终结本次执行程序的意见；〔4〕

---

〔1〕《终本规定》第2条第1款规定：“本规定第一条第一项中的‘责令被执行人报告财产’，是指应当完成下列事项：(一)向被执行人发出报告财产令；(二)对被执行人报告的财产情况予以核查；(三)对逾期报告、拒绝报告或者虚假报告的被执行人或者相关人员，依法采取罚款、拘留等强制措施，构成犯罪的，依法启动刑事责任追究程序。”

〔2〕《最高人民法院关于民事执行中财产调查若干问题的规定》第2条第1款规定：“申请执行人提供被执行人财产线索，应当填写财产调查表。财产线索明确、具体的，人民法院应当在七日内调查核实；情况紧急的，应当在三日内调查核实。财产线索确实的，人民法院应当及时采取相应的执行措施。”

〔3〕《终本规定》第3条第1款规定：“本规定第一条第三项中的‘已穷尽财产调查措施’，是指应当完成下列调查事项：(一)对申请执行人或者其他人提供的财产线索进行核查；(二)通过网络执行查控系统对被执行人的存款、车辆及其他交通运输工具、不动产、有价证券等财产情况进行查询；(三)无法通过网络执行查控系统查询本款第二项规定的财产情况的，在被执行人住所地或者可能隐匿、转移财产所在地进行必要调查；(四)被执行人隐匿财产、会计账簿等资料且拒不交出的，依法采取搜查措施；(五)经申请执行人申请，根据案件实际情况，依法采取审计调查、公告悬赏等调查措施；(六)法律、司法解释规定的其他财产调查措施。”

〔4〕《终本规定》第5条第1款规定：“终结本次执行程序前，人民法院应当将案件执行情况、采取的财产调查措施、被执行人的财产情况、终结本次执行程序的依据及法律后果等信息告知申请执行人，并听取其对终结本次执行程序的意见。”

（5）如果申请人不同意终结本次执行程序，应当由合议庭进行合议，并经院长审批同意后依法作出裁定；〔1〕（6）向申请人释明不同意终结本次执行程序可以采取的救济途径；〔2〕（7）告知申请人在案件终本程序后，发现被执行人有可供执行的财产可以随时申请恢复执行，并且不受时效期间的限制；〔3〕（8）告知申请人法院已经建立终本程序案件的单独管理系统，案件终本程序后5年内，法院会依职权每6个月进行一次系统查询，发现被执行人有可供执行的财产，可以依职权恢复执行。〔4〕

同时，执行法院应当将申请执行人财产线索的提供情况、被执行人的财产申报情况、法院通过网络查询系统进行的财产查询情况、采取的线下调查搜查情况、对财产的查封扣押冻结及财产处置分配情况及对被执行人采取的拘留、罚款、限制高消费、纳入失信被执行人名单等制裁措施情况如实记入笔录。〔5〕如果执行法院在执行过程中完成了上述程序，应当视为其已经做到了“穷尽执行程序”。

2.穷尽财产调查。对执行案件的财产调查，主要围绕查找、核实、认定被执行人的财产展开。包括法院通过公权力手段依法对被执行人财产进行的查找，对申请执行人提供的财产线索的核查，以及对被执行人申报财产的认定等。〔6〕最高人民法院《关于人民法院执行工作若干问题的规定

---

〔1〕《民诉法司法解释》第517条第1款规定：“经过财产调查未发现可供执行的财产，在申请执行人签字确认或者执行法院组成合议庭审查核实并经院长批准后，可以裁定终结本次执行程序。”

〔2〕《终本规定》第7条规定：“当事人、利害关系人认为终结本次执行程序违反法律规定的，可以提出执行异议。人民法院应当依照民事诉讼法第二百二十五条的规定进行审查。”

〔3〕《终本规定》第9条第1款规定：“终结本次执行程序后，申请执行人发现被执行人有可供执行财产的，可以向执行法院申请恢复执行。申请恢复执行不受申请执行时效期间的限制。执行法院核查属实的，应当恢复执行。”

〔4〕《终本规定》第9条第2款规定：“终结本次执行程序后的五年内，执行法院应当每六个月通过网络执行查控系统查询一次被执行人的财产，并将查询结果告知申请执行人。符合恢复执行条件的，执行法院应当及时恢复执行。”

〔5〕《终本规定》第2条第2款规定：“人民法院应当将财产报告、核实及处罚的情况记录入卷。”

〔6〕 刘静：《无财产可供执行案件证据问题研究——以执行财产的发现为中心》，载《证据科学》2014年第3期。

（试行）》第28条规定："申请执行人应当向人民法院提供其所了解的被执行人的财产状况或线索。被执行人必须如实向人民法院报告其财产状况。人民法院在执行中有权向被执行人、有关机关、社会团体、企业事业单位或公民个人调查了解被执行人的财产状况。"从该规定可以看出，申请人有责任为实现自己的债权而提供被执行人财产状况或线索，并且这种责任排在首位；被执行人有无可供执行财产都应当如实申报，如实申报是其必须履行的责任和义务，是判断其是否诚信的基础性条件。法院的调查核实责任排在三者的最后，也就是对于申请人提供的线索以及被执行人报告的财产情况要进行核实；对于当事人没有提供和报告的，法院还要承担调查责任，以最大限度地确保债权得以实现。

《终本规定》第3条对"穷尽财产调查措施"应当完成的事项进行了列明，即穷尽财产调查必须做到"四查一搜"。具体包括：一是对申请执行人、与案件有利害关系的第三人或者社会公众提供的财产线索已经进行了核查。二是通过最高人民法院"总对总"以及各地高级人民法院"点对点"的网络查控系统进行了查询；通过现有网络系统全面查询被执行人名下的存款、车辆、不动产、有价证券等财产。〔1〕三是利用传统线下调查途径，前往被执行人住所地、居住地进行核查，或前往存在隐匿、转移财产可能地进行全面核查。四是必要的搜查。对不履行法律文书确定义务的被执行人的人身以及对被执行人的住所地或者财产隐匿地（《民事诉讼法》第259条以及《民诉法司法解释》第494条对搜查的适用条件和程序作出了具体明确的规定），人民法院认为有必要的情况下，应当对被执行人居住地、工作场所、可能转移、隐匿财产所在地进行搜查。〔2〕五是其他必要的措施。

---

〔1〕 潘昌锋、孙志丹：《地方法院司法解释性质文件的问题及其破解之道——以执行类司法解释性质文件为切入点》，载《淮阴师范学院学报（哲学社会科学版）》2020年第3期。

〔2〕 参见《最高人民法院关于民事执行中财产调查若干问题的规定》第14条规定："被执行人隐匿财产、会计账簿等资料拒不交出的，人民法院可以依法采取搜查措施。人民法院依法搜查时，对被执行人可能隐匿财产或者资料的处所、箱柜等，经责令被执行人开启而拒不配合的，可以强制开启。"

如果申请人提出采用审计调查方式或者采取公告悬赏方式的，人民法院可以依据实际情况决定是否实施。[1]

随着社会经济及科学技术的发展，人民法院的财产查控能力也在不断进步。对法院而言，破解调查手段局限的不足，应当充分发挥互联网优势，加强与相关机关（公安、税务、工商等）的合作，打造科学的信息联动共享平台。[2]对被执行人而言，应当增强其报告财产的主动性、真实性。对申请人而言，根据现行的终本程序的规定，恢复执行需要被执行人有财产可供执行，申请人要提供被执行人可供执行财产的线索。实践中，由于申请人调查被执行人财产保障制度的缺失，[3]造成即便被执行人有可供执行财产，而申请执行人也很难发现，最终导致恢复执行率较低。因此，应逐步赋予申请人的财产调查权。目前，调查权属于公权，普通公民并不享有。如果强调申请人的财产线索提供义务，就应当相应赋予其财产调查权。[4]对社会而言，为了全面、有效地预防和打击不诚实的债务人，应当建立有奖举报制度。任何人发现被执行人有可供执行的财产线索，均可向法院进行举报，并应得到一定的奖励。

3.穷尽执行措施。根据《民事诉讼法》第251条第1款的规定，被执行人未按执行通知履行法律文书确定的义务，人民法院有权查封、扣押、冻结、拍卖、变卖被执行人应当履行义务部分的财产，但应保留其及扶养家

---

〔1〕《最高人民法院关于民事执行中财产调查若干问题的规定》第19条规定："被执行人拒不提供、转移、隐匿、伪造、篡改、毁弃审计资料，阻挠审计人员查看业务现场或者有其他妨碍审计调查行为的，人民法院可以根据情节轻重对被执行人或其主要负责人、直接责任人员予以罚款、拘留；构成犯罪的，依法追究刑事责任。"第21条规定："被执行人不履行生效法律文书确定的义务，申请执行人可以向人民法院书面申请发布悬赏公告查找可供执行的财产……人民法院应当自收到书面申请之日起十日内决定是否准许。"第22条规定："人民法院决定悬赏查找财产的，应当制作悬赏公告。悬赏公告应当载明悬赏金的数额或计算方法、领取条件等内容。悬赏公告应当在全国法院执行悬赏公告平台、法院微博或微信等媒体平台发布，也可以在执行法院公告栏或被执行人住所地、经常居住地等处张贴。申请执行人申请在其他媒体平台发布，并自愿承担发布费用的，人民法院应当准许。"

〔2〕姜涛：《被执行人财产查明制度的完善》，载《青岛行政学院学报》2008年第9期。

〔3〕金殿军：《执行程序中财产调查制度亟待完善》，载《人民法院报》2007年8月17日，第6版。

〔4〕田平安：《民事执行措施论》，载《时代法学》2007年第1期。

属的生活必需品。由此可以看出，执行措施主要针对的是被执行人应当履行义务部分的财产，包括查封、扣押、冻结三种临时性控制措施，以及拍卖、变卖两种财产处置措施。[1]按照《查封、扣押、冻结规定》第2条的规定，人民法院可以查封、扣押、冻结被执行人占有的动产，登记在被执行人名下的不动产、特定动产及其他财产权。对于第三人占有的动产或者登记在第三人名下的不动产、特定动产及其财产权，第三人书面确认该财产属于被执行人的，人民法院可以查封、扣押、冻结。此外，对于已经被人民法院查封、扣押、冻结的财产，其他人民法院可以进行轮候查封、扣押、冻结。轮候查封、扣押、冻结自登记在先的查封、扣押、冻结解除时自动生效，以解决多个不同债权对同一执行标的受偿顺序问题。

根据《民事诉讼法》第250条第1款的规定，被执行人未按执行通知履行法律文书确定的义务，人民法院有权扣留、提取被执行人应当履行义务部分的收入。扣留是指人民法院依法强制留置被执行人应得的，但尚未实际获得的工资、奖金、劳动报酬、租金收入等。如果人民法院在执行中发现，被执行人在单位有尚未支取的收入时，应裁定执行并向该单位发出协助执行通知书，协助法院对未支取收入进行扣留或提取。扣留是提取的前提，但如果法院采取扣留措施后，被执行人主动履行了义务，则无须启动提取程序。相反，如果协助单位不履行协助职责，擅自将被执行人的收入支付，则要承担相应的责任。

法律规定强制执行措施是为了确保生效法律文书确认的债权得以实现，但这种执行绝不是没有限度的，并不是被执行人的所有财产都要被查控。因此，穷尽执行措施在实施时需要严格把握好两个方面的内容。

一方面是豁免财产。执行过程中，必须保留被执行人及其扶养家属生活必需的费用以及生活必需品，这是基于最低限度的人权保障与被执行人

[1] 江必新主编：《新民事诉讼法条文理解与适用》（下），人民法院出版社2022年版，第1215页。

人格尊严的价值考量。主要包括：被执行人及其所扶养家属生活所必需的衣服、家具、炊具、餐具及其他家庭生活必需的物品；被执行人及其所扶养家属所必需的生活费用；被执行人及其所扶养家属完成义务教育所必需的物品；未公开的发明或者未发表的著作；被执行人及其所扶养家属用于身体缺陷所必需的辅助工具、医疗物品；被执行人所得的勋章及其他荣誉表彰物品；根据《中华人民共和国缔结条约程序法》，以中华人民共和国、中华人民共和国政府或中华人民共和国政府部门名义同外国、国际组织缔结的条约、协定和其他具有条约、协定性质的文件中规定免于查封、扣押、冻结的财产；法律或者司法解释规定的其他不得查封、扣押、冻结的财产。〔1〕随着执行理论与实践的不断丰富发展，对于被执行人唯一住房能否执行的争论也画上了一个圆满的句号。《查封、扣押、冻结规定》第5条规定："对于超过被执行人及其所扶养家属生活所必需的房屋和生活用品，人民法院根据申请执行人的申请，在保障被执行人及其所扶养家属最低生活标准所必需的居住房屋和普通生活必需品后，可予以执行。"根据《最高人民法院关于人民法院办理执行异议和复议案件若干问题的规定》第20条第1款的规定，金钱债权执行中，如满足相应情形时，被执行人以执行标的系本人及其扶养家属维持生活必需的居住房屋为由提出异议的，人民法院不予支持。包括：(1)对被执行人有扶养义务的人名下有其他能够维持生活必需的居住房屋的；(2)执行依据生效后，被执行人为逃避债务转让其名下其他房屋的；(3)申请执行人按照当地廉租住房保障面积标准为被执行人及所扶养家属提供居住房屋，或者同意参照当地房屋租赁市场平均租金标准从该房屋的变价款中扣除5～8年租金的。

另一方面是查封、扣押、冻结的财产不得超过被执行人应当履行义务的范围。《查封、扣押、冻结规定》第19条第1款规定："查封、扣押、冻结被

---

〔1〕《查封、扣押、冻结规定》第3条。

执行人的财产，以其价额足以清偿法律文书确定的债权额及执行费用为限，不得明显超标的额查封、扣押、冻结。”据此，人民法院在对被执行人的财产采取执行措施时，应当遵循价值相当的原则，查封、扣押、冻结的财产价值应当与被执行人应当履行义务的价值相当。〔1〕被执行人有多项财产可供执行的，要注意选择对被执行人生产生活影响最小且最方便执行的财产。〔2〕对于需要查封的不动产整体价值明显超过债权数额的，应当对该不动产相应的价值部分采取查封措施。〔3〕

如果执行法院已经采取了与案件情况相适应的执行措施，如针对金钱债权的查封、扣押、冻结、扣留等控制性执行措施，以及划拨、提取、拍卖、变卖、以物抵债等处分性执行措施，就应当认定已经“穷尽了执行措施”。〔4〕

4.穷尽执行制裁措施。执行制裁措施是指人民法院在执行过程中，对被执行人采取强制执行措施遭遇阻碍，而采取的诸如罚款、拘留、追究刑事责任等制裁措施来排除这种妨碍，以确保案件执行得以顺利进行。〔5〕对被执行人而言，严格财产申报，对于不如实申报或虚假报告的，加大惩戒力度。随着新型财产形式的不断出现，对财产调查措施提出了新的挑战。而对于被执行人惩戒力度不够、强制措施适用不足、刑事打击欠缺等在一定程度上助长了被执行人隐匿转移财产、恶意逃债的行为。《关于人民法院执行工作若干问题的规定（试行）》中明确规定被执行人必须如实报告其财产状况，而最高人民法院《关于依法制裁规避执行行为的若干意见》也明确了被执行人虚假报告或者拒绝报告的法律后果。但是在执行实践

〔1〕 江必新主编：《新民事诉讼法条文理解与适用》（下），人民法院出版社2022年版，第1198页。

〔2〕 孙瑜：《超标的查封的认定和处理》，载《人民司法》2022年第2期。

〔3〕 江必新主编：《新民事诉讼法条文理解与适用》（下），人民法院出版社2022年版，第1198-1199页。

〔4〕 青岛市中级人民法院执行一庭：《民事执行案件退出与救济机制探析》，载《山东审判》2007年第6期。

〔5〕 胡家强、张立群：《论执行不能案件的退出》，载《中国海洋大学学报（社会科学版）》2012年第2期。

中，被执行人不报告、不如实报告的情况仍大量存在。特别是被执行人报告财产的范围有限，仅要求其报告属于自己的财产，而将被执行人的配偶、子女以及其他共同生活的家庭成员的财产排除财产报告的范围之外，为被执行人转移、隐匿财产打开了方便之门。[1]对于被执行人申报财产出现异动的时间规定为1年内，很显然不利于发现被执行人转移财产逃避执行的情况。德国的“代宣誓”制度则规定，在债务人的财产不足清偿全部债务，或者债务人宣称自己无力清偿债务的情形下，需要其对于4年内将某些特定财产无偿处置的情况作出说明。[2]

此外，还可以借鉴我国台湾地区的规定，在申请执行人无法获取财产线索或发现的财产不足以清偿全部债权时，人民法院根据申请执行人的申请或者依职权责令被执行人在一定期限内申报其财产，如果被执行人不主动申报、不在规定的期限内申报或者存在虚假申报情形的，人民法院可以根据被执行人的不同情况对其采取拘留、罚款、追究刑事责任等强制执行措施，对被执行人形成强大的震慑，使其丢掉逃避债务履行的幻想，积极主动地履行义务，从而保障债权的实现。[3]

当满足“四个穷尽”标准，同时实质上被执行人也确无财产可供执行时，就进入执行不能案件退出的宣告程序。为了避免程序的不公正，应当由负责裁判的法官组成合议庭主持执行不能案件的认定，并决定是否进行宣告。认定程序的启动，既可以是申请执行人、被执行人，也可以是负责案件执行的实施法官。申请执行人对自己提供财产线索的情况，被执行人对自己如实申报财产的情况，执行法官对穷尽财产调查核实的情况，分别作出说明。裁判法官可以就相关问题分别向申请人、被执行人、执行法官

---

〔1〕 刘静：《无财产可供执行案件证据问题研究——以执行财产的发现为中心》，载《证据科学》2014年第3期。

〔2〕 刘健：《德国民事强制执行法律制度浅窥》，载《中国司法》2002年第5期。

〔3〕 姜涛：《被执行人财产查明制度的完善》，载《青岛行政学院学报》2008年第9期；夏宏强、杨坚：《论对被执行人财产的查明》，载《河南科技大学学报（哲学社会科学版）》2007年第3期。

询问。申请人也可以就被执行人有无财产，是否具备履行能力向被执行人或执行法官发问，还可以就执行法官是否穷尽财产调查进行发问。在执行法官已经穷尽了执行措施、被执行人确无可供执行财产、申请人无法提供新的财产线索后，合议庭可以作出认定案件执行不能的宣告决定。

五、个人执行不能的危害

“秩序，乃人和事物存在和运转中具有一定一致性、连续性和确定性的结构、过程和模式等。”[1]“保持执行秩序的稳定、有序是维护当事人合法权益和确保执行工作高效的前提。”[2]而个人执行不能案件的大量存在，就像病毒一样侵蚀着正常的执行秩序，对人民法院、债权人、被执行人、社会都造成了不可忽视的危害。

（一）案件积压，执行机关不堪重负

执行不能的风险并非进入执行程序中才会出现，而是一直隐藏于市场交易过程中，其实质是商业交易风险的存续后果。法院是执行权的落实者，负责推动执行程序的有序开展。但需要明确的一点是，法院仅是执行主体，其义务仅是正确行使法律赋予的公权力来保障司法公正。然而申请人的债权是否最终得以兑现，最根本的还是取决于客观上被执行人的财产能力状态。若被执行人无财产可供执行，无论法院采取什么方式，其经由生效文书所确认的债权最终都无法获得兑现。然而长期以来，债权人对于执行工作的认识都停留在“执行万能”的习惯性思维上，认为债权人获得胜诉判决后法院理应运用公权力全面兑现其胜诉权益，并将执行不能的原因及后果皆归结于法院执行不力等原因，完全忽略被执行人确实已无财产

---

〔1〕 李龙主编：《法理学》，人民法院出版社、中国社会科学出版社2003年版，第199页。
〔2〕 曹波：《无财产可供执行案件退出机制的重设与运行》，载《人民司法》2009年第15期。

可供执行的客观情况。因此需要特别指出的是，“强制执行乃债权人及债务人与执行法院分别发生，债权人与债务人之间，亦生强制执行之直接法律关系”。[1]“人民法院是负责生效法律文书强制执行的公力救济机关，并非生效法律文书的执行义务人。”[2]执行不能案件因无法及时有序退出，执行程序的正常运转遭受了巨大的破坏，大量人力用于处置实际上无法获得执行的案件。

执行实践中，由于执行不能案件长期无法有序退出，造成执行秩序无法安定。申请人信访、闹访成为常态，执行法官面对新收案件以及大量无法执行案件，不仅付出了艰辛和努力，还要承受巨大的心理压力。最高人民法院曾指出，制定执行结案率75%的指标和规定中止执行按结案计算的标准，目的是在保证程序公正的基础上提升执行效率。但部分地方法院不能结合实际，忽视程序公正的价值追求搞指标管理，有的省法院年报执行结案竟高达92%以上，有些甚至达到了97%，[3]“执行难”仿佛不再是个问题了。此外，有的法院中止案件数量过大，占比近该省结案的1/3。有些地方法院中止执行案件期限已经超过10年以上，但仍无可供执行财产。[4]无论是中止执行，还是终结本次执行，都只是法院内部一种结案的管理方式，实际上是内退外不退，造成大量案件积压，执行部门长期负重前行，执行公信力受到怀疑。

（二）债务人长期背负债务，无法重生

对于债务人而言，长期陷于债务的困境使其无法重新投入正常的生产

〔1〕 谭秋桂：《民事执行原理研究》，中国法制出版社2001年版，第98页。

〔2〕 董振国：《试论执行不能》，载《人民司法》2002年第5期。

〔3〕 2020年，广西壮族自治区法院全年执行结案率达到92.79%，参见卢林峰、林东婷：《执行结案率92.79%，终本合格率100%》，载《广西法治日报》2021年1月1日，第A01版；2019年，安徽省法院审判执行结案率达到97.3%，参见李后祥：《全省法院审判执行结案率居全国首位》，载《合肥晚报》2020年1月15日，第A04版。

〔4〕 董振国：《完善民商事执行案件退出程序机制研究》，载《法律适用》2006年第5期。

生活工作之中，导致大量执行不能案件的被执行人选择跑路、跳楼，以摆脱债务枷锁的桎梏。然而如果为其提供可供退出的通道，难免会使债务人产生侥幸心理，即如果可以通过付出较小的成本（如拘留、限制高消费，甚至列入失信被执行人名单），即可获得较多的利益（逃避债务清偿），那必然会使其产生侥幸心理，从而铤而走险。这两种后果都使债务人无法获得真正意义上的重生。

让诚信债务人及时摆脱债务负累，实质上是对诚实而不幸的债务人的一种制度激励。在执行案件中，存在利用程序漏洞试图逃避债务履行的债务人，但也存在确无财产可供执行的诚实的债务人，对于这类案件的债务人，由于其客观上确无财产可供执行，不管采取怎样的措施都不会改变无财产可供执行的客观事实。因此，明确界定此类案件并使其在达到法定的标准时依法彻底退出，不仅可以有效减轻诚信债务人的经济生活压力，使其能够维持正常的基本生活，还可以通过制度激励，减少该类案件债务人丧失生活的信心并逐步演变为社会的不和谐因素。〔1〕

（三）债权无法实现，申请人信访、闹访不断，司法权威受到质疑

从职权角度理解，人民法院及时有效地执行生效法律文书，维护当事人的合法权益是人民法院履职尽责的应有之义。法院设立专门执行部门用以执行本院一审民事、行政判决、裁定、调解书等一系列生效法律文书。胜诉权利人理所当然地对于法院公权力强制执行以维护其权利抱有期待。然而，“诉讼能够给权利人一个法律意义上的法律确认，但执行是受客观因素制约的，胜诉并不意味着其权利一定能够得到实现”。〔2〕

从Z省W市法院对2017年至2019年个人作为被执行人案件的结案情

〔1〕 王智杰：《无财产可供执行案件运行机制的规范化探究——以构建终局性退出机制为中心》，载《南华大学学报（社会科学版）》2021年第8期。

〔2〕 童兆洪主编：《民事执行调查与分析》，人民法院出版社2005年版，第29页。

况进行的调研统计看，以终本程序方式结案的占比分别达到79%、71%、68%，而终本程序后恢复执行完毕的案件分别占总案件数的10%、4%、3%。[1]对于债权人而言，在其生效文书确认的合法权益得不到及时兑现时，极有可能选择信访、上访、闹访等方式寻求解决。执行不能案件的大量存在，使当事人的基本权益受到严重的威胁，法律的尊严也无法得到保障，从而动摇了人民群众对党和国家的信服力，致使社会稳定发展受到挑战。[2]"执行员在执行这类案件时的重复性财产调查、执行强制措施、案外工作及由此衍生的巨大催办信访压力，极大冲击了执行程序的有序性、时限性、不可逆性、终结性、法定性，严重破坏了执行程序安定的价值取向。"[3]

执行实践中，无论是客观原因，抑或主观原因，只要债权人经过审判获得的债权无法通过执行得以实现，其就会更多地强调法院主观的因素，认为法院执行不力。因此会通过各种形式表达对法院执行工作的不满，通过各种渠道闹访、信访，对法院执行工作形成各种压力。

（四）正常的市场交易秩序遭到破坏

我国的市场机制是在计划经济的羁绊下逐步发展起来的，尽管经过几十年的发展已经逐步成熟，但大量的市场主体在承受市场交易风险方面还存在先天不足，一旦某些市场主体出现"执行不能"形成呆账、坏账等情形而无法实现有序退出，就会影响整个市场的正常交易秩序。"执行不能的退出机制，会使债权因缺乏公权力救济而无法实现，但案件的客观执行不能不因公权力干预而改变，势必会使债权人在民事活动中提高警惕、防范风险。"[4]对于社会而言，大量执行不能案件未能及时妥善化解，众多市场

---

〔1〕 潘慧斌、郑丛华：《重获新生：自然人执行不能案件的出路与利益衡平——以构建个人破产制度为思路》，载上海市法学会：《上海法学研究》2021年第9卷。

〔2〕 王棋国：《论和谐司法》，载《法治研究》2007年第1期。

〔3〕 曹波：《无财产可供执行案件退出机制的重设与运行》，载《人民司法》2009年第15期。

〔4〕 胡家强、张立群：《论执行不能案件的退出》，载《中国海洋大学学报（社会科学版）》2012年第2期。

交易主体财产情况无法确定，不利于构建稳定的市场交易秩序。市场主体在进行交易时，就应当注意到可能产生的风险，并对自身的承受能力与这种交易风险作出理性客观的评估，任何组织和个人都没有义务也无法替代债务人去降低或承担可能发生的市场风险。〔1〕

六、个人执行不能产生的成因分析

造成个人执行不能的原因很多，但主要包括市场交易风险和弱势群体的存在、执行查控手段的有限性以及退出路径的立法缺失等因素。正是这些原因的客观存在，决定了个人执行不能案件不以债权人的主观意愿为转移，也是人民法院在现有法律框架下无法彻底解决的根本所在。

（一）市场交易风险长期存在

"执行不能不仅是一种社会现象，而且是一种司法现象，同时也是一种市场现象。"〔2〕市场交易风险是公民、法人或者其他组织在签订或者履行合同过程中可能存在或者发生的不利后果。福建省高级人民法院执行局的调研数据显示，高达95.14%的执行不能案件是由于与市场交易风险相关的因素造成的。〔3〕

"市场经济是风险经济。"〔4〕每一个进入市场的主体都应当对这种风险有清醒的认识。〔5〕市场经济的客观规律表明有交易就会有风险，风险天然地存在于市场交易的过程之中，执行不能正是这种交易风险在执行程序中

---

〔1〕梁帅：《我国执行救助基金制度的困境与出路》，载《法律适用》2011年第9期。

〔2〕李永林：《论执行不能及其风险后果的承担》，载《四川省政法管理干部学院学报》2002年第3期。

〔3〕福建省高级人民法院执行局：《数字说话：执行不能与民商交易风险》，载《人民司法》2002年第10期。

〔4〕曹波：《无财产可供执行案件退出机制的重设与运行》，载《人民司法》2009年第15期。

〔5〕李永林：《论执行不能及其风险后果的承担》，载《四川省政法管理干部学院学报》2002年第3期。

的延续。[1]因此，市场主体在订立合同之初，就应当对这种可能存在的交易风险作出理性评估，并采取有效措施加以预防，充分预见到交易风险是随时可能发生的不利后果。作为对债权人合法权益事后救济程序的强制执行不可能承担，也无法完全避免客观发生的全部风险。

（二）地区经济发展不均衡

地区经济发展不均衡是我国的基本国情。近年来，随着经济的高速发展，人民生活水平有了显著提高，但地区差异也在不断拉大，而"社会的经济发展水平是决定被执行人财产能力状态的关键"。据统计，2018年，广东省强制执行到位金额为1274.5亿元，[2]云南省同期执行到位金额仅为377.75亿元。[3]从两省强制执行到位的金额就可以看出经济发展不同造成的地区差异，而这种差异自然会延伸到执行工作之中。尽管截至2020年底，我国已经实现了在现行标准下的脱贫目标，但数据显示有将近1亿人处于脱贫的边缘。这些人一旦遭遇突发意外事件（如地震、雪灾、交通事故等），很可能会马上返贫，资不抵债。在执行程序中，决定案件最终能否顺利执结的核心在于被执行人的财产能力状态，而社会经济发展水平以及市场交易风险的有效防范成为制约被执行人有无可供执行财产的关键。[4]

（三）执行措施的有限性

在现有法律框架下，对于被执行人可供执行财产的查找主要依赖于人民法院。然而，由于法院查控措施手段的有限性，加之受限于被查控主体、协助执行主体的配合程度等因素，尚不足以完全避免被执行人逃避执行、

---

〔1〕 曹波：《无财产可供执行案件退出机制的重设与运行》，载《人民司法》2009年第15期。

〔2〕 《龚稼立在省人大作法院工作报告》，载广东法院网，gdcourts.gov.cn。

〔3〕 《云南省高级人民法院工作报告》，载云南人大网，ynrd.gov.cn。

〔4〕 曹波：《无财产可供执行案件退出机制的重设与运行》，载《人民司法》2009年第15期。

规避执行的行为，无法发现被执行人的可供执行财产。[1]虽然近年来个人诚信体系建设取得了飞速的发展，但是尚没有对被执行人在全社会形成更加有效的震慑。多重因素制约执行措施，致使部分案件显现为执行不能。

一方面，随着网络技术的发展，法院的财产查控方式不断升级。“最高人民法院建立‘总对总’网络查控系统，与公安部、民政部、自然资源部、交通运输部、人民银行、中国银行保险监督管理委员会等16家单位和3900多家银行业金融机构联网，可以查询被执行人全国范围内的不动产、存款、金融理财产品、船舶、车辆、证券、网络资金等16类25项信息，基本实现对被执行人主要财产形式和相关信息的有效覆盖，极大提升了执行效率，实现了执行查控方式的根本变革。”[2]但与被执行人逃避执行、规避执行手段的多样化和隐蔽化相比较，仍存在很大的局限性。[3]由于目前对于现金、金银首饰、古玩字画等动产缺乏相应的个人财产登记制度，被执行人往往会通过假离婚、借名登记、委托保管等形式，在案件申请执行前将财产隐匿转移。[4]另一方面，执行制度规定还有待完善提升。“任何惩罚都会给违法者带来损失，损失的大小决定了惩罚的威慑效果。”[5]尽管《刑法》规定拒执罪，但实践中适用率较低，很难对逃避执行的被执行人形成有效的震慑。此外，现行的保全规定不完善，对实践中保全适用率低形成了很大的影响。对于不守信用的被执行人而言，诉讼过程中或者诉讼之前，其可能存在用于执行的财产，但为了逃避执行，在诉讼开始后、诉讼过程中或者判决生效后，其采取各种措施转移财产逃避执行。《民事诉讼法》规定

---

〔1〕 郑岗：《破解“执行难”背景下无财产可供执行案件退出机制研究》，载《上海法治报》2017年12月13日，第B05版。

〔2〕 赵春艳：《最高法院晒出“成绩单”》，载《民主与法制时报》2018年11月11日，第2版；朱宁宁：《让失信被执行人一处失信处处受限》，载《法制日报》2018年10月25日，第1版。

〔3〕 江必新主编：《新民事诉讼法条文理解与适用》（下），人民法院出版社2022年版，第1280页。

〔4〕 刘贵祥：《人民法院执行工作现状与分析》，载《中国应用法学》2018年第1期。

〔5〕 戴彦艳、孙日华：《环境公益诉讼中的利他主义》，载《西部法学评论》2014年第2期；桑本谦：《公共惩罚与私人惩罚的互动——一个解读法律制度的新视角》，载《法制与社会发展》2005年第5期。

了诉讼保全和诉前保全制度。保全制度本可以减少这种现象的发生，但实践中由于债权人风险意识淡薄、对保全的功能价值认识不准确、情感因素影响等，导致其没有及时去采取保全措施。[1]《民事诉讼法》规定“当事人没有提出申请的，人民法院在必要时也可以裁定采取保全措施。”然而对于“必要时”缺乏可操作性的指引规范，在案件未经审理完之前，法官主动采取保全措施的情况非常少见。另外，先予执行规定的条件和适用范围过于苛刻。[2]最初设立先予执行制度主要是为了解决“三费”案件的执行问题。[3]此后，逐步发展到由于部分原告因经济困难，需要被告先支付一定的款项用于维持原告正常的生活等。[4]在惩处机制方面，根据《民事诉讼法》第248条的规定，被执行人拒绝或虚假报告执行财产的，执行法院可据其情节轻重程度对被执行人予以罚款、拘留。但情节轻重在实践中如何认定？法律并没有一个明确的标准，导致实践中适用不多，操作性不强，影响了对被执行人惩罚的威慑力度。

技术升级能提升查控措施效率力度，完善执行制度与惩处机制能加强对被执行人的处置与威慑，这些举措确实能够使部分原本处于执行不能的案件得以执行，但对于真实的、永久的、绝对的执行不能案件，因为该类执行不能属于一种客观状态，不会由于执行措施的改进而获得彻底解决。

---

〔1〕 刘贵祥：《人民法院执行工作现状与分析》，载《中国应用法学》2018年第1期。

〔2〕《民事诉讼法》第109条规定：“人民法院对下列案件，根据当事人的申请，可以裁定先予执行：(一)追索赡养费、扶养费、抚养费、抚恤金、医疗费用的；(二)追索劳动报酬的；(三)因情况紧急需要先予执行的。”；第110条规定：“人民法院裁定先予执行的，应当符合下列条件：(一)当事人之间权利义务关系明确，不先予执行将严重影响申请人的生活或者生产经营的；(二)被申请人有履行能力。人民法院可以责令申请人提供担保，申请人不提供担保的，驳回申请。申请人败诉的，应当赔偿被申请人因先予执行遭受的财产损失。”

〔3〕 李仕春：《民事保全程序研究》，中国法制出版社2005年版，第88页。

〔4〕 肖承池：《浅议先予执行》，载中国法院网，https://www.chinacourt.org/article/detail/2005/10/id/181654.shtml。

（四）退出路径的立法缺失

如前所述，执行不能并非突然出现的，而是伴随市场经济发展自然而然产生的客观现象。为缓解执行不能案件堆积带来的巨大执行压力，提升案件执结率，立法机关也在不断通过立法途径试图寻求解决办法，司法机关在司法实践中也不断尝试适用各种方式寻求执行不能案件处置的最优解。1998年最高人民法院《关于人民法院执行工作若干问题的规定（试行）》将“执行不能”表述为“无财产可供执行”。根据该规定，在执行过程中未发现被执行人有可供执行财产的，应当中止执行。中止执行是指由于出现法定事由或者某种特殊情形，致使执行程序无法继续进行而暂时中断，待中断事由消失再恢复执行程序。[1]“虽然执行不能的情形也存在消除的可能，但这种消除不具有可预见性，当事人在将来也许可以获得履行的能力，但也可能永远没有能力履行义务。”[2]执行中止充其量只是一个暂停键，案件在短期内因中止事由的出现，暂时停止案件的执行，待规定的情形消失再继续执行。[3]但该规定对于长时间无法消除执行阻碍的案件如何处理并未作出明确的规定，导致一些法院为了片面追求结案率，无视此规定，直接将中止执行作结案处理。有的法院规定，案件在中止裁定满1年可作结案处理，有的法院则规定案件在第二次被裁定中止时方可作结案处理。中止执行不应被纳入执行不能案件的退出机制中去，这既与其立法宗旨相违背，更无助于解决执行不能问题，还可能引发申请人抵触情绪。为了提高案件执结率，同时消解由于执行中止而产生的矛盾，各地法院进行了多种努力

〔1〕 张卫平：《民事诉讼法》，法律出版社2016年版，第496页。

〔2〕 左登：《健全民事执行程序中执行不能应对机制的若干思考》，载《湖南社会科学》2010年第1期。

〔3〕 翁晓斌：《对执行公正的思考》，载《人民司法》2005年第6期。

与尝试，先后出现了债权凭证、分次立案、执行登记备案等方式。〔1〕

债权凭证制度主要适用于金钱债权类的执行案件，经人民法院调查核实确认债务人没有可供执行财产后，将尚未执行完毕的债权数额记载其上，并允许债权人待发现债务人可供执行财产时，可依此凭证随时申请恢复执行的制度。〔2〕债权凭证制度源于我国台湾地区有关强制执行的规定，最初从江苏省常州市中级人民法院开始尝试，到浙江省高级人民法院制定《关于执行中实施债权凭证制度的若干规定（试行）》，并在全省法院中试行。此后，云南、〔3〕陕西〔4〕等省高级人民法院陆续开始推行。"债权凭证制度的法理价值在于对未了债权物权化的保护模式。"〔5〕尽管该制度在域外处理执行不能案件的退出时起到了很好的效果，但由于其缺乏理论指导和法律依据，被认为是对已生效法律文书的重复性认定，是对法律权威的"践踏"，同时由于缺乏规范统一的适用程序，极易影响申请人权益的实现。该制度实施后，部分债权人以及社会舆论质疑法院有规避执行法律规定以及出具"法律白条"之嫌，最终该制度"不了了之"。〔6〕

深圳市中级人民法院（以下简称深圳中院）曾经制定《执行申请权登记规定（试行）》以及《执行案件流程管理规定（试行）》，最早提出了分次立案的管理模式。所谓分次立案就是对于执行不能案件，法院依据申请执行人提供的财产线索，将一个执行案件分为多个案件，分次立案、分次执行，将能够执行的部分执行，不能执行的部分再重新立案。〔7〕最终使有财

〔1〕 四川省高级人民法院执行局课题组：《无财产可供执行案件退出机制研究》，载《中国应用法学》2017年第6期。

〔2〕 蓝贤勇：《民事强制执行法理论与实务》，人民法院出版社2004年版，第146页。

〔3〕《云南省高级人民法院关于执行中实施债权凭证制度的规定（试行）——2001年10月16日云南省高级人民法院审判委员会第88次会议通过》，载《云南日报》2001年10月25日，第B04版。

〔4〕 郑少忠：《陕西法院实施债权凭证制度——债权人凭债权凭证可随时申请执行》，载《人民日报》2002年1月16日，第10版。

〔5〕 肖建国、童兆洪：《债权凭证制度的"生命力"》，载《人民法院报》2002年6月9日，第3版。

〔6〕 葛行军：《民事强制执行实务专题讲解》，中国法制出版社2007年版，第132页。

〔7〕 董振国：《试论一个执行依据多次立案》，载《人民司法》2006年第3期。

产线索的及时执行完毕，尚未执行部分，申请人可以再次申请。分次立案无论是对于法院还是对于申请人，都是一种无奈之举。申请人知晓被执行人确无财产可供偿债，但是由于申请执行保护期限的规定，依旧会选择提出申请。面对日趋积压的执行案件，人民法院建议申请人在能够提供的被执行人可供执行财产的范围内提出执行申请，也是最大限度地保护了申请人的权益。该做法满足了债权人的部分债权实现，保留了其再次申请的权利，同时减少了法院的积案。但由于该做法相较于债权凭证制度使用的范围更小，没有得到法律的认可，最终也难逃被摒弃的命运。

执行登记备案制度是指申请人在法律规定的申请执行时效期限届满前，向法院提出执行立案申请，法院审查后将符合申请执行条件的案件进行登记，并依此中断申请执行时效的制度。〔1〕对于没有财产可供执行的案件，建立登记备案制度，保留申请人的申请执行权。〔2〕该制度的法理依据在于程序正义，体现的是英美法系国家的法律积淀，深圳中院最早采用此做法。在执行立案阶段，对于金钱债权案件，被执行人下落不明或金钱匮乏的，申请执行人可以申请登记，法院审查后发给执行申请权登记凭证。申请人待发现被执行人有可供执行财产的，可随时向法院提出财产查控申请，不再受申请时效的限制。〔3〕执行申请权登记凭证在执行程序中交法院妥善随案保管；在每次执结时，由主办执行法官在相应栏目作出记载后，交还申请执行人保管；在生效法律文书完全执结时，由法院收回归档。该制度的优势在于立案时针对案件的不同情况区别对待，有效避免确无财产可供执行的案件进入执行程序，从源头减少了执行不能案件。但是在现行法律框架下，这一规定无疑与执行时效制度的规定存在冲突，从开始实施

〔1〕 厦门市湖里区人民法院课题组：《关于终结本次执行制度的调研报告》，载齐树洁主编：《东南司法评论》，厦门大学出版社2014年版，第128页。

〔2〕 蔡晖：《对无履行能力案件的处理》，载《人民法院报》1999年10月28日，第3版。

〔3〕 深圳中院《执行案件流程管理规定（试行）》第9条。

便争议较大，最终被废弃。

上述解决执行不能案件的尝试实属司法实践的无奈之举，其根本原因在于立法没有对于执行不能进行明确的规定，被执行人出现执行不能如何处理缺少法律依据，造成司法实践中的混乱，个人执行不能案件不断增多。

目前，针对执行不能案件在立法层面主要有两种处理模式：其一是终本程序。按照最高人民法院《关于执行案件立案、结案若干问题的意见》的规定，案件要终本程序必须符合规定的条件。[1]此外，终结本次执行只是临时退出执行程序，待发现被执行人有可供执行财产或者发现被执行人有可供执行的财产线索，可以随时恢复。其二是终结执行。根据最高人民法院《关于执行案件立案、结案若干问题的意见》第17条第1款第3项、第5项的规定，案件符合规定的特殊情形的可以终结执行。终结执行属于案件的彻底退出，一旦采取终结执行程序，案件不得恢复执行。[2]因此，执行实践中，采取终结执行的案件数量相对较少，特别是出于维稳等因素的考量，法官更愿意采取终本程序，但在终本程序下案件实则无法解决执行不能问题。当前，在执行不能案件的认定与退出方面，立法尚缺乏明确有效的宣告机制规定。[3]

七、建立个人执行不能案件退出机制的必要性

个人执行不能案件有序退出执行程序，可以实现多方参与主体的利益最大化。对于法院而言，可以避免不必要的司法资源被占用损耗，有利于集中精力对有财产案件执行，实现对执行程序效率价值追求。对于被执行人而言，其基本的生存权益得以保障，不会因为债务的存在而长期受到各

〔1〕 最高人民法院《关于执行案件立案、结案若干问题的意见》第16条。

〔2〕 张法能：《执行退出机制：公正与效率的博弈——以再执行程序的"W"与"H"为角度》，载《法治论坛》2014年第3期。

〔3〕 曹波：《无财产可供执行案件退出机制的重设与运行》，载《人民司法》2009年第15期。

种侵扰。对于债权人而言，可以增强其责任意识、风险意识，使其充分认识到债权无法得到实现是其应当承担的市场风险、商业风险、社会风险，其应当有合理的预判，并且应当无条件地接受。[1]对于社会而言，各方权利义务尽快归于稳定，有助于商业市场健康发展，规范市场交易秩序。因此，有必要建立个人执行不能案件退出机制，平衡各方期待与利益，维持正常交易秩序，维护社会稳定。

（一）执行效率优先原则的必然要求

"权益实现的高效化和权益实现的最大化是强制执行的基本价值追求，在可能的条件下应当力争使二者同时得以实现。"[2]"债权人的权利尽可能迅速并完全地得到实现，是强制执行制度应该力争的最基本目的。"[3]然而"司法资源的有限性，禁止因为追求实体正义而将执行活动永无休止地进行下去，从根本上违背效益原则的要求"。[4]"从制度功能上来说，民事执行制度是个别清偿，在于解决个体与个体之间的问题，制度追求在于效率。"[5]简言之，"执行程序的价值在于效率"[6]。执行程序强调效率，是指在保证公平基础上，最大限度提升案件执行速度，提高执行效率、节约执行成本。做到在最短的时间内，以最低的执行成本，实现生效法律文书确定的权利。[7]"执行效率最大化，意味着执行工作必须快速和高效。"[8]执行中的效率主要体现在两个方面：一是速度。"现代法治所要实现的正

---

〔1〕江必新主编：《新民事诉讼法条文理解与适用》（下），人民法院出版社2022年版，第1280页。

〔2〕沈志先主编：《强制执行》，法律出版社2012年版，第18页。

〔3〕马荣：《精准执行协同作战的实践考量——以江苏省徐州市中级人民法院涉徐工集团案件专项执行活动为研究样本》，载《人民司法（应用）》2018年第13期。

〔4〕张俊：《强制执行专题分析》，知识产权出版社2016年版，第7页。

〔5〕吕澄：《无财产可供执行案件退出机制研究——与瑞士立法例之比较》，载《黑龙江省政法管理干部学院学报》2017年第4期。

〔6〕周继业主编：《强制执行新实践》，法律出版社2018年版，第413页。

〔7〕黄怡捷：《民事执行的理念更新和相关内容重塑》，载《广西青年干部学院学报》2004年第4期。

〔8〕周继业主编：《强制执行新实践》，法律出版社2018年版，"代序"第3页。

义包括结果正义和时间正义，长时间依法执行无果就说明法非良法，或至少是法有瑕疵。"[1]因此，在整个执行过程中都要体现一个"快"字，在最短的时间内实现生效法律文书确认的债权。二是成本。"尽量减轻申请执行人的负担，同时兼顾被执行人的正当权益，以最佳的执行方式，最低的执行成本，实现债权的最大化。"[2]

统计显示，党的十八大以前，全国法院每年执结的被执行人有财产的案件中，自动履行的案件率占比不到5%，消极等待强制执行的案件率约占15%，80%以上案件的被执行人不同程度地存在逃避、规避甚至暴力抗拒执行的行为。[3]这必然要耗费大量的司法资源进入执行程序，大量当事人将矛盾出口对准执行程序，此时坚持效率优先原则的重要性不言自明。执行不能案件有序退出，可以将释放出来的司法资源有针对性地投入更具有现实执行紧迫性的案件之中，从而实现执行程序效率价值的最大化。

（二）执行程序公正实现的必然路径

执行不能会阻碍正义价值的实现。[4]而程序真正永恒的生命基础在于其公正性。[5]"程序公正是司法公正的核心和灵魂。"[6]对于债权人而言，法律的公平与正义就是将生效法律文书确认的债权及时予以兑现。[7]程序公正是指执行程序的启动、运行及其终结都要严格遵守法律的规定，并且严格贯彻公开原则，确保执行各方当事人的程序权利得以实现。[8]"规范有

---

〔1〕 胡家强：《执行不能案件退出机制的理论基石与法律分析》，载《河北学刊》2012年第5期。

〔2〕 严军兴、管晓峰主编：《中外民事强制执行制度比较研究》，人民出版社2006年版，第13页。

〔3〕 周继业主编：《强制执行新实践》，法律出版社2018年版，"代序"第5页；林杰、吴双胜、张振宇：《隐匿涉案财物挖掘的被执行人多维画像系统研究》，载《系统科学学报》2021年第3期。

〔4〕 李阳：《三年"大考"成绩单出炉：总分高、单项强！——代表审议最高人民法院工作报告聚焦"基本解决执行难"》，载中国法院网，https://www.chinacourt.org/article/detail/2019/03/id/3785281.shtml。

〔5〕 谢佑平、万毅：《论司法改革与司法公正》，载《中国法学》2002年第5期。

〔6〕 孙永军：《程序公正与司法资源的合理配置》，载《江南论坛》2009年第1期。

〔7〕 周继业主编：《强制执行新实践》，法律出版社2018年版，第2页。

〔8〕 童兆洪：《民事执行前言问题》，人民法院出版社2003年版，第1-2页。

序的执行程序是生效裁判得以迅速有效执行的保障。”〔1〕否则，无论判决多么公正，如果债权得不到实现，公平正义也就无从谈起，债权人及社会公众就会对程序公正产生怀疑。

“就无财产可供执行案件而言，其在本质上体现为民商事交易风险在执行阶段无法获得充分且有效救济的一种法律现象。”〔2〕实体法对于交易风险的负担作出了明确判定，但对执行中的风险却一直没有明确，虽然人民法院一直通过各种方式试图为执行不能案件找寻合理的退出方式，如债权凭证、终本程序等，但对于涉及个人无法执行到位的案件始终无法通过明确的程序达到彻底退出的目的，当事人面对的风险始终无法确定。法律所赖以生存最基础的程序正义更是备受诟病。因此，执行不能案件退出机制建立的价值体现在能够以公示公开的形式彻底划定执行中的风险，最终实现案件的彻底退出，使程序正义能够得以保证。

（三）司法资源实现合理配置

“司法资源是以司法程序解决社会矛盾的物力、财力、人力等物质要素的总称，它的配置合理与否对于司法公正的实现程度有着至关重要的影响。”〔3〕对司法资源进行合理配置，就是要在执行工作中遵循执行经济原则，即以最小的执行成本，实现最大的执行效益。〔4〕“最合理的司法资源配置，能够达到帕累托最优，能最大限度地实现司法公正。”〔5〕“司法资源的有限性，禁止因为追求实体正义而将执行活动永无休止地进行下去，从根

---

〔1〕 胡家强、张立群：《论执行不能案件的退出》，载《中国海洋大学学报（社会科学版）》2012年第2期。

〔2〕 四川省高级人民法院执行局课题组：《无财产可供执行案件退出机制研究》，载《中国应用法学》2017年第6期。

〔3〕 孙永军：《程序公正与司法资源的合理配置》，载《江南论坛》2009年第1期。

〔4〕 常怡、崔婕：《民事强制执行立法研究》，载田平安主编：《民事诉讼程序改革热点问题研究》，中国检察出版社2001年版，第532页。

〔5〕 孙永军：《程序公正与司法资源的合理配置》，载《江南论坛》2009年第1期。

本上违背效益原则的要求。"[1]然而，执行不能的实践，却恰恰进行着与司法资源合理配置相悖的坚守。如浙江省温岭市人民法院的统计数据显示，该院2017年至2019年的终本程序案件中，个人作为被执行人的案件占比分别为79%、71%、68%，而案件终本程序后，恢复执行完毕的比重仅为10%、4%和3%。[2]

执行案件不断增长与个人执行不能退出机制缺失的矛盾始终无法得到有效解决，使大量终结本次执行案件常年集聚在执行程序之中，事实证明仅从执行内部探寻解决路径的尝试都将走向失败。[3]"依据司法资源合理配置理论，执行工作不可能每次都以符合申请执行人的主观意愿的完美结果而收尾，尤其在申请执行人不积极提供被执行人财产线索完全依赖法院的情形下，完全以是否实现法院裁判结果来评判法院执行工作是不全面的。"[4]"鉴于中国现有司法资源相对于社会诉求而言具有稀缺性，因此在其配置管理上更应谨慎精细，不能无限运用。"[5]

在司法体制改革背景下，员额制使法官资源得到了优化。而对于执行不能案件，如果将现有的法官资源在执行程序中进行徒劳无功的往返，不仅无法使执行的效益得到最大化，以满足债权人债权实现的司法需求，也会浪费和挤占本就稀缺的司法资源，影响有财产案件的执行。司法资源是有限的，尤其是在执行资源与执行案件之间的人案矛盾不断凸显的情况下，就显得更加紧缺。在目前法律框架下，大量个人执行不能案件依旧占用着执行资源，且该类案件即使投入人力、物力也无法实现申请人的债权，那些有着明确财产线索、可以获得有效执行的案件，却因此实实在在地受

---

〔1〕 张俊：《强制执行专题分析》，知识产权出版社2016年版，第7页。

〔2〕 潘慧斌、郑丛华：《重获新生：自然人执行不能案件的出路与利益衡平——以构建个人破产制度为思路》，载上海市法学会：《上海法学研究》2021年第9卷。

〔3〕 杨东伟、张楠：《执行难视域下的个人破产制度研究——以G市Y区人民法院执行案件相关数据为样本》，载《法治论坛》2018年第3期。

〔4〕 胡家强：《执行不能案件退出机制的理论基石与法律分析》，载《河北学刊》2012年第5期。

〔5〕 胡家强：《执行不能案件退出机制的理论基石与法律分析》，载《河北学刊》2012年第5期。

到了影响，无法实现快速高效的执行。司法资源的稀缺性决定了应当将有限的司法资源配置到更需要、更有价值的地方。

“因为纯粹从强制执行法学理论的角度来看，如果债务人确实没有可供执行的财产就属于法学上所谓‘执行不能’的情形，强制执行程序只能就此彻底终结。”[1]“执行不能案件退出机制的出发点就在于根据案件实际将司法资源重新整合，为取得更好的司法效果有针对性地开展工作，避免法院长期被沉重的积案包袱所累，使之能够集中力量完成执行可能的案件，兼顾法律的公平和效率，这从一个侧面说明了构建执行不能案件退出机制的合理性和可行性。”[2]

（四）交易风险应当合理分担

一直以来，无论是在申请人还是社会公众的观念中，只要申请人启动了强制执行程序，就等着法院去帮助自己实现生效法律文书确认的债权，至于法院耗费多大的司法资源在所不论。但案件申请执行后穷尽各种措施，确无财产可供执行，亦是当事人应当承担的风险。生效法律文书确认的债权应当得到实现，但无法实现是由于被执行人客观上没有可供执行的财产所致。为有效防范诉讼风险，最高人民法院通过诉讼风险告知制度，让当事人在提起诉讼时做好承受、防范和应对诉讼风险的心理准备和行动预期。[3]退出制度可以促使申请人增强风险意识，主动积极地调查被执行人的财产线索，否则将承担不利的执行后果，无疑是将公平的价值理念引入执行之中。[4]

处于市场经济中，所有交易主体在交易过程中享受着因商业交往带来的经济利益，同时也应当具有承受亏损的心理预期。市场经济条件下，每

---

〔1〕 董振国：《完善民商事执行案件退出程序机制研究》，载《法律适用》2006年第5期。

〔2〕 胡家强：《执行不能案件退出机制的理论基石与法律分析》，载《河北学刊》2012年第5期。

〔3〕 唐京：《论民事诉讼风险》，载《中共四川省委省级机关党校学报》2004年第3期。

〔4〕 江伟：《民事诉讼法学原理》，中国人民大学出版社1999年版，第736页。

一个市场主体在交易中都要承担利益损失的风险，都可能在市场竞争中失败从而陷入财务困境。“权利得到司法确认并不等于权利必然能够实现，权利能否实现以及实现的程度，并不完全取决于执行的力度，客观上取决于债务人的履行能力。”〔1〕此外，当事人在权益受损后提起诉讼并不必然能够促使其权益回到原始状态，当事人在诉讼活动中可能遇到一些争议事实以外的因素等诉讼风险，影响案件审理和执行，致使其合法权益无法实现。〔2〕为了保护债务人的生存与发展权利而设立的豁免财产不能用于债权的清偿，似乎是对债权人权利的侵害，但从市场经营风险的角度看，属于债权人由于未能充分预测到相应的对市场交易风险所应承担的风险责任。〔3〕与民事执行程序中的类似规定〔4〕在立法目的和价值追求上是一致的。

个人执行不能案件的退出制度在发挥保障债权人公平受偿权，以及对债务人救济与保护功能的同时，也发挥着教育的功能，即通过严格的诚信义务要求和相应的行为限制规定，强化个人以及金融机构的风险意识，促使个人更加理性地进行消费，更加审慎地开展业务经营；可以促使金融机构不断完善信贷审查评估，强化贷款的催收管理。最终实现交易双方“诚实理性交易、合理防范危机的长远目标”〔5〕。执行不能案件退出机制的构建可以极大地增强债权人的责任意识和风险意识，一方面有助于事前防范，

---

〔1〕 童兆洪：《论民事执行权的运行》，载《法律适用》2004年第1期。

〔2〕 胡家强：《执行不能案件退出机制的理论基石与法律分析》，载《河北学刊》2012年第5期。

〔3〕 李晓燕、鹿思原：《论我国个人破产制度的构建》，载《山西大学学报（哲学社会科学版）》2020年第2期。

〔4〕 《民事诉讼法》第243条“作为被执行人的公民死亡的，以其遗产偿还债务。作为被执行人的法人或者其他组织终止的，由其权利义务承受人履行义务”，以及《查封、扣押、冻结规定》第5条“对于超过被执行人及其所扶养家属生活所必需的房屋和生活用品，人民法院根据申请执行人的申请，在保障被执行人及其所扶养家属最低生活标准所必需的居住房屋和普通生活必需品后，可予以执行”的规定。

〔5〕 深圳中院：《良法善治，个人破产探索市场主体保护新方法》，载深圳市中级人民法院微信公众号，https://mp.weixin.qq.com/s?src=11&timestamp=1678349756&ver=4395&signature=Yu4sIuvJj2hG8tBw6uuNlCPtVecUngjQyxihgeTGwVYtNSWRylCZDvjcGIbHyjZDuopzahqr0EJHukRc8Ryeoq2j40YRKXI*yDrBzyBixBHxYySfuLd6zyVqQnCF0iBm&new=1。

更加理性地选择交易主体从事市场经济活动，合理评估交易行为可能产生的风险后果。另一方面可以促使当事人在风险发生时及时采取有效措施，将可能产生的风险降到最低。[1]因此，可以说“执行不能案件的退出是诉讼风险分担的一种必然，并不是公权力对私权保护的放弃，更不能成为责难人民法院执行工作的借口”。[2]

（五）维护正常市场交易秩序

健康的市场交易秩序是社会经济正常发展的重要基石。2018年《最高人民法院工作报告》显示，在进入执行程序的案件中约有43%属于确无财产可供执行的“执行不能”案件。据此，“我国法院每年有近200万件案件无财产可供执行，从20世纪累积至今的无财产案件总数当以千万件计算”。[3]构建执行不能案件退出机制能够有效为淤积于执行程序中的无财产可供执行案件提供正当化出口，并对社会诚信体系的构建完善起到较大积极意义，从而促使形成更加规范化、成熟化的市场交易秩序，带来健康的、可持续发展的经济秩序。

全国首例个人破产案中的被执行人蔡某，即属于客观执行不能的情形，[4]其通过个人破产摆脱了沉重的债务枷锁，实现了重生。“对于诚实而不幸的债务人予以部分的债务免除，助力其在较为宽松的财务环境之下获得重生，对于剩余债务的偿还以及社会整体经济环境的净化既是激励也是

---

〔1〕 胡加强、张立群：《论执行不能案件的退出》，载《中国海洋大学学报（社会科学版）》2012年第2期。

〔2〕 胡家强、张立群：《论执行不能案件的退出》，载《中国海洋大学学报（社会科学版）》2012年第2期。

〔3〕 曾祥生：《无财产案件执行管理机制：困境、改革及其完善》，载《法学论坛》2018年第3期。

〔4〕 被执行人蔡某是某破产企业的股东，经法院判决认定其应对破产214万余元债务承担连带清偿责任。但其名下仅有一辆已报废的摩托车和少量存款，以及某机械有限公司1%的股权（实际出资额为5800元），蔡某及其配偶月收入均为4000元左右，且蔡某长期患病，需要较大的费用开支。此外，其孩子正在读书。《温州办结全国首例个人债务集中清理案件　破产债务人获“新生”机会》，载温州新闻网，http://news.66wz.com/system/2019/10/09/105200244.shtml。

助力。”[1]在市场经济条件下，有成功者就必然有失败者。当债务累积到一定程度，债务人确实无力偿还时，就需要完善的市场退出机制来调节。个人破产制度可以有效降低个人在创业创新中的失败成本，使失败者可以通过制度保护获得重新开始的机会。[2]

市场经济得以平稳有序发展的前提，就是各参与主体必须按照市场规律进行运营，对于在竞争中失败的主体及时淘汰依法退出，而破产便是实现主体有序退出的有效途径之一。[3]如果没有个人破产制度，债权人因债务人确无财产可供执行而导致无法实现的债权将长期停留于账面，无法准确反映债权人的真实财务状况，会直接影响交易主体对其经济能力的评判。而当这种情况不断累积，从一个债权人传导至十个、一百个以至更多，必将对正常市场交易秩序的稳定造成致命的危害。[4]“三角债”“执行不能”“于欢案”等就是缺乏个人破产制度造成社会秩序不稳定的部分缩影。随着经济的发展，改革开放的深入，以及社会主义市场经济体制的不断完善，各类市场主体呈现井喷式增长态势。截至2021年11月，各类市场主体达到1.5亿户，个体工商户已经超过1亿户。[5]这些主体在市场经营过程中不可避免地会遭遇失败，而个人破产制度可以对其形成最有效的保护。

市场经济所需要的法律结构由市场准入法、市场运行法与市场退出法三部分构成。[6]改革开放40多年来，我国市场经济体制逐步完善，特别是

---

〔1〕 王智杰：《无财产可供执行案件运行机制的规范化探究——以构建终局性退出机制为中心》，载《南华大学学报（社会科学版）》2021年第4期。

〔2〕 李宏伟：《以个人破产制度进一步优化营商环境》，载《人民论坛》2019年第23期。

〔3〕 俞飞颖：《确立商自然人破产制度的立法初论》，载《中国律师》2003年第9期；陈亚东：《建立我国个人破产制度》，载《法治论丛》2004年第1期；刘振环：《自然人破产制度、个人信用体系与和谐社会的构建》，载《学术交流》2005年第8期；王磊：《关于破产法适用范围的思考》，载《湖北经济学院学报（人文社会科学版）》2006年第1期；华金秋：《试论个人破产与财务管理》，载《中央财经大学学报》2003年第1期。

〔4〕 夏旭阳：《论我国自然人破产能力立法的必要性和可行性》，载《甘肃理论学刊》2003年第3期。

〔5〕 人民日报评论员：《弘扬企业家精神 为国家作出更大贡献》，载微博，https://weibo.com/ttarticle/p/show?id=2309404711363619717476。

〔6〕 陈育、赵海程、姚艳：《个人信用与个人破产制度法律关系的分析——兼论我国建立个人破产制度的现实意义》，载《财经科学》2009年第8期。

在市场准入方面，基本赋予了各类市场主体的平等机会，无论是个体经济还是私营经济都得到了充分的保护和发展。然而，在市场主体退出方面却遇到了障碍，背负巨额债务却无力清偿的个人无法通过个人破产的方式实现有效退出，极大地影响和制约了信用交易安全以及个人信用的健康运行。〔1〕

《优化营商环境条例》已于2019年10月8日由国务院第66次常务会议表决通过。该条例的立法目的之一就是“为各类市场主体投资创业营造良好的营商环境”。优化营商环境要在政治经济等各方面优化各类市场主体进入市场的准入机制，但更为重要的是要建立完善各类市场主体因经营不善而合理退出市场的机制，打消其进入市场却无法正常退出的顾虑，激发社会活力和创造力。〔2〕在营商环境不断优化的过程中，必须强化对不同市场主体施以平等保护的观念，即市场主体无论规模大小、财力强弱以及所有制形态如何，都能够平等地享有公平的竞争环境和条件。〔3〕各类主体出现难以清偿到期债务的情况时，法律应当通过创设平等的市场退出机制，设定同样的破产后果，给予各类主体同等的保护。〔4〕但目前我国只有“半部破产法”〔5〕，当个人债务人确无财产偿还债务时，无法实现有序退出。

（六）促进司法和谐与社会稳定

“司法和谐是指司法的观念、司法的过程、司法的机制、司法的方式、司法的结果等都应当以协调、和谐为目标，使司法工作更加有利于社会稳

〔1〕 陈育、赵海程、姚艳：《个人信用与个人破产制度法律关系的分析——兼论我国建立个人破产制度的现实意义》，载《财经科学》2009年第8期。

〔2〕 裴丽萍、李森：《我国破产制度的域外借鉴与完善进路——基于〈全球营商环境报告〉的分析》，载《西南石油大学学报（社会科学版）》2020年第2期。

〔3〕 李晓燕、鹿思原：《论我国个人破产制度的构建》，载《山西大学学报（哲学社会科学版）》2020年第2期。

〔4〕 汤维建：《关于建立我国个人破产制度的构想（上）》，载《政法论坛》1995年第3期。

〔5〕 曹兴权：《雾里看花：自然人破产之争》，载《河北法学》2006年第4期。

定，有利于促进经济发展，有利于实现社会和谐。”[1]和谐司法的理念在司法工作的贯彻执行过程中会不同程度地存在众多的矛盾与冲突，而这种冲突在执行不能案件的退出方面表现得尤为明显。在同一执行案件中，不同的当事人从各自的需求出发，对正义的期待显然不同。申请执行人期待的是生效法律文书确认的债权以最快的速度得以全面实现，对于被执行人客观存在的执行不能不愿承认，对于执行不能的结果属于自己应当承担的交易风险不能接受，而是简单将其归结为法院执行不力，常常采取上访、信访、闹访等过激的手段以寻求问题的解决。就被执行人而言，其期待的正义价值是自己的生存权益如何得以保障，如何摆脱债务枷锁实现重生。

在目前的法律框架下，只有建立个人执行不能案件的彻底退出机制，坚持在司法公正的前提下，兼顾申请执行人的个案期待请求权与被执行人的生存发展权之间的利益衡平，强化申请执行人的责任意识和风险意识，使其从思想观念上发生转变，正确看待和理解执行不能是市场交易风险在执行领域的延伸，才可以使诚实的债务人在基本权益得以保障的前提下，早日摆脱沉重的债务包袱，回归正常的生产生活之中，从而实现社会秩序的稳定和谐。

随着学界对执行不能案件研究的逐步深入，对个人执行不能的理解与认定也出现不同认识。有学者认为，“无财产可供执行案件退出程序，是执行程序的一种非正常结束程序，是法院在穷尽执行程序和强制执行措施后，经宣告程序而认定为无财产可供执行的案件，予以暂时退出执行程序。而这种退出并非永久性的退出，是可以有条件恢复执行的”。[2]也有学者认为，“无财产案件退出执行程序应当是指执行案件在经过实体上无财产的确认和程序上的公开宣告后彻底地退出执行程序，而非暂时性的和可恢

---

〔1〕 尹忠显：《坚持司法和谐 共建和谐社会》，载《人民法院报》2007年2月13日，第3版。
〔2〕 张红霞：《无财产可供执行案件退出机制研究》，载《中南财经政法大学研究生学报》2011年第1期。

复性的退出。一旦退出执行程序，除非有证据证明执行法院在退出程序中有违法行为并依照法定程序纠正外，不得再行启动强制执行程序”。〔1〕“执行不能案件退出是指经人民法院穷尽所有可采取的执行措施后，仍无法查找到被执行人可供执行的财产，依法由人民法院裁定执行终结，案件退出执行程序并不可恢复执行的程序法律制度。”〔2〕

前文通过理论探讨，已经明确执行不能是被执行人财产能力的一种客观状态，执行不能案件则是这种客观状态的具体表现形式。个人执行不能案件退出是指在以自然人作为被执行人的执行案件中，执行部门已经穷尽一切执行措施后，仍未发现被执行人有可供执行的财产，且经过一定时限后不存在恢复执行的可能时，应当有序退出执行程序，各方权利义务依法终止。个人执行不能是被执行人财产能力的一种客观状态，主要表现为申请执行人的线索提供不能、执行机关的财产核查不能以及被执行人重生不能。从个人执行不能的表现形式上看，主要可以分为绝对执行不能与相对执行不能、永久执行不能与暂时执行不能、真实执行不能与虚假执行不能。个人执行不能导致案件大量积压，执行机关不堪重负，债务人长期背负债务枷锁无法实现重生，债权人的债权无法兑现，上访、闹访成为常态，对社会的稳定造成影响，破坏了正常的市场交易秩序。通过分析可以发现，造成个人执行不能的原因很多，但主要包括市场交易风险和弱势群体的存在、执行查控手段的有限性以及立法的缺失等，正是这些原因的客观存在决定了个人执行不能案件不以债权人的主观意愿以及法院的价值追求为转移。

执行不能案件的退出，既是执行程序性问题，亦是当事人权益如何保护的实体性问题。〔3〕“对执行不能积案长期缺乏切实可行的解决机制，使其

〔1〕 顾建华：《完善无财产可供执行案件退出执行程序》，载《人民司法》2010年第7期。

〔2〕 胡家强、张立群：《论执行不能案件的退出》，载《中国海洋大学学报（社会科学版）》2012年第2期。

〔3〕 郑岗：《破解“执行难”背景下无财产可供执行案件退出机制研究》，载《上海法治报》2017年12月13日，第B05版。

与日臻成熟的审判程序不相适应，无益于司法体制的全面、协调发展。”〔1〕建立个人执行不能案件的退出机制，不仅可以实现确无财产可供执行案件的有序彻底退出，也可以使执行程序更加规范有序，兼具体系上的完备性与内容上的合理性。个人无财产可供执行案件的有序退出可以极大地增强当事人的风险意识以及责任意识，促使当事人在市场交易过程中谨慎选择交易主体。充满竞争的市场随时都存在风险，优胜劣汰的法则需要失败的交易主体有序退出，从而维护正常的交易秩序。同时，大量确无可供执行财产的案件有序退出，可以缓解法院案多人少的压力，使法院将有限的精力投入有财产可供执行案件的办理之中，司法资源得以合理配置。由于案件退出会给申请人甚至社会公众带来对于法院公信的质疑，因此，必须严格规范“确无财产可供执行”标准的认定，在充分保障当事人权利的前提下，穷尽执行程序、财产调查措施、执行措施、制裁措施，以确保个人执行不能案件的退出可以实现各方利益的最大化。

在理论界对于执行不能进行充分论述研究的基础上，当前司法实务界已经注意到这个问题，先行一步积极开展个人破产（个人债务集中清理）等机制的试点工作，用于破解个人执行不能的困境。后文将围绕现有法律框架下，终本程序案件处置情况进行实证分析，并对比个人破产与个人债务集中清理机制运行的优劣，为完善符合我国国情特点的执行不能案件退出机制辨别方向，提供借鉴。

---

〔1〕 胡家强：《执行不能案件退出机制的理论基石与法律分析》，载《河北学刊》2012年第5期。

第二章 现状审视之一：个人执行不能退出机制实证研究之终本制度

在前文中笔者梳理了个人执行不能的概念，即进入民事执行程序后，被执行人全部财产经强制执行后不能满足或不能全部满足应负债务，且被执行人已再无财产可供执行、申请人亦无法提供财产线索、执行部门穷尽各种措施无法核查到财产线索。随着时间的推移，法院终本库中的无财产可供执行案件不断增加，对这些案件进行单独管理，不仅占用了大量司法资源，也直接影响着新受理案件的实际执行，对于切实解决“执行难”总目标的实现形成掣肘。[1]如前文所述，执行不能案件的退出，既是执行程序性问题，亦是当事人权益如何保护的实体性问题。[2]现行的终本制度无论是在程序层面抑或实体层面都无法解决执行不能问题，并引发诸多司法实践问题。因此，要讨论如何完善执行不能退出机制，首先要分析终本制度存在的不足与弊端，才能在此基础上有针对性地提出退出机制改进提升的路径。

一、实证研究目的及方法

（一）研究目的

为有效解决执行不能带来的积案问题，努力实现司法资源的合理配

〔1〕 高星阁：《“执行不能”案件退出机制的当下境遇与未来图景》，载《学海》2020年第3期。

〔2〕 郑岗：《破解“执行难”背景下无财产可供执行案件退出机制研究》，载《上海法治报》2017年12月13日，第B05版。

置，人民法院在不断探索的基础上推出了终结本次执行制度。[1]2009年，中央政法委和最高人民法院联合发布的《关于规范集中清理执行积案结案标准的通知》首次肯定了终本程序是无可供执行财产案件的正式结案程序，[2]并通过2015年《民诉法司法解释》被引入执行程序之中，作为一种制度创新举措来解决执行不能引发的各种现实问题。终本程序运行至今已达10余年，在清理执行积案过程中发挥巨大作用的同时，也出现了程序被滥用和扭曲等诸多问题。终本制度作为司法实践中探索创设的制度，存在法理基础薄弱与制度运行效能低下的弊端，注定只能成为切实解决执行难的过渡性措施，无法适应民事执行退出制度的未来发展。

对终本制度进行实证分析，有助于更准确把握退出机制的核心要求，从而形成更加完善的符合我国经济发展规律和司法实践的个人执行不能的退出机制。

（二）研究方法

最高人民法院《终本规定》第6条要求终本案件应当制作裁定书，并（1）载明申请执行的债权情况；（2）执行经过及采取的执行措施、强制措施；（3）查明的被执行人财产情况；（4）实现的债权情况；（5）申请执行人享有要求被执行人继续履行债务及依法向人民法院申请恢复执行的权利，被执行人负有继续向申请执行人履行债务的义务五项内容，且应当依法予以公开。要研究终本案件的运行现状，对裁定书进行数据统计和类型化分析无疑是最为直接和客观的方法。

笔者采用数据统计研究方法，在样本选取上，特别参考地区、经济发达程度、政治、民族等多种因素选择了东西中三地区、中基层两级法院作

---

〔1〕 高星阁：《"执行不能"案件退出机制的当下境遇与未来图景》，载《学海》2020年第3期。

〔2〕 刘静：《终结本次执行程序的反思》，载《首都师范大学学报（社会科学版）》2016年第6期。

为样本目标。[1]在文书样本方面，主要从以下三个方面进行考量：一是在样本选取时间范围上，因《终本规定》从2016年12月1日正式实施，终本实施条件更加严格、程序更加规范，故以2017年1月1日作为起始时间，统计至2021年12月31日，5年程序运行情况，确保研究样本更为全面。

二是在样本选取空间范围上，综合研究样本典型性、可获取性、全面性等因素，最终在“中国裁判文书网”共选取了6家法院作为样本库法院，以确保研究样本来源广泛、更为客观。具体选取理由如下：首先，如图2-1所示，在执行收案数量排名靠前的11家法院中，选取收案数量最多的广东省高级人民法院作为研究对象，选择理由为：（1）执行收案数量最多；（2）经济最为发达区域；（3）执行试点改革区域。

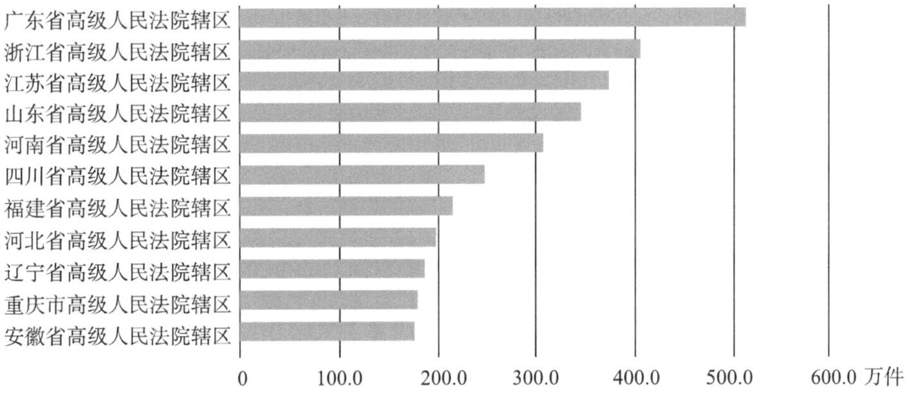

图2-1　2017—2021年度执行收案数量排名靠前的11家法院

其次，如图2-2所示，在执行收案数量排名居中的11家法院中，选取北京市高级人民法院（以下简称北京高院）作为研究对象，选择理由为：（1）直辖市代表；（2）首都，执行过程中政策敏感性较强；（3）进行部分执行改革探索。

〔1〕 高级人民法院不具体办理执行案件，因而没有终本程序案件的样本。

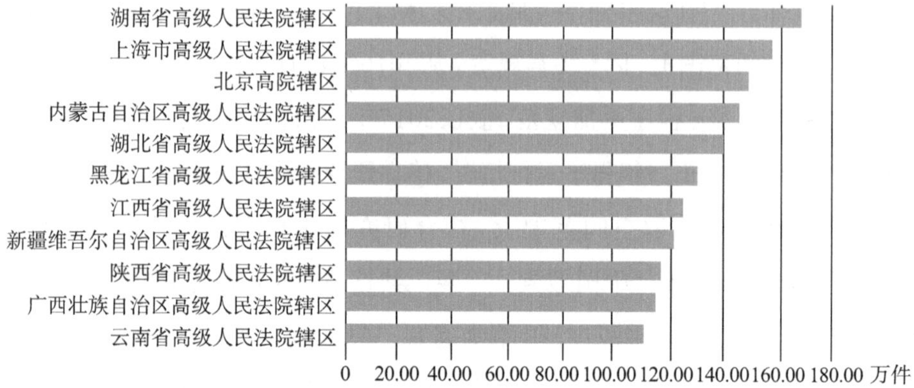

图2-2　2017—2021年度执行收案数量排名居中的11家法院

最后，如图2-3所示，在执行收案数量排名居后的10家法院中，选取宁夏回族自治区高级人民法院作为研究对象，选择理由为：(1)少数民族自治区代表；(2)执行过程中考虑少数民族政策和风俗因素较多；(3)执行更多采取传统方式，执行改革较少。

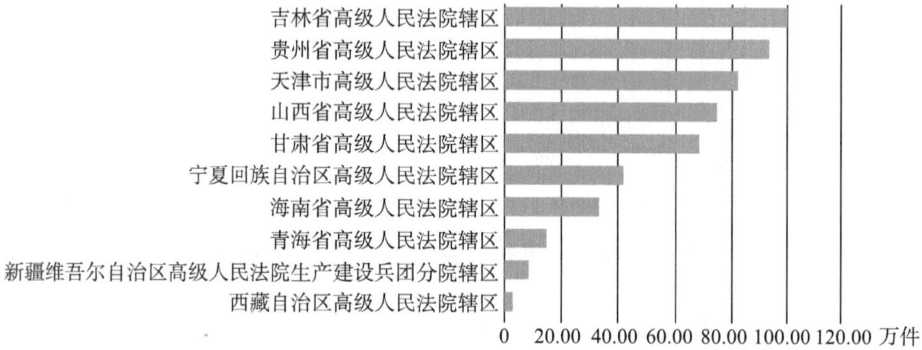

图2-3　2017—2021年度执行收案数量排名居后的10家法院

在样本的最终选取上，为确保研究样本来源广泛、更为客观，以案件数量为标准，东部地区选择了广东省高级人民法院下辖的终本案件数量最多的中级人民法院——深圳中院，在深圳中院管辖范围内选取终本案件数量最多的基层法院——福田区法院；中部地区选择了北京高院下辖的终本案件数量最多的中级人民法院——北京市第二中级人民法院（以下简称北京二中院），在北京二中院管辖范围内选取终本案件数量最多的基层法院——东城区法院；西部地区选择了宁夏回族自治区高级人民法院下辖的终本案件数量最多的中级人民法院——银川中级人民法院（以下简称银川中院），在银川中院管辖范围内选取终本案件数量最多的基层法院——兴庆区法院，共6家法院作为样本库法院。

三是在样本选取的数量上，设定了“选定的法院年度终本案件在1000件以下的，输入5号进行随机选取；年度终本案件在1000件以上10,000件以下的，输入55号进行随机选取；年度终本案件在10,000件以上的，输入555号进行随机选取”的随机抽取规则，受所在地区经济发展水平因素以及选定法院的执行收案数量的影响，虽然可能导致不同法院抽取数量不等，但能更客观反映各地区终本案件体量，确保研究样本更为真实客观。

在检索路径方面，以北京二中院为例，笔者在中国裁判文书网输入“执行案件”“终结本次执行”，然后选定“北京市”“中级法院”，可以看到北京二中院2021年共有终本案件472件，再在检索中输入案号5号，显示终本案件为50件，剔除执行异议案件以及企业法人作为被执行人的案件，选取个人作为被执行人（含个人和企业均作为被执行人）案件13件。2020年共有终本案件584件，再在检索中输入案号5号，显示终本案件为66件，剔除执行审查、执行异议、执行复议案件以及企业法人作为被执行人的案件，选取个人作为被执行人（含个人和企业均作为被执行人）案件35件。2019年共有终本案件750件，再在检索中输入案号5号，显示终本案件为64件，剔除执行审查案件以及企业作为被执行人的案件，选取个人作为被执行人（含个人和企业均作为被执行人）案件27件。2018年共有终本案件504件，再在检索中输入案号5号，显示终本案件为55件，剔除执行监督、执行复议案件以及企业法人作为被执行人的案件，选取个人作为被执行人（含个人和企业均作为被执行人）案件19件。2017年共有终本案件365件，再在检索中输入案号5号，显示终本案件为36件，剔除执行审查案件以及企业法人作为被执行人的案件，选取个人作为被执行人（含个人和企业均作为被执行人）案件16件，最终选取有效研究样本共110件。按照同样的操作流程，提取东城区法院有效研究样本198件，深圳中院有效研究样本78件，福田区法院有效研究样本83件，银川中院有效研究样本83件，兴庆区法院有效研究样本136件，以上6家法院共计688件。

需要特别说明的是，因各地法院文书规范标准不一，故部分文书难以提取全部相关要素，在一些统计列表内可能存在类型化分析数据少于样本总数的情况，笔者都将在分析中予以注明。

二、基础情况概述

此部分主要从统计结果中提取执行不能案件当事人、案由、标的、债权受偿情况、执行财产情况、执行强制措施采取情况等基础要素进行分析，全面客观呈现终本制度的运行现状。

（一）执行结案分布情况

执行结案主要有三种方式：执行完毕、终结执行以及终结本次执行。执行完毕是指生效法律文书所确定债权人的权利全部得以实现。[1]包括被执行人按照执行依据全部自动履行完毕、人民法院通过强制执行全部执行完毕、当事人达成执行和解协议后已经按照协议约定全部履行完毕等。[2]执行完毕后，对被执行人的所有限制措施应全部解除。终结执

---

〔1〕 江必新主编：《强制执行法理论与实务》，中国法制出版社2014年版，第338页。

〔2〕《最高人民法院关于执行案件立案、结案若干问题的意见》第15条。

行是指在执行过程中，因发生法定的事由〔1〕，使执行程序无法继续进行或者已经没有必要再继续下去，从而结束执行程序的制度。〔2〕一般意义上，终结执行意味着执行程序彻底终结，没有法定的理由不得提出恢复执行。〔3〕终结执行可予恢复执行的仅限于"申请执行人与被执行人达成和解协议后请求撤回执行申请，人民法院可以裁定终结执行的"和"因撤销申请而终结执行的"两种情形。终结执行再次具备执行条件的概率较低，基本上能做到"案结事了"。终结本次执行程序只是在法院案件管理层面可以报结，属于执行程序的暂时性停止，待发现财产后可继续恢复执行。理想的执行结案应当是执行完毕占比最高，申请人胜诉利益能得到充分变现。另外是终结执行，纠纷因法定事由到此终结，各方权利义务回归到稳定状态。终本结案占比最低，执行程序处于"不稳定"状态，少部分申请人胜诉权益无法通过各种执行措施得到兑现。然而，实践中并非如此。

北京法院近5年终本结案率平均占比在36%左右，是执行结案的主要方式之一。受北京高院统计口径改变影响，2020年、2021年两年终本数据和终结数据只能查找到基层法院，但仅统计北京基层法院终本结案率依旧处于高占比程度，与之形成鲜明对比的是执行终结率始终维持在个位数占比（见图2-4）。

---

〔1〕《民事诉讼法》第264条规定："有下列情形之一的，人民法院裁定终结执行：（一）申请人撤销申请的；（二）据以执行的法律文书被撤销的；（三）作为被执行人的公民死亡，无遗产可供执行，又无义务承担人的；（四）追索赡养费、扶养费、抚育费案件的权利人死亡的；（五）作为被执行人的公民因生活困难无力偿还借款，无收入来源，又丧失劳动能力的；（六）人民法院认为应当终结执行的其他情形。"

〔2〕肖建国主编：《民事执行法》，中国人民大学出版社2014年版，第152-153页。

〔3〕谭秋桂：《民事执行法学》，北京大学出版社2010年版，第198页；庞晓：《公法与私法交叉：执行请求权执行时效制度的思与辨》，载《西华师范大学学报（哲学社会科学版）》2019年第5期。

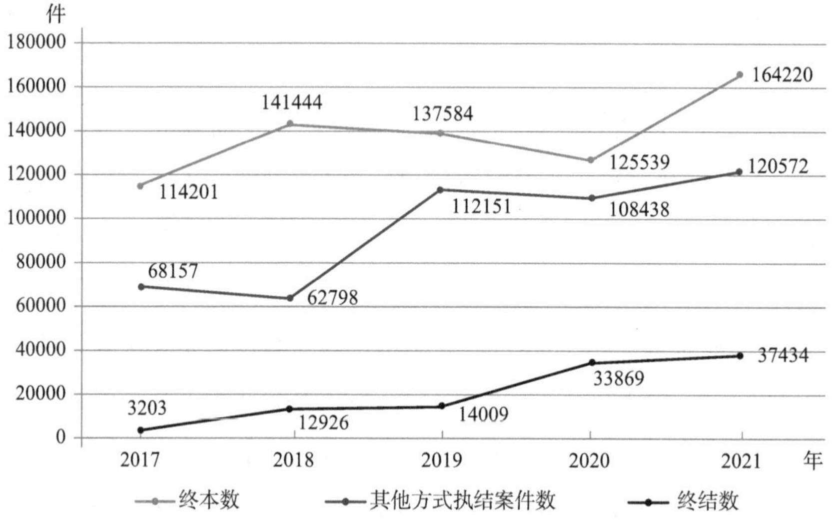

图2-4 北京法院近5年执行案件结案方式分布

广东地区呈现与北京地区类似的情况，终本结案率占比稳定在24%左右，是执行结案的主要方式之一，执行终结率依旧显著低于终本率，也维持在个位数占比（见图2-5）。

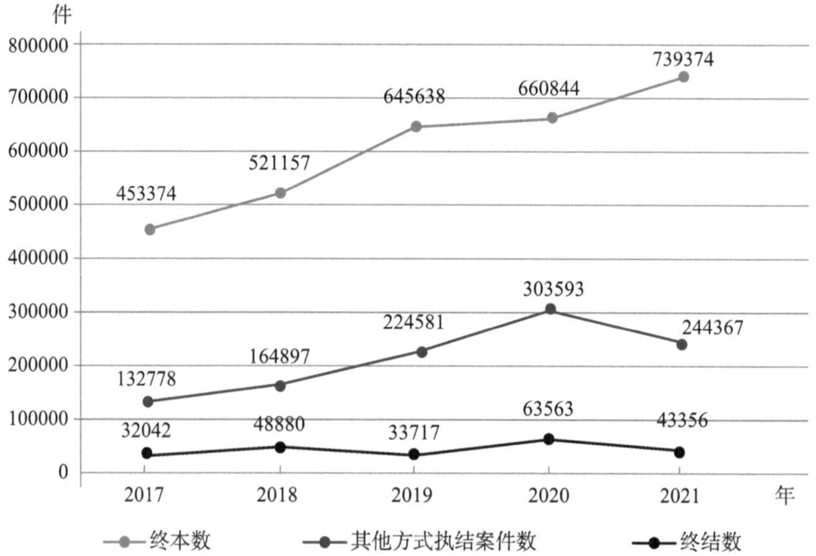

图2-5 广东法院近5年执行案件结案方式分布

宁夏回族自治区法院2020年未查询到执行结案情况故无法统计，但从2020年度终本结案与终结结案数量上看与前一年度基本持平，近5年终本率平均占比在22.56%，是执行结案的主要方式之一。在执行终结率方面，宁夏地区明显高于北京、广东两地区，均保持在10%以上的占比（见图2-6）。

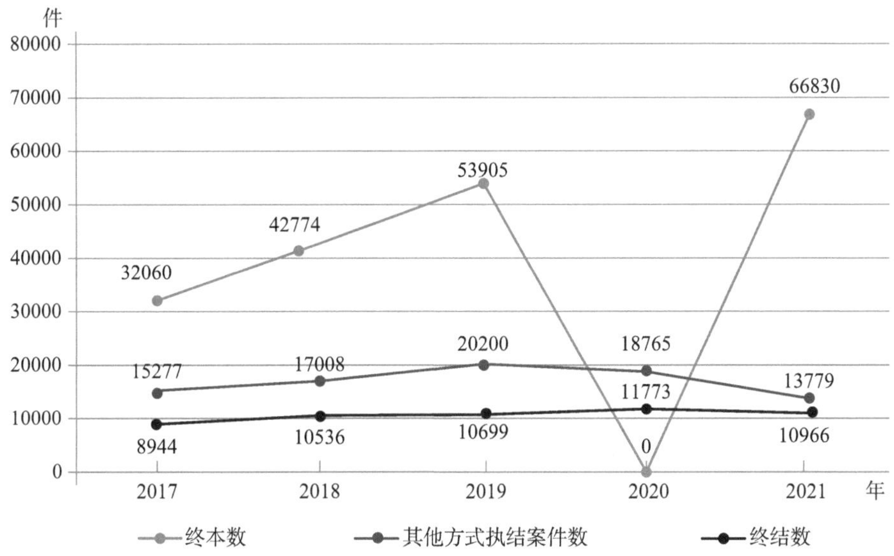

图2-6　宁夏回族自治区法院近5年执行案件结案方式分布

从整体看，三个地区终本结案均维持在稳定的适用率区间上下波动，没有明显的下降或上升趋势，程序性终本成为当前执行结案的主要方式之一。

(二)终本案件中被执行人的类型

本书研究对象是被执行人为个人的终本案件。从数量来看，6家样本法院中个人终本案件量在全部终本案件中均呈现占比高的特点。3家基层法院个人执行不能的案件量在终本案件中占到80%以上，远高于企业作为被执行人的情况。3家中级法院个人执行不能的案件量在终本案件中平均占比也超过了50%(见图2-7)。企业可以通过“执转破”程序退出执行,自然人作为市场主体参与市场行为,大批量的个人终本案件淤堵,缺乏有效退出机制,其权利义务关系处于不稳定状态,由此带来了各种问题亟待解决。

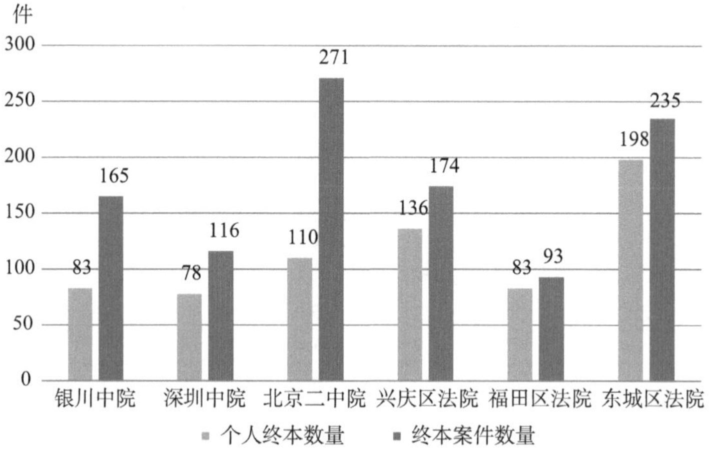

图2-7 终本案件中个人作为被执行人占比情况

(三)个人终本案件中小标的额占比情况

个人终本案件中共收集到注明执行标的额的有621件。[1]从执行标的额情况看,大标的额案件较少,100万元以上1000万元以下案件约占18.36%,1000万元以上案件约占9.50%,其中最大的债务数额为787,550,000元[2]。100万元以下的案件占比高,其中1万~10万元和10万~100万元案件各占30.11%和34.46%。1万元以下案件较少,仅占7.57%。100万元以下案件占比共计72.14%(见图2-8)。可见,个人执行不能案件中大标的额案件的数量并不多,对于这类案件的处理只要设置合理

〔1〕 终本裁定中未记载债务数额案件情况:深圳中院8件;银川中院1件;北京二中院22件;福田区法院26件;兴庆区法院9件;东城区法院1件。

〔2〕 参见(2019)京02执恢145号之一。

的门槛，完全有可能通过个人破产重整或清算进行化解，对经济发展以及市场秩序的影响完全可控。〔1〕

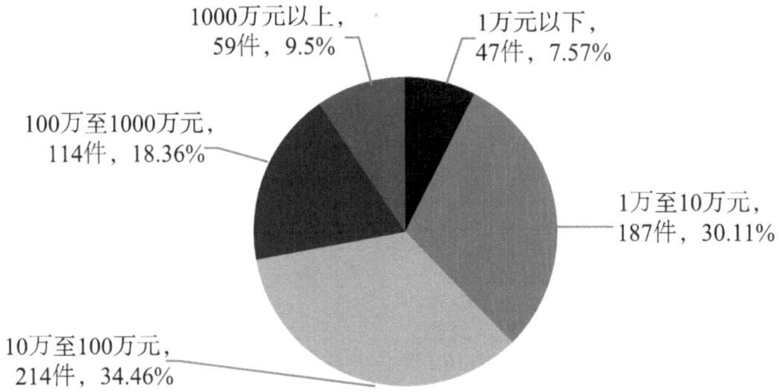

图2-8　个人终本案件执行标的分布

（四）个人终本案件中的主要案由

样本案件中，从案由分布看，自然人作为被执行人的终本案件主要集中在民商事案件，其中以借款类纠纷为主。金融借款、民间借贷、信用卡、其他合同四类案件的占比达78.19%，其中民间借贷与金融借款两类就高达46.65%，其他案由中包含了因劳务纠纷〔2〕、商标权纠纷〔3〕、建设工程施工纠纷〔4〕、交通事故责任〔5〕、人身损害赔偿〔6〕等类型案件产生执行不能占比为11.49%。罚金案件占4.80%，系因刑事案件中被判处了罚金刑未履行而被执行。仲裁纠纷案件占5.52%，系因生效仲裁裁决未得到履行而申请执行（见图2-9）。

〔1〕史锐、吴水兰、张旭川：《破产法视野下个人执行不能的解决路径分析》，载马世忠主编：《司法体制综合配套改革中重大风险防范与化解——全国法院第31届学术讨论会获奖论文集》（下），人民法院出版社2020年版，第1418页。

〔2〕参见（2020）粤0304执28555号。

〔3〕参见（2020）粤0304执3555号之一。

〔4〕参见（2018）粤0304执35555号之一。

〔5〕参见（2017）宁0104执4855号。

〔6〕参见（2018）宁0104执1555号。

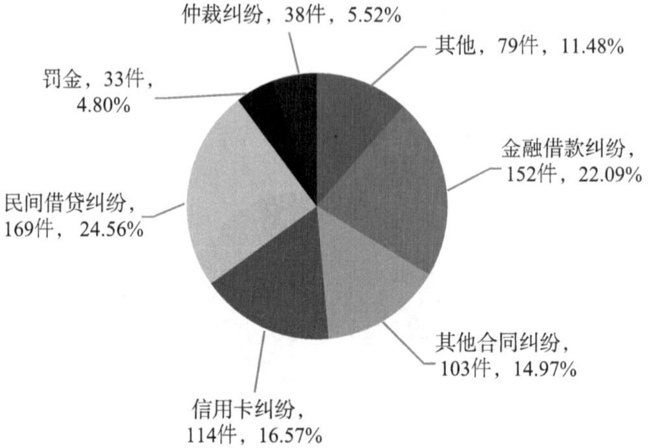

图2-9 个人终本案件案由分布情况

从占比分布情况看，被执行人主要是由于消费或者投资失败而导致执行不能，也有少数被执行人由于遭遇不幸或生产经营困难而陷入无财产可供执行的困境。值得关注的是，信用卡类案件占比达到16.57%，这些案件的申请人一般为银行，缺乏对被申请人本身信用的完善评估而大量推行信用消费，银行本身对不良债务问题应负一定责任，民事执行一定程度上已部分演化为银行核销呆账坏账或申请退税的手段。[1]而地方金融机构受央行和银保监会等部门的考核机制所限，只能与被执行人就还款期限、还款方式进行协商，而不愿意就还款金额与被执行人达成协议。因此，当被执行人确无财产可供执行时，涉金融债权的案件只能以终本方式结案。“随着执行年限的增加，终本案件的利息也随之增加，不仅增加了被执行人还清全部款项的难度，也使得终本案件的执行期限越来越长。”[2]

借款类纠纷成为自然人债务人占比最高的案由，与国家金融政策以及

〔1〕 史锐、吴水兰、张旭川:《破产法视野下个人执行不能的解决路径分析》，载马世忠主编:《司法体制综合配套改革中重大风险防范与化解——全国法院第31届学术讨论会获奖论文集》(下)，人民法院出版社2020年版，第1417页。

〔2〕 最高人民法院民二庭课题组:《司法实践视野下的自然人债务庭外重整程序》，载《法律适用》2022年第2期。

融资途径收紧相关。“中小企业融资难，导致中小企业主更多地选择民间借贷方式融资。而民间借贷的债权人尤其是职业放贷人，只追求高利回报，债务风险管理意识差，有利可图时大量出借资金，资金无法回收时又不肯理性让步，认为通过法院执行或债务催收一定能够实现债权。随着利息的不断增加，逐渐形成了难以化解的债务僵局。”〔1〕

（五）个人终本案件中的债权受偿比例

债权受偿比例能够客观真实地反映申请人债权的实现情况，受偿比例越高，说明债权得以实现的程度越高，客观上反映出债权人的权益得到较好的保障。〔2〕然而现实情况是（见图2-10），77.08%的终本案件债权清偿比例为0，大批量案件的债权人仅获得了“纸面”的胜诉，实际并未获得任何清偿。在实现部分债权的案件中，11.97%案件中的债权人通过执行程序获得了不到债权总额10%的清偿，3.07%案件中的债权人通过执行程序获得了债权总额10%～30%的清偿，2.34%案件中的债权人通过执行程序获得了债权总额30%～50%的清偿，5.54%案件中的债权人通过执行程序获得了超过债权总额50%的清偿。然而688件统计案件中，仅有3件终本案件恢复执行后100%实现了债权，〔3〕案件可以终结执行，故未统计在样本总数内。其中，最低的债权实现比例仅为0.0045%，〔4〕最低的债权实现金额为1546元。〔5〕最高的债权实现比例为96.73%，〔6〕最高的债权实现金额为116,225,794.2元。〔7〕福田区法院终本案件中有2件终本案件恢复执行后没

〔1〕 最高人民法院民二庭课题组：《司法实践视野下的自然人债务庭外重整程序》，载《法律适用》2022年第2期。

〔2〕 张永红：《执行标的到位率的中英比较与思考》，载《人民司法（应用）》2016年第28期。

〔3〕 参见（2020）粤03执恢455号。

〔4〕 参见（2021）京0101执10555号之一。

〔5〕 参见（2021）京0101执2955号之一。

〔6〕 参见（2020）京0101执7055号之一。

〔7〕 参见（2020）京02执恢275号之一。

有完全实现债权，再次进行了终本。[1]债权清偿比例是债权人衡量执行成效的重要因素，“实践中，有的案件判决是公正的，但由于被执行人已经丧失实际履行能力而无法执行，申请执行人往往归咎于法院，对司法公正产生怀疑”。[2]

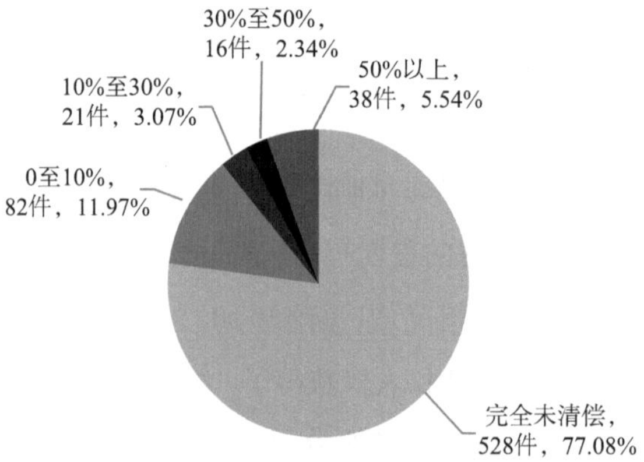

图2-10　个人终本案件中债权受偿比例

（六）个人终本案件中被执行人确无财产的情况

《终本规定》第3条对人民法院穷尽财产调查措施设置了严格的调查要求，只有穷尽调查措施后仍未发现被执行人有可供执行财产的，才符合适用终本程序的前提条件。现实的执行情况是，“据统计，全国法院目前几十年积累下来大量的未实际执结的案件，其中多数处于没有财产可供执行的状态。每年新收的600多万件案件中，40%~50%的案件属于无财产可供执行的案件”。[3]

从样本法院统计情况看（见表2-1），穷尽财产调查措施后无财产终本情形占比确实达到了40%～50%。因基层法院要消解更多执行案件，无财

〔1〕 参见（2017）粤0304执恢29555号之一；（2019）粤0304执恢555号之一。

〔2〕 孟建柱：《完善司法管理体制和司法权力运行机制》，载《人民日报》2014年11月7日，第6版。

〔3〕 刘贵祥：《人民法院执行工作现状与分析》，载《中国应用法学》2018年第1期。

产终本案件数量占比甚至达到了55%；中级法院无财产终本案件占比稍低，但也达到了33%。一方面，当事人缺乏提供财产线索的能力，很大程度上需要依靠人民法院查找财产，然而现代社会财产形式不断变化，规避查控手段多样，因而部分案件构成“法律事实”层面上的无财产案件，成为制约执行工作开展的“瓶颈”。更重要的是，另一方面，受被执行人无履行能力的根本原因限制，人民法院即使穷尽一切查控措施仍无法查找到可供执行的财产，成了执行工作面临的现实困境，难以得到解决。

表2-1 终本案件中被执行人财产情况统计

单位：件

法院		有财产	无财产
基层法院	东城区法院	70	128
	福田区法院	32	51
	兴庆区法院	84	52
中级法院	北京二中院	50	60
	深圳中院	54	24
	银川中院	77	6

（七）失信、拘留、罚款等处罚措施的适用情况

终本程序的特性决定了其必须与对于被执行人的其他强制执行措施，如限制高消费、列入失信被执行人名单、拘留罚款以及追究拒执罪等有机地结合起来，方能在努力提高执行到位率的同时，最大限度地保证执行结果的公正。[1]据不完全统计，从2013年10月到2017年底，“全国法院累计发布失信被执行人名单925万人次，累计发布限制高消费令981万人次”。[2]

---

〔1〕 赵大伟：《畸高的终本率及其治理》，载《民事程序法研究》2020年第1期。
〔2〕 刘贵祥：《人民法院执行工作现状与分析》，载《中国应用法学》2018年第1期。

从图2-11可知在实际情况中,[1]限制高消费、失信适用是所有强制制裁措施中使用率最高的两种。需要说明的是,限制高消费及失信两种制裁措施可能在同一案件中被同时适用。[2]而作为执行利器的司法拘留措施适用率极低,仅有3起案件采用了拘留措施,占比仅为0.33%。其中,兴庆区法院136件终本案件中,只有2件案件采取了拘留措施,且1件因为被执行人患病而没有实际执行。[3]此外,从一些省、市采取拘留措施的统计数据看,虽然各地略有不同,但总体上拘留的适用率偏低。如河北省高级人民法院2016年全省执行案件27万件,全年采取司法拘留措施4386人次,适用拘留措施的比率仅为1.6%。[4]黑龙江省各级法院2017年共受理执行案件49.9万件,实施司法拘留措施的13,776人次,适用拘留措施的比率为2.7%。[5]样本法院中,限制出境这一措施适用次数为8次,占比为0.89%,均为深圳中院采取的限制出境执行措施,北京、宁夏两地均未采取限制出境的强制措施,这可能也与深圳所处特殊的地理位置有关。"其他"是指终本案件中除对被执行人采取限制高消费或失信外的其他强制执行措施的记载,占比为2.56%,还有2.78%的终本案件未对被执行人采取任何措施。值得引起关注的是,没有1件终本案件对被执行人采取了罚款、追究刑事责任的强制执行措施。受人力成本等因素影响,执行部门对被执行人采取拘留、追究拒执罪等措施存在现实困难和适用局限,使该类措施处于虚置的状态。

---

〔1〕 因一起案件中可能不止采取一种强制措施,故最终统计数要超过样本库案例数。

〔2〕 参见(2017)京0101执7855号。

〔3〕 参见(2021)宁0104执5755号之一。

〔4〕《2017年河北省高级人民法院工作报告》,载河北法院网,https://www.hebeicourt.gov.cn/public/detail.php?Id=28076。

〔5〕《2017年黑龙江省高级人民法院工作报告》,载黑龙江法院网,https://www.hljcourt.gov.cn/public/detail.php?id=21299。

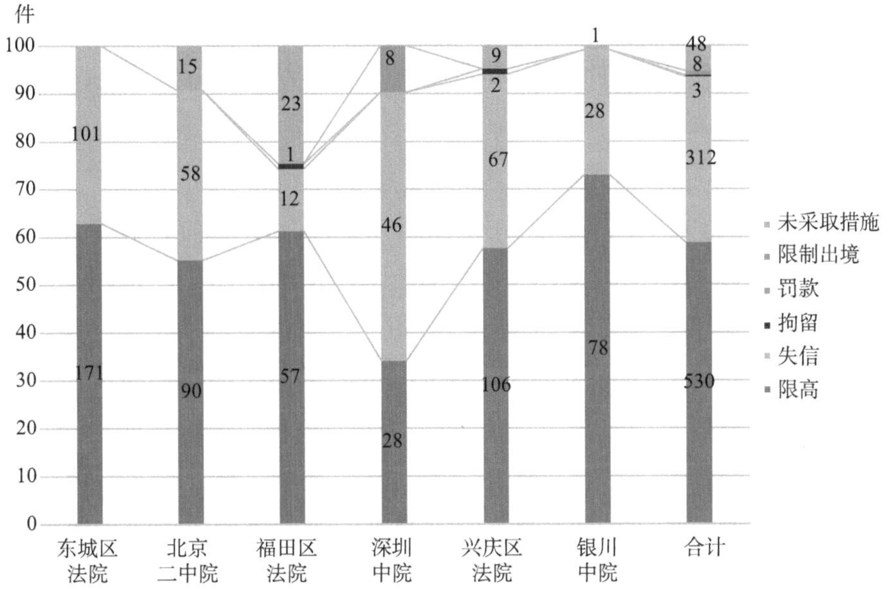

图2-11　失信、拘留、罚款等处罚措施适用情况

三、深层问题透视

从基础数据可以看出，终本制度是目前执行结案的主要方式，自然人是执行案件中主要被执行人，个人执行不能案件是亟待解决的现实问题。通过对这部分案件进行更进一步挖掘，笔者发现终本制度还存在以下五方面问题，显现出终本制度无法适应民事执行退出制度的要求，无益于个人执行不能案件的终局化解。

（一）执行不能成为切实解决执行难的最大阻碍

在基本解决执行难的任务完成后，最高人民法院提出要切实解决执行难，然而横亘在解决执行难前的一大鸿沟就是有越来越多的执行案件，其中有大量的案件以终本结束，悬置在执行程序中无法退出，影响执行最终效果。笔者调研发现，案件量与终本率成正相关，基层化解案件压力大。现行的执行情况是基层法院承担了大部分的执行案件化解工作。例如，近

5年东城区法院消解执行案件数量平均约是北京二中院的4倍，终本率北京二中院平均为17.79%，而东城区法院平均高达48.91%（见图2-12）。

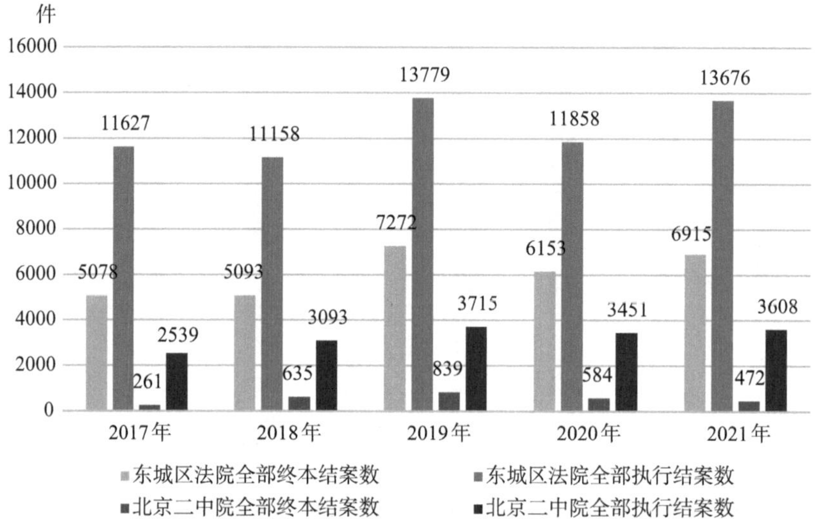

图2-12　近5年东城区法院、北京二中院终本结案案件数量对比

近5年福田区法院消解执行案件数量平均约是深圳中院的5倍，终本率深圳中院平均为29.93%，而福田区法院平均高达43.59%（见图2-13）。

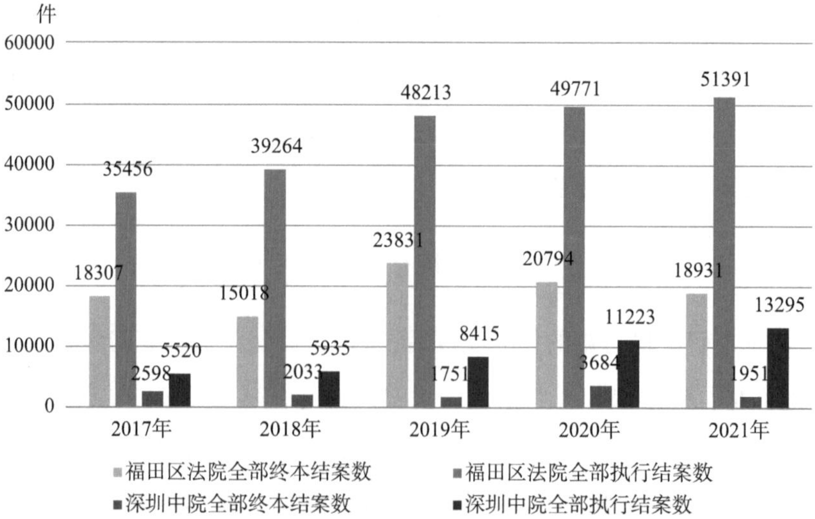

图2-13　近5年福田区法院、深圳中院终本结案案件数量对比

近5年兴庆区法院消解执行案件数量平均约是银川中院的5倍，终本率银川中院平均为21.18%，而兴庆区法院平均高达35.67%（见图2-14）。

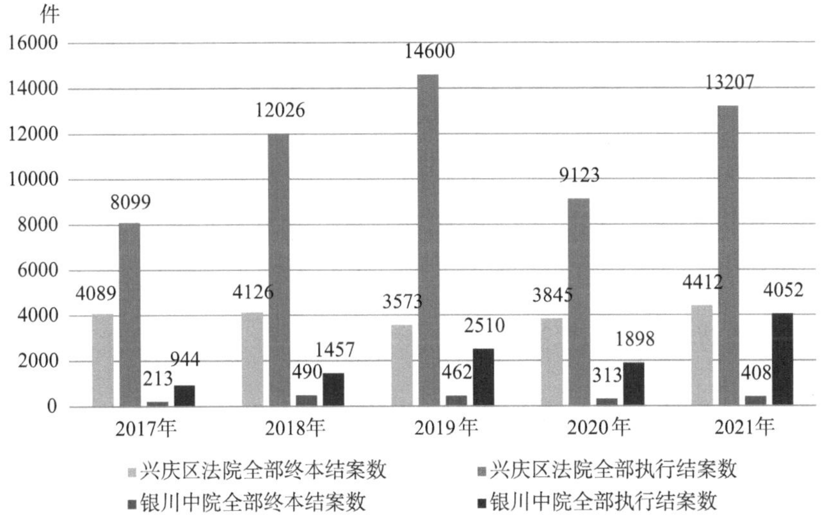

图2-14　近5年兴庆区法院、银川中院终本结案案件数量对比

案件终本数量逐年递增，造成终本库内老案、积案多，这类案件也多表现为被执行人为流动人口或属于住所地在外地，财产查控难、矛盾冲突大等特征，申请人往往会在案款无法执行到位时产生法院执行不力等不信任心理，又因无法提供线索而不能继续执行，继而选择上访、信访，引发社会负面影响。

排除当事人故意隐瞒财产、躲避执行等因素，多数终本案件确系被执行人已无财产可供执行，而其财产情况的变化并非由于法院执行不力导致，是由于政策市场等多重客观因素影响，是申请执行人从事商业交易时可能产生的风险和应当承担的不利后果。终本制度的确立本应促使债权人承担的市场风险从法院端向债权人本人合理回归，继而促进全社会逐渐增强风险意识，使市场参与主体能够更加主动、有效地预防和控制风险。

但从《终本规定》设置看，执行案件在终本后，人民法院应当每隔6个月都会通过全国网络执行查控系统查询一次被执行人的财产，发现财产的，法院将依职权恢复执行。申请执行人如果发现被执行人有可供执行财产的，也可以向人民法院申请恢复执行。根据规定可以理解为，法院对于终本案件中查控财产负有主要义务。显现出执行立法对债权人利益的强保护态度，弱化了债权人在执行中的义务和平等市场交易下风险自担的理念，进一步加剧了债权人对胜诉权益无法得到法院执行兑现的质疑，进而对法院工作产生不满与不理解，选择通过上访、信访、闹访等形式维护权利。但案件实际上确实无法通过执行解决，导致陷入执行不能—积压案件—上访信访—答复安抚—加大人力—恢复不能的恶性循环。执行不能成为切实解决执行难的逻辑悖论。

（二）执行机关受客观因素制约难以有效获取并处置资产

在样本法院中，在近半数有财产终本案件中，仅有30.24%的案件发现的财产能够顺利处置完毕，即对于被执行人的房屋、车辆、有价证券等予以拍卖并成交〔1〕，存款已经扣划〔2〕，或以物抵债〔3〕（见表2-2）。

表2-2　有财产终本案件中财产处置情况

单位：件

法院		处置完毕	无法处置
基层法院	东城区法院	16	54
	福田区法院	15	17
	兴庆区法院	8	76
中级法院	北京二中院	23	27
	深圳中院	24	30
	银川中院	25	52

如在（2020）京（02）执恢275号之一案件中，法院对依法查封的被

〔1〕参见（2019）宁01执435号之三；（2020）宁0104执1755号之一。

〔2〕参见（2020）京0101执5755号之一。

〔3〕参见（2020）京02执恢275号之一。

执行人的两宗土地使用权采取评估拍卖措施，将两宗土地使用权作价11,615.275万元过户至申请人名下以物抵债，以完成对查扣财产的处理。而无法处置的案件占比高达69.76%，即因发现的财产主要是房屋、车辆、有价证券等属于轮候查封[1]或者查封的车辆等未能实际控制[2]，导致案件虽然显示已经查封到财产，但客观上难以处置。此外，对于一个案件中某类财产如银行存款已经扣划完毕，但尚有其他财产如股权因轮候查封等没有处置的情形[3]，归到无法处置的案件中进行统计。如在（2020）粤03执4055号之一案中，法院依法冻结了被执行人的相关银行账户并从中扣划完毕，同时已轮候冻结被执行人持有A公司33.33%的股权及B公司51%的股权，对于执行回的案款已发放完毕，被执行人目前没有其他可供执行的财产，本次执行程序无法继续进行，可予终本程序，需要等待恢复执行的条件成就后重新启动。

执行部门往往可以查控到的财产主要为被执行人的存款、股票、工商股权、房产、土地使用权、车辆、网络金融账户（如支付宝、财付通余额）等。受制于房产可能涉及轮候查封，车辆系动产虽然通过登记机关已经进行了档案查封，但实践中大多无法实际控制更遑论处置。此外，有一些物品虽然被查封但或由于体量过大，或查封物本身涉及租赁流转限制等多种因素的影响，往往造成处置困难。[4]而股权、债券等金融资产极大可能面临估值变现困难等问题，导致大量有财产终本案件长期淤积在执行阶段，严重损害了当事人的合法权益，也损害了人民法院的司法权威。

实际情况中，执行机关往往因为各种阻碍因素难以对“带财产”终本案件中的财产进行处置。统计样本中“带财产”终本案件的数量为367件，占比为53.34%，过半数案件能够查封到财产，但是在财产处置上往往存

[1] 参见（2020）粤0304执22555号；（2019）粤0304执20555号。
[2] 参见（2021）京02执605号之一。
[3] 参见（2020）粤03执4055号之一。
[4] 余庆、李梦瑶：《金融债权案件执行难点及对策》，载《人民司法（应用）》2016年第1期。

在多重困境。其中无法处置占比最高的为房产和车辆两大类，分别达到了33.85%和30%，占带财产终本案件半数以上。房产无法进行处置的主要原因在于属于轮候查封，或者财产存在抵押的情形。[1]车辆占比较高，但因为大多数车辆查封只是档案查封，无法实际控制车辆，因此无法保障对这类财产进行有效的处置。[2]其次是存款，占比达20.77%，股权占比为6.35%，公积金为1.54%，其他占比为7.49%。这里需要说明的是，一件案件中既可能只有一项财产，[3]也可能有几项财产，[4]因此，合计总数超过了“带财产”终本案件总数（见图2-15）。

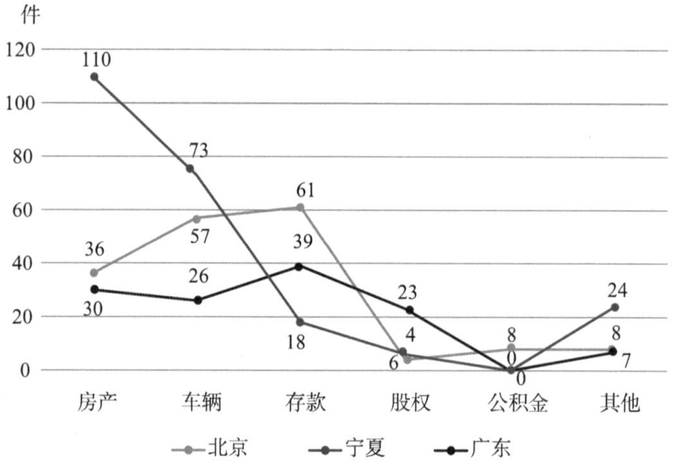

图2-15　有财产终本案件中财产类别分布

“带财产”终本案件往往涉及的查封物处置复杂，查封物由谁处置、如何处置、如何分配会涉及多方博弈，较一般执行案件程序更为烦琐。多数案件存在轮候查封情形，同一财产查封在前法院经常少则几个，多则十几个，加之轮候查封中往往伴有优先受偿权等情形，常使债权得到全部受偿

〔1〕 参见（2018）京0101执1155号之一。
〔2〕 参见（2017）京0101执4855号之一。
〔3〕 参见（2019）京0101执10155号之一。
〔4〕 参见（2021）京0101执2955号之一。

的可能性极低。此外，查封物因市场因素影响价值缩水严重。[1]如涉及建材等动产受市场贸易影响，在交易时可能价格较高，待执行时价值严重缩水，难以实现高估值全部清偿。

另外，虽然随着经济发展，绝大多数家庭均会拥有一辆甚至多辆汽车。“截至2017年12月，全国法院利用网络查控系统共查询到车辆2702万辆。”[2]但是，实践中大量被执行人名下的可供执行财产（车辆）难以处置，造成执行车辆难处置的主要原因在于车辆具有流动性大、实际控制难、协助执行差、变现时间长等。执行过程中，在查询到被执行人名下有可供执行的车辆时，执行人员会在第一时间前往车辆管理部门采取档案查封措施。但档案查封只起到了限制被执行人在车辆买卖时的过户登记，而无法对车辆进行实际控制，对被执行人使用车辆没有实质影响，导致大量的有可供执行财产（车辆）的案件只能以办理完档案查封后，以终本方式结案。[3]

为了更顺利实现债权，申请人也往往会采取财产保全方式来确保权利得到兑现。“财产保全对于金钱债权的强制执行具有重要意义。若保全及时，将在源头上减少无财产可供执行案件的发生。但长期以来，由于审执衔接不畅、财产保全的实际应用并不理想。这是很多案件进入执行程序后陷入困境的重要原因。”[4]“据不完全统计，人民法院受理的执行案件中，60%～70% 是没有财产保全的。”[5]尽管在最高人民法院的大力推动下，“总对总”“点对点”基本实现了对被执行人财产网络查控的“全覆盖”。然而，实际情况是“很多财产形式未能实现‘查、冻、扣’一体化处理；对土地、房屋等主要财产形式，仅覆盖了部分中心城市、沿海城市、旅

[1] 余庆、李梦瑶：《金融债权案件执行难点及对策》，载《人民司法（应用）》2016年第1期。

[2] 刘贵祥：《人民法院执行工作现状与分析》，载《中国应用法学》2018年第1期。

[3] 蔡元林：《民事强制执行中未实际控制车辆执行难的分析及对策建议》，载四川省法院切实解决执行难信息网，https://jszx.court.gov.cn/3000/ExecuteResearch/306171.jhtml。

[4] 百晓峰：《中国民事执行年度观察报告（2016）》，载《当代法学》2017年第3期。

[5] 刘贵祥：《人民法院执行工作现状与分析》，载《中国应用法学》2018年第1期。

游城市；针对保险理财、金融理财等当前社会重要的新型财产形式还没有联网查控。网络查控体系并非万能，面对被执行人通过多开企业账户、大量线下交易等方式转移财产、规避执行的，往往难以奏效，需要借助委托律师调查、审计调查、悬赏执行等线下财产调查手段，形成线上线下强大合力”。[1]

执行程序中，债权人申请执行的成本很低或者无须支付成本，但并不意味着实现其债权的成本低，只不过是由法院或者说社会承担了本应由债权人承担的成本。[2]正是由于法院在民事执行程序中投入巨大成本实现了低门槛、高效率，进而吸收更多质量不高的案件进入执行系统，形成大量的执行积案，参与其中的各方都有不满，而仅依靠执行机关一家托底，既不现实，也不公平。

（三）恢复执行的消化能力落后于未审结案件的增长速度

按照现行的执行规定，案件恢复执行主要有两条路径可供选择：其一，案件终本程序后，申请人只要发现被执行人的财产线索，在不受时间限制的情形下，可以随时提出恢复执行的申请。[3]其二，人民法院按照《终本规定》的要求，在终本程序后的5年内，每6个月要进行一次网络查询，发现被执行人有可供执行财产的，需要依职权恢复执行。[4]近年来，因被执行人无财产可供执行、当事人双方达成和解协议未履行等情况终本程序、终结结案后，导致申请人因未执行到位要求恢复执行的案件越来越多，但案件恢复执行后的实际执行效果与债权人的期待还存在较大的差距。

样本法院中，从恢复执行的统计数字看，近5年，东城区法院恢复执行案件共有8件，其中2019年、2020年、2021年3年均没有恢复执行案件。福

〔1〕刘贵祥：《人民法院执行工作现状与分析》，载《中国应用法学》2018年第1期。

〔2〕齐砺杰：《债务危机、信用体系和中国的个人破产问题》，中国政法大学出版社2017年版，第85页。

〔3〕《终本规定》第9条第1款。

〔4〕《终本规定》第9条第2款。

田区法院恢复执行案件共有2件。[1]兴庆区法院恢复执行案件共有5件。[2]北京二中院恢复执行案件共有10件，[3]其中2017年、2018年两年没有恢复执行案件。深圳中院恢复执行案件共有13件，综合5年的恢复执行情况看，属于样本法院中恢复执行占比最高的法院，占全部终本案件比例达到16.67%。银川中院恢复执行案件共计有11件。[4]上述大部分启动恢复执行程序的案件均未能成功执行回财产，继而再次终本。可见，案件终本后在规定的5年期限内每6个月查询一次财产线索，或申请人发现财产线索后可以申请恢复执行的实际情况看并不理想（见图2-16）。

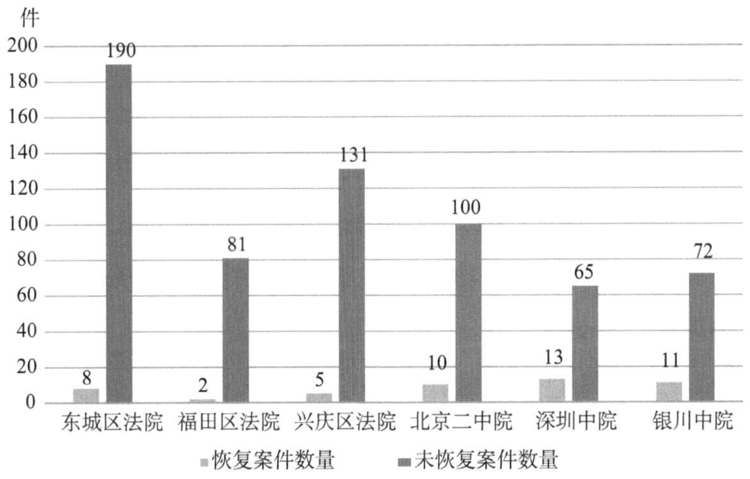

图2-16　近5年终本案件中恢复执行情况

原因在于：一是恢复执行立案审查一般需要申请人提交相应的书面材料，但是基于立案登记制的要求，在实际执行立案中，恢复执行案件只要当事人申请，提出的恢复执行理由充分一般均会被同意恢复，未对其提供

〔1〕 参见（2017）粤0304执恢29555号之一；（2019）粤0304执恢555号之一。

〔2〕 参见（2017）宁0104执恢255号之一；（2018）宁0104执恢85号；（2018）宁0104执恢1055号；（2020）宁0104执恢255号之一；（2020）宁0104执恢2155号。

〔3〕 参见（2019）京02执恢145号之一；（2020）京02执恢315号之一；（2021）京02执恢55号之二。

〔4〕 参见（2019）宁01执恢125号；（2020）宁01执恢35号之一；（2021）宁01执恢115号之一。

的材料严格进行审查。部分当事人向法院申请恢复执行案件，只提交恢复执行申请书，其他材料均未提供，法院告知补充材料，当事人称材料丢了无法提供，或称已交至法院，承办人只能自行查找档案将材料补齐，导致承办人工作量增加，花费较多的时间。二是提供财产线索不充分、不具体，具有较大局限性。承办人根据其提供的财产线索无法找到可供执行的财产，浪费人力物力，导致案件最终裁定终本程序结案。三是大部分恢复执行案件的原承办人或退休辞职或轮岗，与现承办人不是同一人，现承办人对原案件执行情况不清楚，需要花大量时间去查阅原案件执行情况，会耗费较大人力物力。四是有部分恢复执行案件，申请人无法提供财产线索也找不到被执行人，只要求法院通过网络查控系统查找被执行人财产线索，将被执行人限制高消费，而这部分案件恢复后，大部分是无法执结的，最终也是裁定终本程序结案。针对强制执行程序的无力，民间催生出来的做法就是个人债务催收。目前，"我国登记在案的催收公司已有4000多家，从业人员接近40万人"〔1〕，但该行业乱象丛生，暴力催收等现象时有发生，给社会带来重大安全隐患。

针对执行程序中过分依赖法院查找被执行人财产情况的情况，有观点认为，应当将恢复执行案件的财产线索查找责任分配给债权人，提供了财产线索的法院经审查属实恢复执行，不能提供的，法院不依职权主动去查找。但现实的情况是债权人受制于财产查找能力的制约，客观上很难发现被执行人的财产线索，如果将举证责任完全交由债权人，不仅会由于其无法提供财产线索导致债权无法实现从而损害其权益，也不利于个人执行不能退出机制的建立完善。在恢复执行程序方面，亟须一套规范有序、行之有效的规则，"既能够限制随意申请造成执行资源的浪费，也要保证应恢复执行的案件及时恢复执行，维护申请执行人的合法权益"。〔2〕

---

〔1〕 王寒：《40万讨债人，走在野路上》，载澎湃网，https://www.thepaper.cn/newsDetail_forward_12688116。

〔2〕 范加庆：《适用终结本次执行程序的基本点》，载《人民司法》2015年第7期。

目前，对于终本案件的财产线索信息反馈不仅周期长，而且有效数据少，很难实现终本数据库设立的初衷。此外，债权人提供财产线索的规定并不明确，实践中不同的法官对于规定的理解和掌握会出现分歧，往往会出现选择性恢复执行以及案件恢复后在执行办案系统外空转的问题。[1]

从执行结案数量看，广东法院近5年平均执行结案862,432件，北京法院近5年平均执行结案251,309件，宁夏回族自治区法院近5年平均执行结案75,744件。从终本率看，北京法院近5年平均终本率最高，为36%，广东法院平均终本率居中，为24%左右，宁夏回族自治区法院近5年平均终本率最低，为22.56%。整体来看，广东与北京属于经济发达地区，宁夏回族自治区属于经济欠发达地区，无论是执行结案数量还是执行终本率广东与北京均高于宁夏回族自治区。经济发达地区案件数量远超经济欠发达地区，案件量大可能是导致执行人员难以彻底穷尽执行措施，导致终本率在经济发达地区使用率畸高的因素之一。

与“沉睡”的恢复执行相对应的是执行案件量与终本案件量不断攀高，输入端远高于输出端。再从终本案件实际执行情况看，广东两级法院执行债权实现比例为0的案件，平均占比达到68.6%；北京两级法院执行债权实现比例为0的案件，平均占比高达79.14%；宁夏回族自治区两级法院执行债权实现比例为0的案件，平均占比为74.21%，基本与三地法院终本率情况一致，终本率越高、债权实现比例越低。统计样本显示，宁夏回族自治区两级法院债权清偿比例在50%以上的平均占比为10.28%，而北京、广东两地法院债权清偿比例在50%以上的平均占比均不足10%（见图2-17）。值得对比思考的是，作为集政治经济文化一体的北京地区，债权实现比例反而低于西部宁夏地区，一方面与案件数量有关，给穷尽执行措

〔1〕 史锐、吴水兰、张旭川：《破产法视野下个人执行不能的解决路径分析》，载马世忠主编：《司法体制综合配套改革中重大风险的防范与化解——全国法院第31届学术讨论会获奖论文集》（下），人民法院出版社2020年版，第1420页。

施带来一定挑战，另一方面经济越发达地区，财产的表现形式和变化越多样，对全面执行查控到位及财产处置变现产生阻碍。经济越发达地区经济往来活动越频繁，由此引发的各类风险往往会更高。

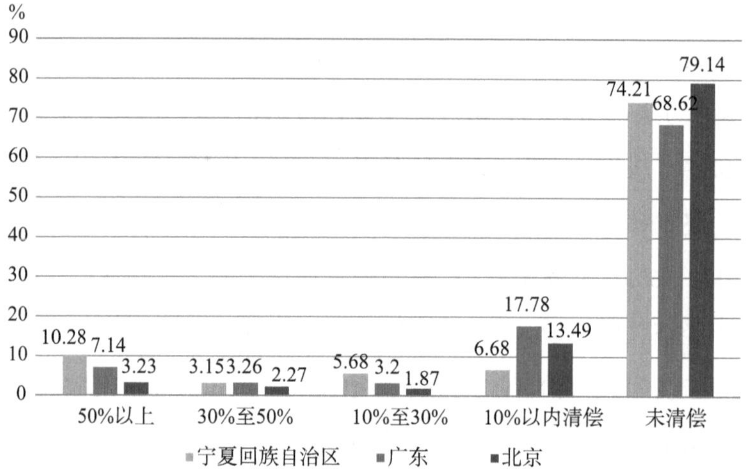

图2-17　个人终本案件债权受偿比例情况

（四）债权人面对悬而未决的执行结果难言放弃

为充分尊重申请执行人，切实维护其知情权和参与权，《终本规定》第5条规定了终本程序前对申请执行人的告知及征求意见的规定。终结本次执行可以在法院向申请人说明已经采取的执行措施、被执行人的财产以及处置情况后，申请人如果明确表示同意的，可以直接作出裁定。但人民法院裁定终结本次执行不以申请执行人是否同意为前提。如果申请人不同意终结本次执行程序，法院依法履行了必要的程序，采取了必要的财产调查措施，在合议庭合议并经院长签发后亦可终结本次执行程序。由表2-3可知，虽然研究样本整体呈现当事人同意与依法终本总量占比相当，但从统计数据可以得知，其中5家法院依法终本程序案件显著多于经当事人同意终本程序案件；仅东城区法院出现完全相反情况，只有4件系依法终本，当事人同意终本占比高达97.98%。样本反应在执行实践中，当事人对于终本程序的理解度和认可度并不高，多数情形下终本案件未经当事人同意即告依法终本。

表2-3　终结本次执行程序案件中经当事人同意情况

单位：件

法院		当事人同意	依法终本
基层法院	东城区法院	194	4
	福田区法院	1	82
	兴庆区法院	56	80
中级法院	北京二中院	30	80
	深圳中院①	6	69
	银川中院	48	35

① 深圳中院的78件终本案件中有3件恢复执行后全部履行完毕的，应当予以终结执行，不涉及当事人同意问题，故深圳中院样本数据应为75件。

债权人申请执行无须支付费用，无门槛、低成本。实践中不乏债权人、代理律师甚至社会公众普遍认为一纸申请书递交法院即可坐等收钱，至于到庭谈话、提供财产线索等都应当是法院职责范围内的事，一旦案件出现"执行不能"，则更多地把责任归咎于法院执行不力或债务人逃避履行，无法正视债务人确无履行能力的事实，也无法意识到自身的问题和责任。同样不容忽视的是债权人在漫长的执行过程中所付出的时间以及情感成本，一些案件由于各种原因经过执行、终本、恢复、再终本的循环往复，但债权始终无法实现或者无法完全实现，长期悬而不决导致债权人对司法公信感到失望，走上不断信访、闹访之路，正常的生产生活被打破。

（五）债务人背负终身债务无助于其提升主动履行意愿

在608件收集到的涉被执行人年龄的有效文书资料中，[1]从被执行人

〔1〕 未标注年龄裁定书情况：东城区法院6份；北京二中院26份；银川中院35份。

的年龄分布看，被执行人属于主要集中在30～50岁的中青年，50岁及以下的被执行人占比为72.37%，年龄最小的债务人为21岁。该区间内的群体是家庭的主要劳动力，具有较强的劳动能力，然而终身的债务负担和日趋严格的信用惩戒措施可能使他们放弃投入社会生产。50～60岁被执行人占比达23.85%，伴随社会老龄化加剧及延迟退休等政策，该批人群通过社会劳动换取物质报酬能力减弱，长期的信用惩戒更会加重其生活负担，从而引发社会问题。60岁以上被执行人占比仅有3.78%，其中年龄最大的被执行人为71岁（见图2-18）。在市场经济不断发展的当下，普通大众仍然需要通过劳动获取报酬。个别债务人可能不同程度地存在继承、接受赠予，以及通过房屋拆迁获得补偿、购买彩票中奖等特殊情形。[1]从债务人年龄构成比例看，绝大多数被执行人具备劳动能力和恢复履行的可能性。

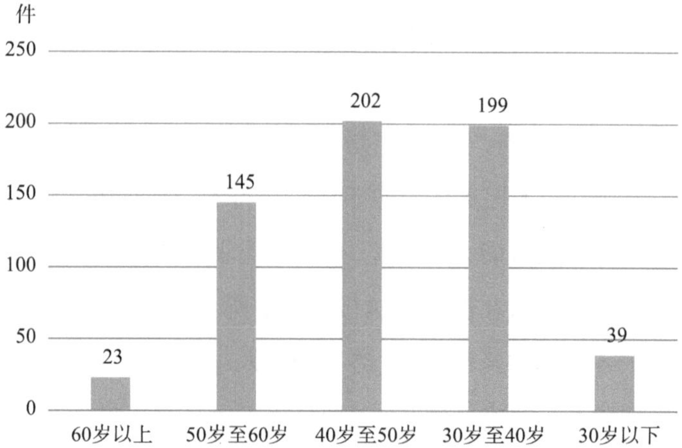

图2-18　个人终本案件中被执行人年龄分布

在解决执行难的过程中，社会舆论更多地把没有及时执行的债务人视为“老赖”，并对其进行不同程度的贬损，而对于债务人是否客观上存

〔1〕 李兆勇：《终本案件分类管理的实证分析与规则构建》，载《人民司法》2022年第16期。

在确无可供执行财产及原因则在所不问。实践中，债务人不履行债务主要可以分为三种情形：第一种属于客观上有财产具备履行能力，但为了逃避债务的履行，往往在执行过程中恶意隐匿转移财产，造成没有财产可供执行的假象。第二种是在诉讼过程中通过公告送达等方式进行裁判的案件，进入执行程序后往往也无法查找到被执行人，这类人员大多情况下属于查无财产且长期下落不明，尽管无法得知其真实的债务履行意愿，但客观上造成债务无法履行。第三种是执行过程中部分债务人积极配合法院的工作，主动申报财产，说明无法履行的原因，具有明显的还款意愿但客观上不具备还款能力。在现行的法律框架下，对于下落不明的债务人，法院缺乏有效的措施对其施以惩戒；相反，对于能够查找到的债务人，出于安抚债权人的角度考量往往会采取拘留、罚款等不同的强制措施。由于激励以及免责机制的缺失，使有意愿但缺乏偿债能力的诚实的债务人得不到保护，逃避债务履行的债务人却能够利用法律的漏洞躲避制裁，长此以往不仅执行程序无法正常进行，社会诚信体系的建设也必将受到影响。〔1〕

从统计数据发现，个人终本案件债务多数属于可免责债务，只有少数案件的债务属于不予免除的情形，〔2〕大多债务具备退出机制适用空间（见表2-4）。

〔1〕 史锐、吴水兰、张旭川：《破产法视野下个人执行不能的解决路径分析》，载马世忠主编：《司法体制综合配套改革中重大风险防范与化解——全国法院第31届学术讨论会获奖论文集》（下），人民法院出版社2020年版，第1421页。

〔2〕《深圳经济特区个人破产条例》（以下简称《个破条例》）第97条规定，“下列债务不得免除，但债权人自愿放弃或者法律另有规定的除外：（一）因故意或者重大过失侵犯他人身体权或者生命权产生的损害赔偿金；（二）基于法定身份关系产生的赡养费、抚养费和扶养费等；（三）基于雇用关系产生的报酬请求权和预付金返还请求权；（四）债务人知悉而未记载于债权债务清册的债务，但债权人明知人民法院裁定宣告债务人破产的除外；（五）恶意侵权行为产生的财产损害赔偿金；（六）债务人所欠税款；（七）因违法或者犯罪行为所欠的罚金类款项；（八）法律规定不得免除的其他债务。前款规定的债务，因债务人丧失或者部分丧失劳动能力，不予免除将导致债务人及其所扶养人生活长期极其困难的，债务人或者管理人可以向人民法院申请部分或者全部免除。”

表2-4 个人终本案件中债务可免情况

单位：件

法院		可免债务	不可免债务
基层法院	东城区法院	193	5
	福田区法院	77	6
	兴庆区法院	120	16
中级法院	北京二中院	91	19
	深圳中院①	61	17
	银川中院	80	3

根据分类统计结果来看，超90%的案件债务均属于可免除债务，仅有9.59%属于不可免债务。具体来看，东城区法院的终本案件中有97.47%的债务属于可以免责的债务，只有2.53%的债务不在免责的范围内，这类债务主要包括劳务合同〔1〕、抚养费〔2〕、追索劳动报酬〔3〕、健康权〔4〕等。北京二中院的终本案件中有82.73%的债务属于可以免责的债务，只有17.27%的债务不在免责的范围内，这类债务主要包括罚金〔5〕、刑事附带民事赔偿〔6〕、劳务合同、健康权等。深圳中院的终本案件中有78.21%的债务属于可以免责的债务，只有21.79%的债务不在免责的范围内，这类债务主要包括刑事附带民事赔偿〔7〕、罚金〔8〕、罚款〔9〕、诉讼费〔10〕等。福田区法院的终本案件中有92.77%的债务属于可以免责的债务，只有7.23%的债务不在免

〔1〕 参见（2017）京0101执6355号。

〔2〕 参见（2017）京0101执1655号。

〔3〕 参见（2020）京0101执4855号之一。

〔4〕 参见（2020）京0101执55号之一；（2021）京0101执555号。

〔5〕 参见（2021）京02执605号之一。

〔6〕 参见（2018）京02执105号。

〔7〕 参见（2017）粤03执155号之一。

〔8〕 参见（2019）粤03执4355号之一。

〔9〕 参见（2018）粤03执恢155号。

〔10〕 参见（2019）粤03执3855号之一。

责的范围内，这类债务主要包括罚金[1]、诉讼费[2]等。银川中院的终本案件中有96.39%的债务属于可以免责的债务，只有3.61%的债务不在免责的范围内，这类债务主要包括罚金[3]、交通事故损害赔偿、劳务合同、健康权等。兴庆区法院的终本案件中有88.24%的债务属于可以免责的债务，只有11.76%的债务不在免责的范围内，这类债务主要包括罚金[4]、交通事故损害赔偿[5]、劳务合同[6]、健康权[7]等。

由此可见，在已经终本的案件中，除少部分债务属于牵涉人身损害或违法犯罪或者罚款等不可免除外，对于被执行人而言，绝大部分属于可以通过相应程序予以免除的债务。终本不应该成为最终的归宿，而应该建立一种可行的路径实现有效彻底退出。

从我国的司法实践出发，现行终本制度存在恢复执行案件数量总体逐年增加、"带财产"终本案件比例大、恢复执行案件执行完毕率低、恢复执行案件信访率高等问题，最终的体现是大量终本案件堆积在法院执行程序中。"据保守估计，每年至少有40%的执行案件的债务人是没有财产的。"[8]而对于债务人确无可供执行财产或者财产不足以满足债权实现的案件，终本程序属于无奈的选择。[9]按照北京法院年增长10%的收案数据估算，到2025年可能会有近百万件终本案件等待执行。[10]数量如此庞大的终本案件淤积在执行程序中将带来严重后果。从法院管理层面来看，为清

[1] 参见(2017)粤0304执2555号。

[2] 参见(2017)粤0304执18555号。

[3] 参见(2017)宁01执225号之二；(2018)宁01执35号之三；(2017)宁01执恢55号。

[4] 参见(2018)宁0104执2155号。

[5] 参见(2017)宁0104执4855号。

[6] 参见(2018)宁0104执4455号之一。

[7] 参见(2018)宁0104执1555号。

[8] 单一良、姚炎中：《解题"执行难"：法院执行在行动——专访最高人民法院审判委员会副部级专职委员、执行局局长刘贵祥》，载《人民法治》2015年第1期。

[9] 韩煦：《我国终结本次执行程序的制度建构与具体实施》，载《法律适用》2022年第9期。

[10] 张美欣：《终结本次执行程序案件的彻底终结制度研究》，载《法律适用》2016年第4期。

理终本案件需要投入大量人力物力，而大量终本案件实际难以得到完全执行，最终将无谓地消耗有限的法院资源，待淤积到人力无法有效运转阶段，甚至会造成新收案件也无法得到基本执行。从社会稳定层面来看，大量的权利义务关系在法律上存在但实际上却无法得以实现，不利于社会秩序的稳定，最终影响经济社会的平稳发展。诚然，终本制度可以通过主动采取改进措施来消解部分虚假的、暂时的、相对的个人执行不能案件，但由于其本身缺乏内生动力，并不符合民事执行退出制度的价值取向。因此，希冀通过完善终本制度去完全解决上述这些问题并不可能。

从实证研究结果可以看到，终本案件中标的额巨高、可能对市场造成巨大冲击的案件占比较少，大部分被执行人处于有劳动能力及履行可能性的年龄阶段，具备逐步分解债务，让“诚实而不幸”的债务人有序退出执行程序的实施基础，与最高人民法院的调研结论相吻合。〔1〕根据债务属性划分，90%以上案件属于可以免责债务，为个人破产制度推进提供了实施土壤。此外，“破产制度与民事执行制度共同构成了现代市场经济下的债务强制履行体系”〔2〕，但终本案件中存在大量财产难以得到有效处置，而强制执行分配程序缺乏让此类财产变现置换从而实现清偿债权人债务的空间。对于企业而言，可以通过破产程序走出执行，而对于自然人债务人而言，尚缺乏退出执行实现重生的解决路径。现有的执行程序承担了超越程序本身应当涵盖的内容，一定程度上已经实质上替代了破产程序功能，亦不合理。

破产制度设立的目的在于使各债权人得以公平受偿，强调公平性；而执行程序与之不同，其强调效率优先，兼顾公平。这种兼顾更多的是对于当事人机会平等的保护，在处理债权冲突时更多地坚持“先下手为强”的

〔1〕 最高人民法院民二庭课题组:《司法实践视野下的自然人债务庭外重整程序》，载《法律适用》2022年第2期。

〔2〕 詹应国:《执行与破产程序的衔接规范》，载《人民司法(应用)》2016年第4期。

原则。[1]正如世界银行自然人破产处理工作小组所指出的："如果允许债权人向本该宣告破产的债务人申请执行，将产生至少三个方面的负面效果：其一是加重诉累；其二是浪费司法资源；其三是即使债务人仍有少量可供执行的财产，在支付执行费用后通常也所剩无几，债权人的地位并没有因这场执行程序的进行而有所改善。"[2]因此，借鉴域外经验建立我国的个人破产制度，彻底打通退出渠道，才是解决执行不能案件的治本之道。[3]

---

〔1〕 金剑锋：《优先权制度的基本理论和具体规则研究》，载最高人民法院执行局：《法院执行理论与实务讲座》，国家行政学院出版社2010年版，第149页。

〔2〕 自然人破产处理工作小组起草：《世界银行自然人破产问题处理报告》，殷慧芬、张达译，中国政法大学出版社2016年版，第37-38页。

〔3〕 詹应国：《执行与破产程序的衔接规范》，载《人民司法（应用）》2016年第4期。

第三章　现状审视之二：个人执行不能退出机制实证研究之个人破产制度

前文就终本制度存在的短板与弊端进行了分析，指出目前作为执行不能案件暂时性退出的终本程序，不仅无法从根本上解决个人执行不能案件的退出，而且加剧了案件的累积，使案件始终处于无法通过恢复执行实现债权却又无法彻底退出执行程序的两难境地。〔1〕执行不能案件无法实现彻底退出的主要原因在于缺少退出的有效路径以及执行程序本身的缺陷，而个人破产制度恰好可以提供这种路径并弥补执行程序的不足。个人破产制度可以对债务人进行有效识别，并按照不同情况对诚信的债务人进行免责考察，免除剩余债务，帮助其摆脱债务枷锁实现重生。对于失信债务人加大打击力度，对试图滥用破产程序的债务人形成震慑。民事执行就其本质而言，是运用公力救济实现对债务纠纷的处理，终本程序不仅无法实现"执行不能"案件的彻底退出，对于切实解决"执行难"已经成为掣肘，因此有必要对其进行制度改造。〔2〕

《企业破产法》实施以来取得了一些效果，但由于其适用主体仅限定为企业法人，将个人挡在"门外"，而被称为"半部破产法"〔3〕。近年来，随

〔1〕 宋振宇：《"个人破产法"执行难问题的破解之道》，载《广西质量监督导报》2021年第4期。

〔2〕 史锐、吴水兰、张旭川：《破产法视野下个人执行不能的解决路径分析》，载马世忠主编：《司法体制综合配套改革中重大风险的防范与化解——全国法院第31届学术研讨会获奖论文集》(下)，人民法院出版社2020年版，第1422页。

〔3〕 曹兴权：《雾里看花：自然人破产之争》，载《河北法学》2006年第4期。

着个人破产立法相关配套制度的不断成熟完善，〔1〕在最高人民法院的积极推动下，〔2〕多地法院开展了具备“个人破产”实质功能的大胆尝试。〔3〕而《个破条例》的出台，更被称为是国内个人破产制度的“破冰之举”〔4〕。二者在价值功能方面有诸多相似之处，但《个破条例》仅在深圳一地试点，而具备个人破产实质功能的个人债务集中清理在全国多地推进，二者试点运行的效果，势必对个人破产制度的构建提供不同的借鉴。因此，下文主要围绕个人破产的试点情况进行研究，个人债务集中清理制度作为一种类个人破产制度，也具有一定的研究价值与意义，故一并研究。

一、实证研究目的与方法

（一）研究目的

“从世界各国通例来看，执行不能案件都属于当事人应当承担的商业

〔1〕 赵万一、高达：《论我国个人破产制度的构建》，载《法商研究》2014年第3期。

〔2〕 2018年最高人民法院《关于人民法院解决“执行难”工作情况的报告》中建议，“要推动建立个人破产制度，畅通执行不能案件依法退出路径”；2019年2月27日，最高人民法院《关于深化人民法院司法体制综合配套改革的意见——人民法院第五个五年改革纲要（2019—2023）》提出要“研究推动建立个人破产制度及相关配套机制，着力解决针对个人的执行不能案件”；2019年6月11日，最高人民法院《关于深化执行改革健全解决执行难长效机制的意见——人民法院执行工作纲要（2019—2023）》提出将“开展与个人破产制度功能相当的试点工作，为建立个人破产制度打下实践基础”；2019年7月16日，国家发改委、最高人民法院等13部门联合发布《加快完善市场主体退出制度改革方案》提出，要“逐步建立起与现代化经济体系相适应，覆盖企业等营利法人、非营利法人、非法人组织、农民专业合作社、个体工商户、自然人等各类市场主体的便利、高效、有序的退出制度”，尤其要“分步推进建立自然人破产制度”。

〔3〕 浙江省台州市中级人民法院（以下简称台州中院）2019年4月26日出台了《执行程序转个人债务清理程序审理规程（暂行）》（台中法〔2019〕73号）；温州市中级人民法院（以下简称温州中院）2019年8月13日出台了《关于个人债务集中清理的实施意见（试行）》（温中法〔2019〕45号）；2019年10月21日，江苏省苏州市吴江区人民法院印发《关于个人债务清理的若干规定（试行）》（吴法〔2019〕101号）的通知；2020年12月3日，山东省东营市中级人民法院出台《关于个人债务清理的实施意见（试行）》；2020年12月2日，浙江省高级人民法院发布《浙江法院个人债务集中清理（类个人破产）工作指引（试行）》；2021年6月，宁波市中级人民法院出台《关于推进个人债务集中清理工作实施方案》；2021年12月23日，四川省成都市中级人民法院印发《关于个人债务集中清理的操作指引（试行）》（成中法发〔2021〕137号）；镇江市中级人民法院审判委员会于2022年7月14日讨论通过了《关于开展类个人破产程序试点工作的指引（试行）》。

〔4〕 赵丽、秦华民：《个人破产条例深圳“破冰”》，载《法治与社会》2020年第9期。

风险、法律风险、社会风险，并非法院执行不力所致，需要通过个人破产、社会救助等制度机制予以解决，不属于申请执行的范围，不能进入执行程序。”[1]然而基于社会现实与法院职能定位影响，许多案件进入执行程序并出现执行不能的问题。随着改革开放的不断深入和私营经济的不断发展以及消费观念的不断转变，建立个人破产制度势在必行。从各地试点区域的实践情况看，个人破产制度的建立，对个人摆脱债务困境重获新生、保持社会稳定和促进经济发展都具有重要意义。本章旨在通过分析个人破产及类个人破产试点运行情况，总结其运行成效及原因，挖掘其试点运行遭遇的立法及实践阻碍问题，以为后文完善路径提供参考指引。

（二）研究方法

关于执行不能案件退出机制试点的研究，主要对《个破条例》实施以来的情况展开。个人破产制度所作实证研究之样本，源于深圳市个人破产信息公开平台公示以及深圳中院个人破产案件信息网公开的个人破产案件信息。[2]2021年3月1日，深圳中院开始个人破产试点工作，可以从中国裁判文书网查到已经受理21件审结的个人破产的裁判文书，以及2022年已经受理的59件个人破产及部分审结的裁判文书。本部分着重对两年来已经立案的80件（其中和解4件，清算7件，重整69件）案件进行系统的分析。

关于个人债务集中清理部分的研究样本。2019年10月，江苏省高级人民法院确定开展与个人破产制度功能相当试点工作，于2021年12月出台了《关于开展“与个人破产制度功能相当试点”工作中若干问题解答》，规定

---

〔1〕 周强：《最高人民法院关于人民法院解决“执行难”工作情况的报告》，载《人民法院报》2018年10月25日，第1版。

〔2〕 自2021年3月1日《个破条例》实施以来，截至2021年12月31日，深圳中院共收到个人破产申请943份。其中，破产清算申请749份，重整申请130份，和解申请64份。但进入个人破产申请审查的有55份，最终立个人破产案件的有21份，涵盖了重整、清算、和解以及庭外和解四种类型。此外，2022年度，深圳中院共收到个人破产申请365份，启动个人破产申请审查116份，最终立个人破产案件59件，其中重整56件，清算3件，无和解案件。

在全省范围内进行的个人债务清理，即“类个人破产”、立“执个”案号。苏州市吴江区人民法院《关于个人债务清理的若干规定（试行）》中规定，债务人有作为被执行人案件的立“执清”案号，其他个人债务清理案件，立“个清”案号。浙江省高级人民法院在充分总结台州中院、温州中院前期试点的基础上，于2020年12月2日发布《浙江法院个人债务集中清理（类个人破产）工作指引（试行）》。尽管山东省以及四川省的部分法院也已经出台个人债务集中清理的相关规定，开展了试点工作，但截至目前，笔者在中国裁判文书网尚且无法查到该两省法院相关的裁判文书，无法实现对这两个省试点情况的实证研究。因此，笔者主要围绕江苏、浙江两省已经公开的裁判文书展开分析研究。通过中国裁判文书网及法信平台检索，剔除重合的部分以及安徽法院的终本裁定，浙江法院尚有有效裁定书23份（其中2020年4份、2021年12份、2022年7份）、江苏法院尚有有效裁定书56份（其中2020年13份、2021年35份、2022年8份）。个人债务集中清理（类个人破产）的实证部分主要以上述两省法院公开的79份有效裁定书为研究样本。〔1〕

二、个人破产制度实证研究

（一）情况概述

深圳在试点个人破产方面设置了受理门槛、处置流程及个人债务破产清算、重整及和解条件要求等。通过尽可能分析公开文书所包含的要素，

〔1〕 截至2023年1月2日，在法信平台“类案检索”项下输入“执个”，没有发现任何案件信息；输入“个破”，同样没有发现任何案件信息。输入“个清”可搜到52份裁定书，全部为江苏省法院，且全部为个人债务集中清理申请裁定，其中2021年6份，2022年46份。由于该部分裁定书只涉及是否允许进入个人债务清理程序，没有个人债务清理的相关结果内容，故不作为研究的样本。在法信平台“类案检索”项下输入“执清”可搜到69份裁定书，浙江法院14份；江苏法院53份；安徽法院2份，为2015年的终本案件。在中国裁判文书网“高级检索”栏目输入“执清”可搜到81份裁定书，江苏法院共有此类裁定书57份，浙江法院共有此类裁定书21份，安徽法院共有此类裁定书3份，均为2015年同一申请人与同一被执行人的终结本次执行程序案件裁定。

如案件受理及审理情况、符合条件自然人主体情况、申请破产原因及债务类型等，能够探究个人破产制度的实际实施效果和制约其发挥作用的问题症结，从而为完善个人破产制度提供方向和指引。

（1）个人破产案件立案受理数量。2021年，深圳中院共立案受理个人破产案件21件，其中以破产清算立案的7件；但在审理过程中，有2件转为重整，〔1〕1件转为和解。〔2〕2022年，共立案受理个人破产案件59件，其中以破产清算立案的仅有3件，〔3〕56件重整案件，〔4〕没有和解案件（见表3-1）。

表3-1 个人破产案件的程序适用情况

类型	2021年		2022年	
	数量（件）	占比（%）	数量（件）	占比（%）
清算	4	28.57	3	5.08
重整	13	52.38	56	94.92
和解	4	19.05	0	0

《个破条例》自2021年3月1日实施至2022年12月31日，共收到个人破产申请1308份，进入破产申请审查的171件，最终进入个人破产程序的只有80件，仅占个人破产申请的6.12%。此外，从近两年个人破产案件适用的程序看，清算案件7件，和解4件，重整69件，占比达到86.25%。总体可知，个人破产案件受理数量很少。

（2）个人破产案件审理结果。2021年受理的21件个人破产案件中，14件成功，占比为66.67%；2022年受理的59件个人破产案件中，有36件尚未审结。已经结案的23件案件中，有12件获得成功，〔5〕占比为52.17%。可见个人破产案件最终成功的占比不高（见表3-2）。

〔1〕 参见（2021）粤03破232号（个3）；（2021）粤03破236号（个5）。
〔2〕 参见（2021）粤03破231号（个2）。
〔3〕 参见（2022）粤03破138号（个1）。
〔4〕 参见（2022）粤03破449号（个35）；（2022）粤03破573号（个55）。
〔5〕 参见（2022）粤03破221号（个10）；（2022）粤03破493号（个40）。

表3-2　个人破产案件审理结果

结果	2021年		2022年	
	数量（件）	占比（%）	数量（件）	占比（%）
成功	14	66.67	12	52.17
失败	7	33.33	11	47.83

（3）破产人年龄分布。在2021年进入破产程序的21件案件中，有5件案件没有标注债务人的年龄。破产人主要是中青年，年龄主要集中在30～50岁，占比达到81.25%。其中，年龄最小的29岁，[1]年龄最大的76岁。[2]在2022年进入破产程序的59件案件中，有6件案件没有标注破产人的年龄。破产人的年龄主要集中在30~50岁，占比达到88.67%。其中，年龄最小的25岁，[3]年龄最大的51岁。[4]综合2021年、2022年破产人的年龄情况看，其中最小的年龄25岁，最大的年龄76岁，整体主要集中在30～50岁，具备劳动能力、重生可能性高。

（4）破产人性别情况。在2021年进入破产程序的21件案件中，有4件案件没有标注债务人的性别。在标注破产人性别的17件案件中，男性9人，女性8人，基本平分秋色。[5]可见，越来越多的女性加入创新创业的大潮中，并也随时面临可能的失败。在2022年进入破产程序的59件案件中，有5件案件没有标注债务人的性别。在标注破产人性别的54件案件中，男性35人，占比为64.81%；女性19人，男性占比接近女性的2倍。[6]

（5）破产人所在地区分布。《个破条例》对申请破产进行了一定条件的限制：其一，破产人需在深圳经济特区居住，其二，需要参加深圳社会保险

〔1〕参见（2021）粤03破514号（个20）。
〔2〕参见（2021）粤03破347号（个6）。
〔3〕参见（2022）粤03破519号（个50）。
〔4〕参见（2022）粤03破516号（个47）。
〔5〕参见（2021）粤03破380号（个8）；（2021）粤03破417号（个11）；（2021）粤03破480号（个14）。
〔6〕参见（2022）粤03破300号（个14）。

并且必须连续满3年，其三，只能是自然人；只有三者同时具备才可适用该条例申请破产。经过统计，在2021年所有进入破产程序的21件案件中，只有1件案件的破产人户籍地是深圳市，[1]占比仅为4.76%；而高达76.19%的破产人户籍地属于广东省以外的其他地区，其中四川省有3人，[2]此外13人分布在11个省份。[3]在2022年所有进入破产程序的59件案件中，破产人户籍地是深圳市的仅有2件，[4]占比仅为3.39%；26件案件的破产人属于深圳市以外的广东省内的其他地区。[5]而破产人户籍地属于广东省以外其他地区的有31件，占比高达52.54%，其中江西省有6人，[6]其余25人分布在11个不同省份（见表3-3）。[7]

表3-3　个人破产案件的破产人所在地区分布

地区	2021年		2022年	
	数量（件）	占比（%）	数量（件）	占比（%）
深圳市	1	4.76	2	3.39
广东省内其他地区	4	19.05	26	44.07
广东省外地区	16	76.19	31	52.54

尽管目前个人破产在深圳试点，但真正户籍地在深圳的个人破产人并不多，仅为3人。相反，深圳以外的广东省内其他地区以及其他省市的破产人占比非常高。一方面源于深圳属于创业城市，外来人口占比本身就高，另一方面也为外来人口提供在深圳破产重生的机会，通过对个人破产制度

〔1〕参见（2021）粤03破347号（个6）。

〔2〕参见（2021）粤03破482号（个16）；（2021）粤03破513号（个19）；（2021）粤03破514号（个20）。

〔3〕包括云南省1人、河南省2人、黑龙江省1人、湖北省2人、江苏省1人、河北省1人、山东省1人、广西壮族自治区1人、湖南省1人、陕西省1人、吉林省1人。

〔4〕参见（2022）粤03破457号（个38）；（2022）粤03破504号（个42）。

〔5〕参见（2022）粤03破370号（个29）；（2022）粤03破427号（个33）。

〔6〕参见（2022）粤03破419号（个30）；（2022）粤03破517号（个48）。

〔7〕包括吉林省1人、甘肃省1人、山西省2人、陕西省2人、河南省4人、四川省4人、黑龙江省2人、湖北省3人、内蒙古自治区1人、湖南省3人、贵州省2人。

的实施运行进行最大限度地宣传，让更多的人了解、理解、更好地运用个人破产实现“重生”

（6）个人破产的原因。2021年个人破产的主要原因在于经营失败，占比达到66.66%。特别是在众多的案件中债务人均提到由于受疫情的影响，导致经营受损最终无力清偿债务。[1]同时，有4件案件的破产人由于生活消费导致无力偿还债务而破产。这两项原因导致破产的案件共18件，占比达到85.71%。2022年个人破产的主要原因同样在于经营失败，占比达到67.80%。生活消费也仍然占了很大的比例，为47.46%，占比较2021年有所提升（见图3-1）。

需要说明的是，在2022年的个人破产原因中，有的案件仅是一项原因，或者因经营失败，[2]或者因生活消费，[3]但亦有案件是两项原因同时存在的。[4]

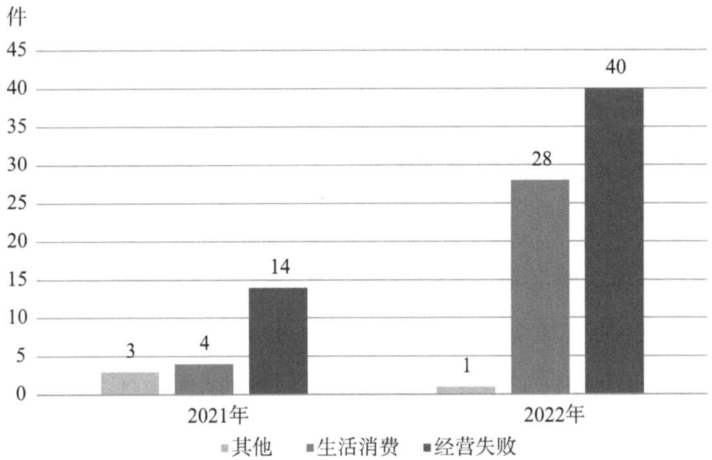

图3-1　个人破产原因分布

[1] 参见（2021）粤03破365号（个7）；（2021）粤03破417号（个11）；（2021）粤03破419号（个12）；（2021）粤03破480号（个14）。

[2] 参见（2022）粤03破426号（个32）。

[3] 参见（2022）粤03破493号（个40）。

[4] 参见（2022）粤03破450号（个36）。

（7）破产案件债务数额（见表3-4）。在2021年进入个人破产程序的21件案件中有9件没有标注债务数额。[1]已标注的12件案件的债务数额相对较小，破产数额在100万元以下的有8件，占比达到66.67%。最少的债务数额只有20万元，[2]而最大的债务数额也只有138万元。[3]在2022年进入立案的59件破产案件中，有16件案件没有具体标明债务数额。已标注的案件破产债务数额同样较小，其中100万元以下的有26件，占比达到60.47%；债务数额最少的为132,000元，[4]而最大的债务数额也只有2,572,824.53元。[5]

表3-4　个人破产案件的债务数额分布

金额	2021年		2022年	
	数量（件）	占比（%）	数量（件）	占比（%）
30万以下	1	8.33	11	25.28
30万至50万元	2	16.67	9	20.93
50万至80万元	3	25	5	11.63
80万至100万元	2	16.67	1	2.33
100万元以上	4	33.33	17	39.53

综合看，个人破产案件的债务数额相对较小，最少的只有132,000元，最多的债务数额也不足300万元。笔者认为，主要是基于破产重整以及破产人自身经济能力的考量，在5年的时间内完成破产方案的清偿计划，过高的债务很难通过破产程序实现消解。

（8）个人破产案件的债务类型。2021年个人破产案件的债务中占比最大的是金融债权和信用卡，二者共有16件，占比达到76.20%。2022年个人破产案件的债务中最多的是信用卡案件，有30件，占比达50.85%；其次是

〔1〕分别是2021年受理的个2、个3、个4、个5、个6、个11、个12、个13、个17。

〔2〕参见（2021）粤03破418号（个10）。

〔3〕参见（2021）粤03破480号（个14）。

〔4〕参见（2022）粤03破510号（个44）。

〔5〕参见（2022）粤03破300号（个14）。

小额借款以及金融债权，占比分别为38.98%、33.90%。进入破产程序的案件基本为涉及金钱给付类案件（见图3-2）。

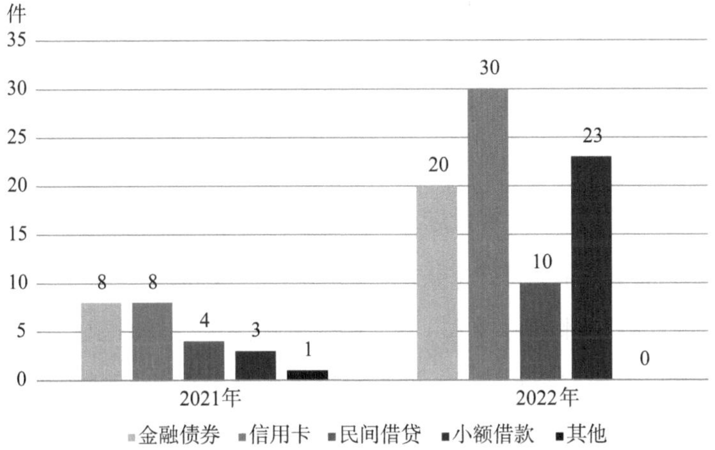

图3-2　个人破产债务类型分布

需要说明的是，在个人破产案件的债务种类中，有的案件只有一种破产债务，或者是金融债权，[1]或者是信用卡，[2]或者是民间借贷，[3]或者是小额借款；[4]也可能是两种债务[5]或多种债务兼具。[6]

（二）试点成效

（1）个人破产程序运转良好，重整成为主要选择。在2021年破产成功的14件案件中，重整成功的有8件，[7]占比达到57.14%。2022年共有12件案件破产成功。而在所有破产成功的案件中，没有适用和解以及清算程序的案件，100%为适用重整程序的案件。[8]

---

〔1〕参见（2022）粤03破139号（个2）。
〔2〕参见（2022）粤03破309号（个19）。
〔3〕参见（2022）粤03破303号（个17）。
〔4〕参见（2022）粤03破301号（个15）。
〔5〕参见（2022）粤03破196号（个8）。
〔6〕参见（2022）粤03破221号（个10）。
〔7〕参见（2021）粤03破347号（个6）；（2021）粤03破365号（个7）。
〔8〕参见（2022）粤03破221号（个10）；（2022）粤03破493号（个40）。

从数据统计可以看出，破产清算和破产和解两种途径相较于破产重整，较少在破产程序中适用。作为我国境内首例裁定生效的个人破产案，2021年7月，深圳中院裁定批准破产人梁某锦个人破产重整计划。按照重整计划，梁某锦需在3年内偿还借款本金75万元，所有利息将被免去。申请破产前，梁某锦每月借贷产生的利息、罚息高达六七千元，如不停止计算，可能将再产生超过30万元的利息。通过个人破产重整，可以有效帮助债务人摆脱债务困境，为重新进入社会提供制度保障。3年内，梁某锦夫妻除每月用于基本生活费用外，其他收入均用于偿还债务。自重整计划实施以来，梁某锦将全部精力投入工作，积极偿还债务。每月执行还款22,000元，按要求汇入指定银行账户，再按照重整计划分配给不同债权人。梁某锦的个人破产重整计划执行顺利，扣除还款后其个人及家庭生活能够得到基本保障。在2023年4月，即执行重整计划的第21个月，梁某锦清偿了所有债权本金。相较重整计划要求期限，整整提前了15个月。经向法院申请，梁某锦被免除剩余未偿还的债务，获得了法院的裁定批准。〔1〕

（2）债务人可安心工作通过劳动报酬清偿债务。样本案件中，2021年重整成功案件的清偿资金主要来源债务人及其配偶的现有货币资金、可预期的劳动报酬以及可能的预期外收入。〔2〕此外，有3件案件来源对现有房产、玉石等财产的处置。〔3〕2022年重整成功案件的清偿资金同样主要来源三部分，其中占比最高的为可预期的劳动报酬，在12件重整成功的案件中，清偿资金来源中100%包括债务人可预期的劳动报酬；〔4〕其次是债务人可能的预期外收入，〔5〕以及债务人的现有货币资金、房产、车辆等可以处

〔1〕 周雅菲：《个人破产制度的新发展对银行债权保护的影响分析》，载《现代金融导刊》2023年第2期。

〔2〕 参见（2021）粤03破230号（个1）；（2021）粤03破409号（个9）；（2021）粤03破481号（个15）。

〔3〕 参见（2021）粤03破481号（个15）；（2021）粤03破482号（个16）；（2021）粤03破483号（个17）。

〔4〕 参见（2022）粤03破573号（个55）。

〔5〕 参见（2022）粤03破139号（个2）。

置的财产。[1]需要说明的是，1件案件的清偿资金来源可能包括货币资金、可预期收入，也可能包括货币资金、可预期的劳动报酬以及可能的预期外收入。

（3）清偿期限合理，基本在5年内清偿完毕。在2021年破产成功的14件案件中，只有10件案件确定了清偿期限。包括8件重整以及2件和解成功的案件。清偿期限在1年以内的1件案件是一起和解成功案件。[2]2件规定清偿期限在36个月内完成重整计划的执行。[3]2件规定清偿方案以12个月为1个周期，在4个周期内清偿完毕，并规定了每一周期应当清偿的不同比例。[4]1件和解案件，债务人按月清偿债务，并在54个月内对662,226.31元的本金100%清偿完毕。[5]此外，有4件案件分别规定自重整计划批准之日起5年内执行完毕。[6]为了最大限度地调动债务人执行重整方案的积极性，方案规定若债务人能提前达到重整方案的还款率则提前结束执行。[7]但如果债务人连续2个月或累计5个月不按重整计划付款，或者重整计划未在5年内执行完毕，则债权人有权申请终止重整计划执行。[8]4件清算案件中有3件与债权人达成了庭外和解协议，[9]只有1件符合相关条件裁定宣告破产，[10]不存在清偿期限的问题。在2022年12件重整成功的案件中，1件清偿期限在3年内，[11]1件规定重整计划的清偿期限在68个月完成，[12]其余11件案件的清偿期限均在5年内。[13]为了更好地执行重整计划，债务清

〔1〕 参见（2022）粤03破300号（个14）；（2022）粤03破516号（个47）。
〔2〕 参见（2021）粤03破347号（个6）。
〔3〕 参见（2021）粤03破230号（个1）；（2021）粤03破483号（个17）。
〔4〕 参见（2021）粤03破481号（个15）；（2021）粤03破482号（个16）。
〔5〕 参见（2021）粤03破365号（个7）。
〔6〕 参见（2021）粤03破232号（个3）。
〔7〕 参见（2021）粤03破409号（个9）。
〔8〕 参见（2021）粤03破512号（个18）。
〔9〕 参见（2021）粤03破380号（个8）；（2021）粤03破479号（个13）；（2021）粤03破480号（个14）。
〔10〕 参见（2021）粤03破417号（个17）。
〔11〕 参见（2022）粤03破188号（个7）。
〔12〕 参见（2022）粤03破300号（个14）。
〔13〕 参见（2022）粤03破221号（个10）。

偿方案还规定了每年度应当完成的执行比例[1]或者应当完成的清偿金额（见图3-3）。[2]

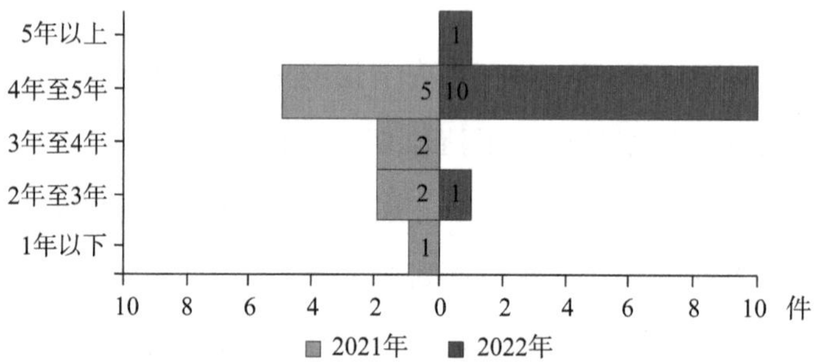

图3-3 个人破产重整成功案件清偿期限

综合来看，样本中个人破产重整以及和解成功的案件共计22件，而清偿期限在5年以内的达到21件，占比为95.45%。只有1件超过5年，占比仅为4.55%。

（4）家庭债务在破产程序中得以一并解决。2021年的个人破产案件中，夫妻共同提出破产申请并被立案的有6件，[3]占比达到28.57%，接近全部案件的1/3，这是一个很好的趋势。在2022年的个人破产案件中，夫妻共同提出破产申请并被立案的有24件（含2件申请清算案件），占比达到40.68%，已经超过了全部案件的1/3，这是一个非常高的比例。但从目前的结果看，只有2件重整成功，[4]却有多达8件案件失败，[5]尚有14件没有结果。[6]

---

〔1〕 参见（2022）粤03破139号（个2），规定5年的清偿比例分别为15%、15%、20%、20%、30%；（2022）粤03破196号（个8），规定5年的清偿比例分别为10%、20%、25%、25%、20%；（2022）粤03破188号（个7），规定3年的清偿比例分别为20%、40%、40%。

〔2〕 参见（2022）粤03破493号（个40），规定5年的清偿金额分别为42,000元、54,000元、72,000元、120,000元、132,000元。

〔3〕 参见（2021）粤03破479号（个13）与（2021）粤03破480号（个14）；（2021）粤03破481号（个15）与（2021）粤03破482号（个16）；（2021）粤03破513号（个19）与（2021）粤03破514号（个20）。

〔4〕 参见（2022）粤03破185号（个4）；（2022）粤03破186号（个5）。

〔5〕 参见（2022）粤03破341号（个24）；（2022）粤03破342号（个25）。

〔6〕 参见（2022）粤03破518号（个49）；（2022）粤03破519号（个50）。

综合两年的个人破产案件审理情况看，夫妻共同提出破产的案件数量在不断提高，通过这种方式，可以最大限度地调动夫妻双方的偿债积极性，同时能够有效避免假借离婚等形式转移财产、逃避债务的履行等。

（5）破产事务管理署的设立，推动破产工作顺利进行。破产事务中大量存在的是行政事务，由人民法院一家推动存在巨大阻碍。深圳试点中一步到位设立破产事务管理署，由政府牵头对于破产案件审理推进提供巨大帮助。破产案件涉及的行政事务归类至各家行政机关、社会组织，职责明确下更易配合法院开展破产相应工作。破产事务管理署在防范个人破产欺诈方面制定了《深圳市个人破产信息登记与公开暂行办法》，上线个人破产信息公开平台，进一步为个人破产程序扫清了入口障碍，提升了破产办理透明度和公信力。

（三）实践困境

通过实证分析研究，可以得出深圳《个破条例》实施的特点：一是从申请主体方面来看，申请主体多为青壮年债务人，年龄在30～50岁占比较大，男性居多，但是性别比例差异化不明显；夫妻共同提出破产占有一定的比例；申请人户籍地遍布全国，绝大多数有创办企业或者从事经营活动的经历；大部分债务人有稳定工作，清偿意愿强烈，希望通过重整或者和解的方式解决债务问题，符合鼓励创新、宽容失败的宗旨。二是从实际适用程序方面来看，最终的程序选择倾向于重整，特别是2022年成功的个人破产案件全部以重整程序结束。尽管所有申请个人破产的案件中，涵盖了破产重整、和解以及清算三种程序，但对于债务人而言，其更倾向于选择破产清算而不是重整。这种差异化的选择体现了保护债权人与债务人利益的平衡，更体现了《个破条例》鼓励债务人重生、营造良好营商环境的宗旨。三是从债务构成方面来看，个人破产债务数额较小；债务人财产中的现金价值小；以金融债权构成为主；债务人具有较强的偿债意愿；清偿资金主要是债务人可预期的劳动报酬，且清偿期限大多数在5年之内。[1]但是，在《个破条例》运行的过程中，也遇到了个人破产程序的选择受限、财产申报不实情况突出、个人财产的界定难、重整草案的通过率低、《个破条例》宣传的力度不够等问题，亟须采取相应措施一一解决。

1.传统债务观念制约制度适用。“欠债还钱”是人们最朴素的认知，负债应偿不容减免的理念深深根植于人们的内心。从法律文化角度来审视，我国自古以来就缺乏对债务人的宽恕文化，[2]“父债子偿”的债务清偿观深入人心，但这种清偿观严重阻碍了个人破产制度在观念上的构建。

随着改革开放的不断深入，传统的债务观已经无法适应经济社会发展的需要，亦无法提供有效的债务解决机制。[3]正是破产理念与传统债务观之间的冲突，使《企业破产法》的试行达20年之久，而个人破产法因“条件尚不成熟”一直未能面世。在前面所做的终本程序的调研中，深圳中院2017年到2021年共有终本案件13,390件，而终本案件中个人作为被执行人的案件占比为67.24%，深圳中院5年的终本案件中应有个人作为被执行人的终本案件9003件。福田区法院2017年到2021年5年间共有终本案件99,563件，而终本案件中个人作为被执行人的案件占比为89.25%，福田区法院5年的终本案件中应有个人作为被执行人的案件88,860件。仅深圳中院以及福田区法院就有97,863件个人作为被执行人的终本案件，深圳中院辖区范围内还有罗湖、南山等9家基层法院，不计算这些法院的以个人作为被执行人的终本案件数，仅以实证调研的两家法院（2017年至2021年）就有97,863件的终本案件。而自《个破条例》实施以来，截至2022年12月31日，深圳中院收到的个人破产申请1308件，占比仅为1.34%，且2021年10个

---

〔1〕 丁海湖：《个人破产逃废债的防范》，载《人民司法》2022年第22期。

〔2〕 何骧：《文化语境下的我国个人破产制度建构之路——以美国相关立法为研究视角》，载《贵州社会科学》2013年第1期。

〔3〕 刘冰：《论我国个人破产制度的构建》，载《中国法学》2019年第4期。

月的时间内收到申请943件，而2022年全年才仅收到个人破产申请365件，呈大幅下降趋势。

尽管，《个破条例》实施以来，个人破产清算第一案[1]、个人破产重整第一案[2]、个人破产和解第一案[3]都已尘埃落定，但目前《个破条例》的宣传力度远远不足。在市场交易过程中，参与交易的市场主体各方都会面临失败的风险，当债务人遭遇失败确无财产可供执行时，与其让案件长期陷入执行不能的困境，不如赋予其个人破产的机会以便尽快摆脱债务枷锁实现重生。[4]同时，债权人也可以借助破产程序，快速实现对债务人财产的清算分配，极大地减少因此付出的时间成本。

2.个人破产程序启动与选择适用受限。从深圳中院收到的个人破产申请情况来看，对于债务人而言，其更倾向于选择破产清算而不是重整。深圳《个破条例》实施以来，首月收到260件个人破产申请，其中申请破产清算的为235件，占比达到90.38%。[5]截至2021年12月31日，深圳中院共收

〔1〕 2021年11月8日，深圳中院受理并宣告了全国首宗个人破产清算案件。该案当事人呼某经营教育培训机构，受商场倒闭及疫情影响，培训机构不得不关闭，呼某负债480余万元。呼某通过变卖唯一住房用于偿还债务，之后仍坚持偿债，但仍负债140余万元。呼某无固定工作，每月劳务收入约5000元，且独自抚养女儿。经法院审查认定其符合破产条件，宣告债务人呼某破产，进入3年免责考察期。考察期内，呼某每月须受破产管理人及破产事务管理署监督，每月申报财产收入，扣除必要支出外，其余全部用于偿还债务。免责考察期满后，深圳中院将根据呼某考察期间表现裁定是否免除未清偿债务，解除限制行为。《单亲妈妈欠下140多万元债务，月入5000元无力偿还，法院裁定：达到这个条件就不用还了！》，载每日经济新闻公众号，https://mp.weixin.qq.com/s/iycuh0hg1yxIDRg3GQRM0A。

〔2〕《广东深圳：首宗个人破产案债务人获经济“重生”》，载中国法院网，https://www.chinacourt.org/article/detail/2023/06/id/735。

〔3〕 2021年11月，深圳中院裁定终结一起个人破产和解程序。1999年，张某为公司经营性贷款承担连带保证责任而负债，经法院多次进行房产拍卖强制执行后，仍存在97万余元债务未清偿。张某本人已经76岁，每月从6000多元的退休金中拿出4000元来偿债，其患有多种老年基础性疾病，基本丧失清偿能力。经张某申请和法院全面摸排情况后，张某在破产管理人协助下与债权人达成和解方案：张某履行5.2万元款项的支付义务后，剩余未清偿债务予以免除。76岁高龄债务人张某被依法豁免债务90余万元。《全国首宗个人破产和解案审结！债务真的可以豁免了？》，载央视财经公众号，https://mp.weixin.qq.com/s/ScUGkZyjZn0PIClTEpyEjQ。

〔4〕 丁平等：《给“诚实而不幸”的人生按下“重启键”》，载《新华日报》2021年8月3日，第7版。

〔5〕 潘婷：《深圳个人破产条例实施首月：共收到260件个人破产申请》，载《每日经济新闻》2021年4月14日，第2版。

到943件个人破产申请，其中，破产清算申请为749件，占比达到79.43%。〔1〕至2022年2月28日，《个破条例》实施1周年，共收到个人破产申请1031件，其中申请个人破产清算的为789件，占比达到76.53%。〔2〕可见，清算程序是申请人的首选，在债务人提交的所有申请中，《个破条例》实施首月占到90.38%，实施1周年时虽然数量有所下降但仍然达到76.53%。

破产清算可以使债务人尽快摆脱债务枷锁实现重生，但往往债权人的权益无法得到切实的保障。对于法院而言，更倾向于优先适用重整程序，如此可以最大限度地发挥破产制度的拯救功能。〔3〕实践中，“76.5%的申请人希望启动破产清算程序，但法院受理的清算案件仅占19.3%；只有17%的申请人申请重整，而法院受理的重整案件占比达64.5%。”〔4〕尽管重整有利于债权人利益的保护，但其适用的前提条件是债务人有未来可预期的收入。〔5〕

从个人破产的试点情况来看，适用个人破产清算的条件越来越严格。根据《个破条例》第2条的规定，债务人提出清算申请的条件是丧失清偿债务能力或者资产不足以清偿全部债务。但深圳破产法庭《加强个人破产申请与审查工作的实施意见》第9条规定，债务人申请个人破产清算的条件应当是丧失清偿能力且清偿能力难以恢复。如此，对于那些确无财产可供执行的债务人而言，如何适用必然存在争议。笔者认为，在试点过程中，应当根据债务人的不同情况，选择适合适用的程序，而不宜过分强调重整程序的适用。

---

〔1〕 曹启选：《深圳个人破产立法与司法实践探索》，载中国人民大学《破产法实务前沿》专题授课暨“破产法前沿系列讲座”第36期。

〔2〕 曹启选、景晓晶、叶浪花：《个人破产制度先行先试中的实践示范与体系构建》，载《人民司法》2022年第22期。

〔3〕 曹启选、景晓晶、叶浪花：《个人破产制度先行先试中的实践示范与体系构建》，载《人民司法》2022年第22期。

〔4〕 曹启选、景晓晶、叶浪花：《个人破产制度先行先试中的实践示范与体系构建》，载《人民司法》2022年第22期。

〔5〕《个破条例》第106条第1款规定：“有未来可预期收入的债务人，可以依照本条例向人民法院申请重整。”

3. 申报不实情况突出。根据《个破条例》第8条的规定，债务人提出破产申请，应当如实说明造成个人破产的原因及经过、债务人的收入社保以及纳税情况、债务人本人和夫妻共同财产以及债权债务情况、赡养抚养的具体情况等。深圳破产法庭《加强个人破产申请与审查工作的实施意见》第6条进一步细化为，包括如实提供债务人身份、职业、收入、社保、纳税、征信情况，家庭成员特别是配偶的职业、收入基本信息等情况，债务人本人财产、债务以及共同财产、债务情况，需要承担赡养、扶养、抚养义务的情况，雇佣他人的名单、工资支付及社保缴纳等相关情况，并特别规定了债务人对破产申请前两年内处置5万元以上财产或者进行的交易在5万元以上的情况必须如实作出说明。但是，由于申请人普遍对于个人破产制度的认识理解不深不透，导致在财产申报过程中不同程度地存在申报不实、不全或者怠于申报等问题。〔1〕极少数债务人申报在省内外有不动产、车辆等财产。就现有的法律规定看，国内尚未建立完善的个人财产登记制度，因此法院对于个人在生产生活中进行的财产变动情况无法实现完全的掌握。从债务人的角度看，提出个人破产主要是为了通过个人破产免除剩余债务的履行，因而其普遍存在躲避财产调查核实的侥幸心理，出现不如实申报的情况。〔2〕

4. 个人财产的界定难。个人财产的取得转让处分，与相对规范的企业财产管理相比，具有较大的随意性，债务人隐匿转移财产的可能性更大。特别是家庭关系的特殊性和复杂性，导致个人财产和家庭财产不可避免地存在混同。根据实证调查研究结果，2021年，夫妻共同提出破产申请并被立案的有6件；2022年，夫妻共同提出破产申请并被立案的达到22件（含2

---

〔1〕 肖波：《深圳中院受理八件个人破产申请——债务人财产申报不实问题突出》，载《人民法院报》2021年4月15日，第4版。

〔2〕 曹启选、景晓晶、叶浪花：《个人破产制度先行先试中的实践示范与体系构建》，载《人民司法》2022年第22期。

件申请清算案件)，占所有立破产案件的37.29%，这是一个非常高的比例。通过这种方式，可以最大限度地调动夫妻双方的偿债积极性，同时能够有效避免假借离婚等形式转移财产、逃避债务的履行等。然而，实践中仍然存在大量以他人名义持有财产的情形，造成限制高消费行为在某种程度上形同虚设。

5.失败原因集中，重整计划草案的通过率低。实证调查研究显示，2021年，在破产失败的7件案件中，3件未在规定期间内形成重整计划草案。[1]1件重整计划草案没有获得债权人会议表决通过。[2]3件未能与债权人达成和解或重整协议。[3]2022年，在破产失败的11件案件中，8件未在规定期间内形成重整计划草案，[4]特别是1件案件由于申请人的配偶拒绝管理人的财产调查，致使管理人无法完成对申请人财产的清理核查工作，导致无法形成重整计划草案。[5]3件重整计划草案没有获得债权人会议表决通过，而经管理人与申请人沟通，申请人表示根据个人的实际情况，无力再提出更优的重整方案(见图3-4)。[6]可见，实践中，债权人难以形成统一意见，导致重整计划草案未在规定时间内形成或者债权人会议未获得通过。《个破条例》中关于重整计划草案通过的条件参照了《企业破产法》的相关规定，即必须由出席债权人会议同一表决组的债权人过半数同意，并且其所代表的债权额占该组债权总额的2/3以上。草案通过后债务人或管理人提出申请，人民法院审查后认为草案符合条例规定的，作出批准重整计划并终结重整程序的裁定。[7]如果出现部分表决组未通过但重整计划草案符合条例的相关规定，经债务人或管理人申请，人民法院审查认为符合

---

〔1〕 参见(2021)粤03破419号(个12);(2021)粤03破513号(个19);(2021)粤03破514号(个20)。
〔2〕 参见(2021)粤03破418号(个10)。
〔3〕 参见(2021)粤03破231号(个2);(2021)粤03破233号(个4);(2021)粤03破236号(个5)。
〔4〕 参见(2022)粤03破149号(个3)。
〔5〕 参见(2022)粤03破521号(个52)。
〔6〕 参见(2022)粤03破517号(个48)。
〔7〕《个破条例》第119条。

相关规定的，同样可以作出批准重整计划并终结重整程序的裁定。〔1〕

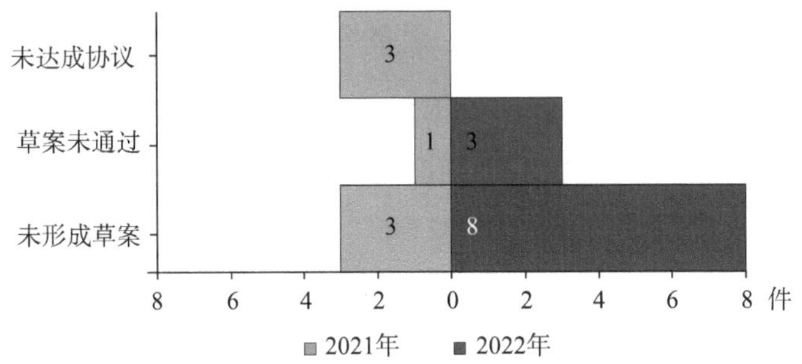

图3-4　个人破产失败原因

6.个人“执转破”程序有待完善。个人破产制度具有一定的滞后性，即在执行程序中出现个人执行不能的情形无法实现执行目的时，通过个人破产恰恰可以弥补执行制度的这一缺陷。亦即“执行制度与破产制度具有天然的内在衔接需求，破产程序总是在执行的尽头默默等待”。〔2〕正因如此，二者的衔接制度在司法运用过程当中十分重要。最高人民法院2017年发布了《关于执行案件移送破产审查若干问题的指导意见》(以下简称《执转破意见》)，对企业执转破问题作出规定，很好地推进了企业案件“执转破”工作。但是上述规定仅适用于“作为被执行人的企业法人”，尚未推广到个人。《个破条例》也无个人破产的“执转破”规定。因此，目前深圳法院的个人破产案件中，尚未显示有从执行不能的终本案件转为破产受理的案件，个人破产制度在完整性上存在一定缺陷。

三、个人债务集中清理（类个人破产）制度实证研究

浙江、江苏两省试点的个人债务集中清理，依据的是法院内部出台的

---

〔1〕《个破条例》第121条。

〔2〕徐阳光：《执行与破产之功能界分与制度衔接》，载《法律适用》2017年第11期。

工作指引和规范性文件，在实施时，其文件效力容易受到质疑，远不如深圳《个破条例》的法律效力。个人债务集中清理作为类个人破产制度，本质上类似于限缩版的《个破条例》，仅能作为过渡期的一种制度进行试点。但是其在适用过程中出现的问题依然是个人破产制度完善可能面临的问题，因此研究个人债务集中清理制度具有必要性，能够为个人破产制度的建立完善提供基本依据和借鉴。

（一）情况概述

（1）债务人年龄分布。在江苏法院的56份裁定中，仅有11件标注债务人的年龄情况。在11件裁定书中，债务人年龄主要集中在30～60岁，占比达到90.90%；占比最高的年龄段为40～50岁，达到45.45%（见图3-5）。在所有债务人中，年龄最小的30岁，[1]年龄最大的58岁。[2]

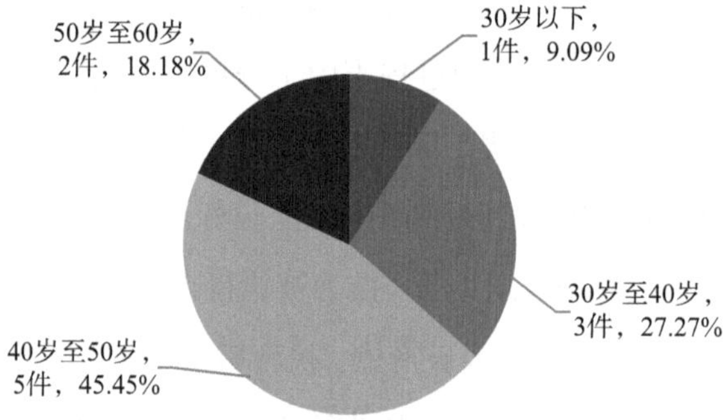

图3-5　江苏法院受理的个人债务集中清理案件债务人年龄分布

在浙江法院所有的23份裁定中，有5份没有标注债务人的年龄情况。在18份裁定书中，债务人年龄同样主要集中在30～60岁，占比达到83.33%；占比最高的年龄段为40～50岁，达到44.44%（见图3-6）。在所有

---

〔1〕参见（2020）苏0509执清1号之二。

〔2〕参见（2022）苏0509执清8号。

债务人中，年龄最小的28岁，[1]年龄最大的63岁。[2]

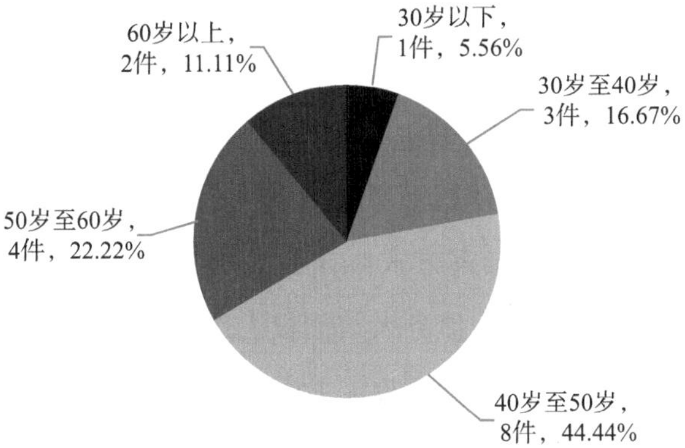

图3-6 浙江法院受理的个人债务集中清理案件债务人年龄分布

综合江苏和浙江两省法院个人债务集中清理案件中债务人的年龄情况看，债务人年龄主要集中在30～60岁，占比最高的年龄段为40～50岁。其中，年龄最小的28岁，最高的63岁。

（2）债务人性别情况。在江苏法院的56份裁定中，仅有27份标注了债务人的性别情况。其中，债务人为男性的占比为66.67%，女性占比为33.33%。在女性作为债务人的9件案件中，有5件是夫妻共同提出或被申请进行个人债务清理。[3]

在浙江法院的23份裁定中，有3份未标注债务人的性别情况。在标注性别情况的20份裁定中，债务人为男性的占比为55%，女性占比为45%。

综合两省的数据来看，在所有个人债务集中清理案件中，男性作为债务人的占比较高，其中也不乏夫妻共同提出或作为被申请人进行的个人债务集中清理案件。

（3）提出个人债务集中清理的申请人类型。在江苏法院的56份裁定

〔1〕 参见（2020）浙0381执清18号之一。

〔2〕 参见（2020）浙0381执清14号之一。

〔3〕 参见（2022）苏0509执清4号之一；（2021）苏0509执清19、22号之二；（2021）苏0509执清27号之一。

中，有40份申请人为债务人，占比达到71.43%。有16份是债权人（执行案件的申请执行人）提出申请，占比达到28.57%。其中金融机构债权人提出申请的有6件，[1]申请执行人个人提出申请的有10件。[2]

在浙江法院的23份裁定中，有22份申请人为债务人，占比达到95.65%。有1份是债权人（执行案件的申请执行人）提出申请。[3]

（4）清理成功案件的结案方式。在浙江法院6件成功进行个人债务集中清理的案件中，有4件因为债务人与债权人达成和解协议并履行，终结个人债务清理程序的情况。但有的裁定书中，只载明达成和解长期履行或已按照和解协议履行，并没有说明和解协议的内容是否减免了债务，是否存在信用考察期等关键内容。[4]有的裁定书中，仅对债权人与债务人达成的和解协议进行了确认。[5]但没有强制性保障，如果债务人不履行或履行一部分后不再履行，与现行执行制度下的执行和解一样，债权人还需要再次提请法院强制执行。如此，对于债务人来说，只是拖延履行的有效手段，而缺乏相应的惩戒措施。有的裁定书中指出，管理人已经根据财产分配方案对债务人的财产全部分配完毕，请求终结个人债务集中清理程序。[6]但是并没有分配方案的具体内容及是否存在债务减免等情况。有的是因为财产分配方案经债权人第一次会议表决即获有表决的债权人100%通过。[7]

在江苏法院8件成功进行个人债务集中清理的案件中，全部为债权人会议一致同意通过个人债务清理计划。[8]其中2020年清理成功7件，2021年清理成功1件，2022年清理成功0件（见表3-5）。

---

〔1〕 参见（2022）苏0509执清6号之一；（2021）苏0509执清29号；（2021）苏0509执清44号之二。

〔2〕 参见（2021）苏0509执清4号之一；（2021）苏0509执清53号之一。

〔3〕 参见（2022）浙0329执清1号。

〔4〕 参见（2022）浙0329执清1号；（2021）浙0381执清5号之一。

〔5〕 参见（2021）浙0591执清2号。

〔6〕 参见（2021）浙0109执清1号之三。

〔7〕 参见（2021）浙0109执清2号之二。

〔8〕 参见（2021）苏0509执清18号之二；（2020）苏0509执清1号之二；（2020）苏0509执清9号之二。

表3-5　个人债务集中清理案件成功清理的方式

清理方式	2021年		2022年	
	数量（件）	占比（%）	数量（件）	占比（%）
达成和解	4	66.66	0	0
计划获通过	1	16.67	8	100
财产分配完毕	1	16.67	0	0

（5）申请人户籍情况。按照江苏省指引性文件的规定，提出个人债务清理申请需要住所地在江苏省法院辖区范围内，且有以申请人为被执行人的强制执行案件。因此，债务人在江苏省辖区内的案件占比达到94.64%。户籍不在江苏省，但按照规定居住达到一定年限或缴纳一定期限的社会保险的债务人，也可以提出申请。因此，申请人为江苏省外人员的占有一定比例，其中包括户籍地为浙江省2人，〔1〕安徽省1人。〔2〕

按照浙江省指引性文件的规定，在浙江法院提出个人债务申请的，需要住所地在浙江省法院辖区范围内，且有以申请人为被执行人的强制执行案件。因此，债务人在浙江省辖区内的案件占比达到86.96%。户籍不在浙江省，但按照规定居住达到一定年限或缴纳一定期限的社会保险的债务人，也可以提出申请。因此，申请人为浙江省外人员的占有一定比例，其中包括户籍地为四川省1人，〔3〕河南省1人，〔4〕安徽省1人。〔5〕

从江苏、浙江两省受理的个人债务集中清理的案件申请主体看，与深圳《个破条例》的适用主体相比，个人债务集中清理程序中的债务人更多的是审理法院辖区内的人员。

（6）个人债务清理的审理时长。江苏法院个人债务清理的时间大多集

〔1〕参见（2022）苏0509执清7号；（2022）苏0509执清8号。
〔2〕参见（2021）苏0509执清48号。
〔3〕参见（2020）浙0381执清18号之一。
〔4〕参见（2021）浙0381执清10号之一。
〔5〕参见（2021）浙0381执清15号之一。

中在1～6个月内，[1]占比达到73.91%。其中，清理时间在2个月内的有28件，清理时间最短的只有5天。如李某1与李某2均是2022年4月24日提出个人债务清理申请，并且同时在2022年4月28日以债权人经沟通后均表示反对为由，申请撤回个人债务清理申请，法院当日即裁定准许。[2]此外，受理时间7个月以上的有2件。最长的时间为9个月（见图3-7）。例如，法院于2021年5月27日受理对戴某、黄某的个人债务清理申请，2021年7月21日召开第一次债权人会议，债务豁免方案经表决未获通过。此后，管理人向全体债权人征询意见，但债权人均表示不同意。经管理人调查，发现黄某存在妨害执行程序和有履行能力而拒不履行生效法律文书确定义务的行为，并于2022年2月23日提出终结债务清理申请，法院当日作出裁定。[3]

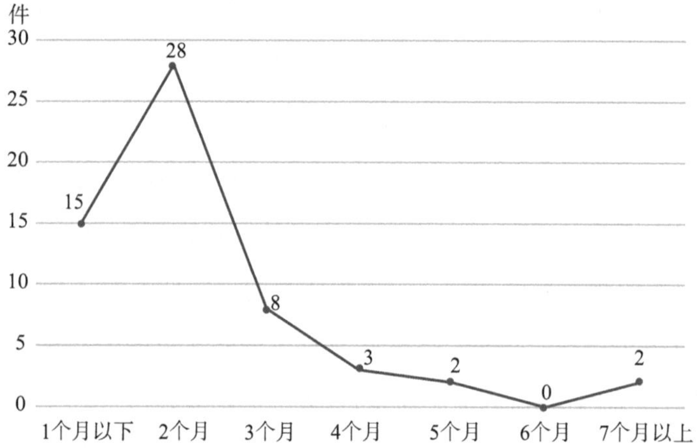

图3-7　江苏法院个人债务集中案件清理时间情况

浙江法院的个人债务集中清理时间也大多集中在1～6个月，[4]占比达到73.91%；仅有26.09%的案件在1个月内完成。[5]

---

〔1〕 参见（2021）浙0381执清1号之一。

〔2〕 参见（2022）苏0509执清7号；（2022）苏0509执清8号。

〔3〕 参见（2021）苏0509执清19、22号之二。

〔4〕 参见（2021）浙0381执清1号之一。

〔5〕 参见（2021）浙0109执清2号之二。

综合分析江苏、浙江两省的个人债务清理的时间，大多数案件在6个月内清理完毕，其中在3个月内的案件占比较大，极少数案件清理时间超过半年。

（7）个人债务清偿期限。实证分析数据显示，清偿期限绝大多数在5年之内，占比为85.71%。清偿期限为1年及以下的有2件，其中1件债务额较小，为20万元，债务人自愿分两期进行清偿。[1]另一件清偿期限6个月，债务人同意自筹款项，并在6个月内将款项支付到债权人指定账户。[2]清偿期限为1年以上3年以下的有2件，债务人每月偿还，期限内付清。[3]清偿期限为3年以上5年以下的有2件。[4]清偿期限在5年及以上的有1件。如朱某个人债务清理案，规定清偿期限自第二次债权人会议通过当月月末至2025年12月末完成。清偿资金由三部分组成，第一部分为朱某自筹资金15万元加上法院扣划的执行款9665.72元，9665.72元在清偿计划通过后，按照债权比例进行分配。15万元在清偿计划开始后3个月内偿还。第二部分为朱某个人工资，扣除豁免财产后用于清偿债务的款项6200元/月，分11期共计5年，每期偿还4万元，合计44万元。第三部分为朱某的应收账款。经核查朱某应收账款为1,004,224元，其中一笔债权485,869元，已经法院核实被执行人名下无可供执行财产。另一笔债权系借款48万元，但债务人朱某称已经归还20万元，剩余未归还，双方存在较大争议，需要通过诉讼解决。还有一笔借款申请执行标的为238,355元，但被执行人程某提出只同意偿还18万元，剩余债务予以免除。管理人提出为了尽早收回该笔债权用于清偿债务，如债权人会议同意程某的清偿方案，将在收到还款后尽快用于清偿债务。上述债权之中，考虑到诉讼以及执行的不确定性，管理人将可用于清偿债务的应收款暂定为18万元。合计实现清偿779,665.72元。[5]

---

〔1〕参见（2020）苏0509执清2号之二。

〔2〕参见（2020）苏0509执清7号之二。

〔3〕参见（2020）苏0509执清4号之二。

〔4〕参见（2020）苏0509执清10号之二。

〔5〕参见（2020）苏0509执清5号之二。

由此看出，清偿期限时间的长短直接取决于债务人的清偿能力，债务人有能力且有规划在一定时间内清偿债务的，清偿期限普遍在3年以下；债务数额较大，或者债务人缺乏清偿能力、无条件清偿债务的，清偿期限予以延长，达到5年甚至更久。

（二）试点成效

江苏、浙江两省法院在试点中创新推出的案件办理方法为个人债务集中清理推进提供了很好助益。例如，探索“双轨运行法”逆向助推破解执行难，有序衔接执行程序与个债清理程序，办理成功的个债案件反馈终结执行，不成功的也并非徒劳无功，会将与债权人签订的清偿方案移交执行法官，并以此作为执行和解方案。又如，探索推进与金融机构的合作，引导金融债权人主动参与清理工作，拓宽个人债务金融豁免范围。再如，探索建立事前“预先观察期”机制，对债权债务复杂、争议较大的案件债务人设置3～12个月预先观察期，引入临时管理人对个人、财产的监管，通过考察期的方可进入债务清理程序。另外，还有探索“公证员+管理人”模式，普通律师管理人调查债务人财产，引入公职公证员公证程序，提升债权人信任度。

（1）执行程序与个债清理程序衔接有章可依。温州中院在试点中逐步探索出执行转个债的程序衔接要求，并于2022年颁布《关于个人债务集中清理的实施意见（二）》，规定设置了引导启动程序，即对被执行人配合执行的案件，在终本程序前，应当对申请执行人和被执行人进行移送个人债务集中清理的谈话，加强法律和相关规则的释明，引导当事人同意进入个人债务集中清理程序。对于申请执行人申请对被执行人进行个人债务集中清理的，应当征求被执行人意见；被执行人同意进行个人债务集中清理的，其效力和被执行人本人申请相同。被执行人不同意的，人民法院继续强制执行程序；同时给予人民法院依职权启动的权限，即如果被执行人因生活困难无力偿还债务且丧失劳动能力的，人民法院可依职权启动个人债务集中清理程序。

对于执行程序转个人债务集中清理的，由执清案件经办法院通知执行法院，向执清法院移送相关材料。已经进入执行程序的债权视为已自动申报债权，并由执行法院通知相关申请执行人，告知其申请执行未受偿的债权在个人债务集中清理程序中申报。

（2）金融债权人加入债务清理主动性增强。实质上，推进个人债务集中清理工作的主要困难源于金融债权人的不支持。一是缺乏高位阶的政策法规支持，导致金融机构债权人不敢参与个人债务集中清理。因为个人债务集中清理与金融机构遵循的《贷款通则》等法规制度中“不得豁免贷款、不得进行个人贷款减免”的规定相悖。二是金融机构债权人对此项工作存在认识层面误解，认为个人债务清理可能帮助债务人逃废债，帮助借款人或担保人减免债务。三是金融机构对于参加到个人债务集中清理程序的主动性不足，在缺乏利益引导和激励机制下，金融机构多会采取消极、被动的态度对待债务清理工作。

为此，江苏试点法院积极采取了前期交流座谈答疑工作，消解金融机构认识误区，缓解了金融机构债权人的抗拒心理。同时，充分尊重和利用金融机构债权人对于债务人诚信度的了解，基于金融债权人在向债务人追债时产生的认识，从而对其诚信状况认可度较高的债务人引导开展个人债务集中清理工作。此外，探索建立公职管理人制度，由司法行政机关确定的法律服务部门作为公职管理人的管理机构，明确公职管理人资格身份及不收取报酬，一方面增强公信力，另一方面大大节省了债权人与债务人的成本，为促进债权人主动加入债务清理提供了制度保障。[1]

（3）信用考察期与清偿率联系紧密。在7件清理成功的案件中，信用考察期与债务人的债务清偿率联系紧密。信用考察期在1年及以下的案件

〔1〕 方飞潮、叶飞、黄小若：《个人债务集中清理中的金融债权实质性豁免》，载《人民司法》2021年第20期。

有4件，占比为57%；信用考察期在1年以上5年以下的案件有2件，占比为29%；信用考察期在5年及以上的案件有1件，占比为14%。

信用考察期长短的决定因素主要在于债务人的债务清偿率、偿还债务的实际能力、债务人的诚信行为等方面，如债务本金清偿率为100%的债务人无信用考察期，[1]其既无妨害诉讼规避执行行为，也非因赌博、挥霍消费而负债。信用考察期在1年及以下的债务人债务清偿率普遍较高，或者有明显偿还债务的意愿及能力。按照苏州市吴江区人民法院《关于个人债务清理的若干规定（试行）》第41条的规定，债务清偿率达到60%以上的，自裁定终结债务清理程序之日起满1年恢复信用。[2]另一个主要原因在于债务形成原因，债务系正常的生产经营、生活所欠，非因赌博挥霍、消费等不良原因所致，法院考虑其生活需要，自裁定终结债务清理程序之日起满1个月对其信用进行恢复。[3]

信用考察期在5年及以上的债务，根据苏州市吴江区人民法院《关于个人债务清理的若干规定（试行）》第41条的规定，由于债务清偿率不足5%，但考虑到债务人年龄已大，除退休金外无其他收入，特别是其在身患重病的情况下，积极参与债务清理，自裁定终结债务清理程序之日起6年对其信用进行恢复。[4]

（三）实践困境

通过综合分析与比较江苏、浙江两省的个人债务集中清理案件，可以得出个人债务集中清理（类个人破产）的运行特点：一是从申请主体方面来看，申请主体主要为债务人，比例高达七成及以上；申请人户籍地主要在审理法院的辖区内；债务人多数为中青年，年龄主要集中在30～60岁，

---

〔1〕 参见（2020）苏0509执清9号之二。

〔2〕 参见（2020）苏0509执清4号之二。

〔3〕 参见（2020）苏0509执清10号之二。

〔4〕 参见（2020）苏0509执清2号之二。

占比最高的年龄段为40～50岁；债务人以男性为主，也存在夫妻共同作为债务人或者被申请人的情况。二是从清理效果方面来看，清理成功的概率很低，失败占比高达七八成；清理失败的原因集中，主要包括自愿撤回、违反诚信原则、不予受理、未提交清偿计划或清偿计划未通过；豁免财产的数额较小，豁免理由较为集中。三是从债务清理的执行情况方面来看，个人债务清理的时间大多在6个月以内；信用考察期与清偿率联系紧密；债务清偿率高低不等，清偿期限大多数在5年之内，这些因素直接取决于债务人的清偿能力与现实条件。

个人债务集中清理试点运行面临如下困境：

（1）债务清理成功的概率低。在浙江法院的23件个人债务集中清理案件中，成功的有6件，占比为26.09%。而清理失败的有17件，占比高达73.91%。在江苏法院的56件个人债务集中清理案件中，成功的有8件，占比为14.29%。而清理失败的有48件，占比高达85.71%。

综合两省个人债务集中清理的结果看，失败的比率非常之高，平均达到82%。可见，在案件终本之后，对于确无财产可供执行案件的债务人而言，通过个人债务集中清理实现重生的概率很低，其主要原因也在于绝大多数债务人已经不具备债务清偿的能力。

（2）清偿计划未通过系清理失败的主要原因。在浙江法院17件个人债务集中清理失败的案件中，自愿撤回的有12件，占比最高，达到70.59%，但受债务人主观因素影响较大；违反诚信原则的有1件，占比为5.88%，主要是由于债务人在个人债务清理过程中，拒不配合管理人的工作，拒绝向管理人提交财产、相应的资料以及家庭成员资产情况明细等文件，导致个人债务清理程序无法继续进行；[1]被驳回申请的有2件，占比为11.76%，主要是因为债务人在抵押担保的房产尚未处置的情况下，提出个人债务清理

〔1〕 参见（2021）浙0523执清4号。

申请。[1]

在江苏法院48件个人债务集中清理失败的案件中，因清理计划未通过的有21件，占比最高，达到43.75%。违反诚信原则的为18件，占比为37.50%。二者之和达到81.25%。

综观江苏、浙江两省个人债务集中清理案件，清理失败的原因众多，但主要包括以下几个方面：一是自愿撤回的占比较高。申请人自愿提出撤回申请，法院认为申请人可以撤回个人债务集中清理，一般都会得到允许。但是申请人并没有说明具体明确的理由，只是提出在与债权人沟通后债权人均表示反对债务人提出的清理计划。[2]实际上，这种情况的发生不仅不利于个人债务集中清理工作的试点运行，也会大大加重法院的工作负担，甚至可能会成为某些试图借此逃避债务履行的工具，没有被发现则继续进行，可能被发现或已经被发现，则及时提出自愿撤回申请。二是违反诚信原则。主要体现在债务人拒不配合管理人的工作，如拒绝向管理人提交财产、相应的资料以及家庭成员资产情况明细等文件，导致个人债务清理程序无法继续进行；债务人有履行能力而拒不履行生效法律文书确定的义务；债务人下落不明，无法联系到债务人。此类情况主要是债权人提出个人债务清理的案件。如邱某个人债务清理案件，由于申请人苏州某银行无法提供债务人邱某的联系方式，管理人无法联系到邱某本人。管理人前往邱某户籍地苏州市某区某村委会张贴民事裁定书、决定书等法律文书，并进行了现场调查。该村书记证实邱某确系本村村民，但长期不在村内居住，自己也不知道邱某的实际居住地及联系方式。由于邱某在个人债务清理程序中未能配合管理人的工作，无法履行债务人应当履行的相应义务，违反了诚实信用原则。[3]三是不予受理。主要包括两种情况，一种情况是

[1] 参见(2022)浙0327执清4号;(2022)浙0327执清5号。
[2] 参见(2022)苏0509执清7号;(2022)苏0509执清8号。
[3] 参见(2022)苏0509执清6号之一。

案件的申请执行人不同意参与个人债务集中清理程序。这主要是由于制度本身的原因造成的，如债务人有作为被执行人的在执案件，案件的申请执行人在异议期内提出书面异议，明确表示不愿意参与个人债务集中清理程序。[1]但是仅凭其个人不愿意参与便不予受理，表现出江苏省的试点工作规范无法强制性要求其他省市、其他法院的债权人必须遵守执行，无强制效力的问题，致使试点工作的效果大打折扣。另一种情况是申请人不符合申请个人债务集中清理的主体条件而不受理。如申请人王某户籍地为安徽省某县，现居住在江苏省苏州市。其自2018年4月至2019年7月在吴江区缴纳社会保险共计16个月，后退工停保未再缴纳。《吴江区法院关于个人债务清理的规定》要求申请主体必须连续交纳社会保险满2年。因此，法院裁定不予受理。[2]四是清偿计划未通过。管理人在接受法院的委托后，会积极与债务人进行沟通协调，制订个人债务清理计划，并提交债权人会议进行表决，如果第一次未获通过，管理人还会再次与债务人进行协商修改，形成新的清理计划并再次提交债权人会议表决。若第二次债权人会议计划仍然无法获得通过，则会提请法院终结个人债务清理程序。[3]然而，实证研究数据显示，在一次会议表决未通过[4]、部分债权人不同意[5]、全体债权人不同意[6]的情况下，管理人都可以直接向法院提出终止债务清理的申请，以结束个人债务集中清理程序。五是未提交清偿计划，致使清理程序无法继续进行下去。如债务人态度消极，未能向管理人提交可行的债务清偿计划，法院最终作出终结个人债务清理程序。[7]此处涉及与执行

---

〔1〕 参见（2021）苏0509执清13号；（2022）苏0509执清3号。

〔2〕 参见（2021）苏0509执清48号。

〔3〕 胡利玲：《预重整的目的、法律地位与性质——基于对我国预重整地方实践的反思》，载《东方论坛》2021年第4期。

〔4〕 参见（2021）苏0509执清44号之二。

〔5〕 参见（2021）苏0509执清2号之二。

〔6〕 参见（2021）苏0509执清21号之二。

〔7〕 参见（2021）苏0509执清4号之一。

程序的衔接和发现有可供执行财产如何处置的问题，以及因为清理发现债务人存在逃避执行的行为如何处置，亟须司法实践予以指引。

（3）豁免财产的数额较小。在所有清理成功的8起案件中，其中1件案件的2家债权人均表示同意个人债务清偿计划，法院亦裁定批准了潘某的个人债务清偿计划，但并没有说明具体的豁免财产的范围及数额等内容。[1]因此，本部分对于豁免财产相关内容的研究，仅限于另外7件清理成功的案件。

豁免财产的数额较小，均在1万元以下，以5000元为分界线，豁免财产在5000元以下的有4起案件（4500元[2]、3000元[3]、3800元[4]、4000元[5]），5000元以上的有3起案件（6500元[6]、5500元[7]、8000元[8]）。豁免财产的类型主要包括：赡养父母、抚养子女、房租费与维持生活必需费用等其他费用。

（4）债务清偿率高低不等。实证分析数据显示，债务清偿率高低不等，清偿情况视债务人的具体情况而定，有的案件清偿率只有1.07%，有的案件做到100%清偿。清偿率不足30%的案件有2件，差异化明显，其中1件的债务清偿率达到28.26%，[9]另1件清偿率只有1.07%。[10]该案是出于债务人因作为担保人对企业贷款承担担保责任而负债，共对19家债权人负债1800余万元。清偿率在30%～60%的有1件；[11]清偿率在60%～90%的有2件，分

〔1〕 参见（2021）苏0509执清18号之二。
〔2〕 参见（2020）苏0509执清1号之二。
〔3〕 参见（2020）苏0509执清4号之二。
〔4〕 参见（2020）苏0509执清5号之二。
〔5〕 参见（2020）苏0509执清7号之二。
〔6〕 参见（2020）苏0509执清2号之二。
〔7〕 参见（2020）苏0509执清9号之二。
〔8〕 参见（2020）苏0509执清10号之二。
〔9〕 参见（2020）苏0509执清1号之二。
〔10〕 参见（2020）苏0509执清2号之二。
〔11〕 参见（2020）苏0509执清7号之二。

别为62.58%[1]和71.97%[2]。不难看出，这些债务人大部分有固定收入，去除豁免财产后仍有偿还债务的意愿和能力。清偿率为100%的案件有2件，清偿资金主要来源三部分：债务人自筹资金、法院扣划的账户资金以及债务人的工资、年终奖扣除豁免财产后可以用于清偿债务的款项。[3]

（5）社会观念有待进一步转变。在个人债务集中清理实施中，债务人、债权人、金融机构等普遍仍旧对于试点工作的实施存在较大疑虑。对于债务人而言，其对清理程序多存在一无所知的情况，不知道如何配合完成清理工作，对于全体债权人是否可能会同意债务人进行债务清理缺乏信心，心理压力较大。另外涉及家庭财产情况的核实，可能会增加债务人对清理程序的对抗情绪。对于债权人而言，其普遍认为该程序是帮助债务人逃废债，难以理解自己的生效判决文书确定的权利为何还要再参与债务清理，债权人在该程序中只享有豁免债务人的权利，实际并未获得任何好处。对于金融债权人存在的困难是，债务豁免是银行总行的权限，地方银行无权决定；另外，其对于在清理程序中债务人是否存在隐匿、转移财产存在疑虑，即使是强制执行程序都无法确保，又何谈个人债务集中清理程序？

实证研究发现，现行的终本程序难以化解大量堆积的执行不能案件，而试点推进的个人破产制度以及个人债务集中清理制度，在实践中确实取得了一些成效，也在破解执行不能困境方面发挥了积极作用。个人债务集中清理是指在个人破产制度缺失语境下，可以替代性地部分实现个人破产制度集体清偿和债务豁免的功能，被认为是具有类个人破产性质的过渡性制度。[4]个人债务集中清理立足于个人破产的理念，还吸收了执行和解中债权人债务人对债务存在和解合意的意图，更强调实现集体清偿和债务免

〔1〕 参见（2020）苏0509执清5号之二。
〔2〕 参见（2020）苏0509执清4号之二。
〔3〕 参见（2020）苏0509执清9号之二。
〔4〕 宋炜、王露钰：《个人债务集中清理管理人的实务困境与建议》，载《法制博览》2023年第8期。

除。二者在适用的对象上存在一定的区别，但在受理与审查、程序与考察期的设置上都有相似之处。

但两项试点制度同样存在完善的空间。在试点过程中，二者都不约而同存在诚信债务人识别、债权人认可度不高、成功率不高等几方面主要问题，制约着制度发挥其原本作用。客观来看，《个破条例》运行以来，无论清算、重整还是和解都实现了适用程序的首次突破，但与申请人所追求的申请清算以便尽快免责取向不同，法院更倾向于发挥制度的拯救功能，更多地推进再建型破产（重整）的适用，而对清算分配型破产限定了较为严苛的条件，通过制度功能的发挥，让诚实守信的债务人摆脱债务枷锁实现重生。〔1〕而个人债务集中清理试点过程中进行了大胆的尝试与创新，但整体效果并不理想。法律的完善和制度的健全永远在路上，没有终点。〔2〕退出机制的构建涉及政治、经济、社会、文化各个层面，笔者认为，目前看来，个人破产制度作为退出机制的最优解很难在短期内构建，除了信用制度不完善、财产登记制度不健全，一个更重要的原因在于传统的债务观念尚未完全转变，还需要通过宣传、完善配套措施等一系列方法徐徐推动社会观念的转变，从而培植出适应退出机制生长的社会土壤。

退出机制的构建有利于个人信用体系的完善。完善的个人信用体系的作用在于通过信用罚的手段强制约束债务人的行为。〔3〕截至2020年12月，我国征信系统已经将11亿自然人的信息收录其中，每一个有信用活动的个人都建立了统一的信用档案，〔4〕已经初步形成了“政府+市场”双轮驱

---

〔1〕 周雅菲：《个人破产制度的新发展对银行债权保护的影响分析》，载《现代金融导刊》2023年第2期。

〔2〕 裴丽萍、李森：《我国破产制度的域外借鉴与完善进路——基于〈全球营商环境报告〉的分析》，载《西南石油大学学报（社会科学版）》2020年第2期。

〔3〕 李晓燕、鹿思原：《论我国个人破产制度的构建》，载《山西大学学报（哲学社会科学版）》2020年第2期。

〔4〕 丁海湖：《个人破产逃废债的防范》，载《人民司法》2022年第22期。

动的个人征信市场格局。[1]个人信用体系的健全成为可能，故而实施个人破产已具备初步条件。[2]信用制度是现代市场经济模式中最核心的一项制度。[3]“一个具备良好信用传统和信用基础的市场经济必然是成本最低和效率最高的。”[4]根据实证调查研究，破产债务主要集中在金融债权以及信用卡纠纷。随着互联网、移动支付、线上金融的发展，金融衍生产品、虚拟财产等个人财产形式不断涌现，然而传统的个人财产登记制度并未将此类财产纳入登记的范畴。[5]此外，债务人采用不同的债务清理程序在其信用报告上应该有所反应，以提醒潜在交易方防范风险，同时根据债务清理程序的不同及债务人实际履行情况，债务人的信用报告应作相应记录并待信用评级时作出相应的调整。一是信用评级应如何调整，要考虑到是否能够起到警示作用，促使在债务人尚未陷入债务危机时就实时进行财务规划，停止过度消费，阻止债务人陷入债务泥潭。二是要有利于债务清理程序发挥最大作用，如果进行某项程序对债务人信用评级会造成过于不利的影响，那就会影响到债务人适用此种程序的积极性，也就不利于该程序发挥作用。三是个人债务集中清理程序的目的是帮助债务人摆脱债务泥潭，生活重新回归正轨。[6]

退出机制的构建有利于个人财产登记制度的健全。个人财产登记制度最大的问题在于缺乏统一的财产登记平台，不动产登记中心的功能还有待进一步拓展，特别是针对目前普遍存在的债务人通过设立多个虚拟账户隐匿财产以及转移资金的问题，可以通过立法的形式，进一步规范互联网财产的登记工作，并实现与不动产登记中心平台的对接，将互联网企业掌

---

〔1〕 杨曦：《互联网消费信贷中个人征信信息的法律保护》，载《河北法学》2020年第3期。

〔2〕 郭毕华：《关于建立我国个人破产法律制度的相关思考——以日本个人破产制度为参考》，载《法制与社会》2020年第13期。

〔3〕 汪丁丁：《回顾“金融革命”》，载《经济研究》1997年第12期。

〔4〕 李曙光：《新破产法的制定与中国信用文化和信用制度》，载《法学家》2005年第2期。

〔5〕 丁海湖：《个人破产逃废债的防范》，载《人民司法》2022年第22期。

〔6〕 武诗敏：《个人债务清理非正式程序研究》，载《月旦财经法杂志》2020年第45期。

握的个人财产信息实现共享，彻底解决“信息孤岛”现象。[1]完善的财产登记制度是法院有效查控被执行人财产的前提，与社会管理的发展阶段密切相关，既非法院所能实现，亦非短期内就能建立，需要有关部门的长期努力。[2]

退出机制的构建有利于传统债务观念的转变。一直以来，“欠债还钱，天经地义”“父债子偿”的债务清偿观深入人心，这种清偿观严重阻碍了个人破产制度在观念上的构建。特别是个人破产制度中的免除剩余债务制度让人们无法理解和接受，在传统的观念中这有悖于公平、平等、诚实信用等民法的基本原则。[3]究其原因，主要在于债务人对个人破产制度的认识不足，加之部分债务人缺乏财务管理等相关的法律知识，尚未对法定的申报要求完全准确理解，仍然存在普遍的侥幸心理。[4]有的对于外地财产、农村自建房、亲友借款等个人借贷选择性不予申报。有的还在申报过程中对于属于生活消费负债，却试图通过夸大生产经营负债的办法去掩盖真实的负债原因。

因此，民众个人破产观念的培育显得十分重要。对于个人破产的认识从排斥、认识到理解、接受再到参与其中，需要一个漫长的转变过程，必须加大对个人破产的宣传力度，保护诚信与惩戒失信相结合。加大对个人破产制度的宣传，引导债务人全面如实申报破产信息，既可以实现对债务人的有效监督，又可以防止破产欺诈行为的发生。[5]在推进个人破产制度立法时，还需要注意个人破产制度与文化的契合，既要引导社会公众接

---

〔1〕 吴雷：《论自然人破产配套制度的完善》，载《学理论》2018年第8期。

〔2〕 [英]菲奥娜·托米：《英国公司和个人破产法》（第2版），汤维建、刘静译，北京大学出版社2010年版，第19页。

〔3〕 宋云博：《法治多元性视域下考察我国民法的“平等原则”》，载《政法论丛》2015年第4期。

〔4〕 曹启选、景晓晶、叶浪花：《个人破产制度先行先试中的实践示范与体系构建》，载《人民司法》2022年第22期。

〔5〕 曹启选：《深圳个人破产立法与司法实践探索》，载中国人民大学《破产法实务前沿》专题授课暨“破产法前沿系列讲座”第36期。

受，又要使制度的构建符合我国基本的价值观念。公众对于个人破产的担忧主要在于其会助长非理性消费和冒险、增加金融风险、帮助恶意逃债者免除责任。“整个社会对破产的接纳度和破产污名化的逐渐澄清要求个人破产制度的建立。”[1]“改变社会固有的债务文化，树立破产免责理念，引导债权人重视个人信用在债权债务关系中的作用，重视对债务人进行‘诚实’的引导，为诚实债务人提供低成本救济。”[2]

执行不能问题的最终彻底有效解决取决于个人破产制度的建立完善和“执转破”程序的有效衔接，建立适应我国国情的个人破产制度迫在眉睫，形成完备的破产法体系对提升国家治理水平、促进社会生产、实现公平正义意义重大。[3]对于这些问题，应进一步完善个人信用体系、财产登记制度，加大对个人破产制度的宣传，转变传统的债务观念。本章笔者站在破产法视野下，运用实证分析，对民事执行的相关制度重新审视，提出建立个人破产制度和“执转破”程序的路径和规则，终局性解决个人执行不能的顽疾，同时提升社会治理效果。此外，域外国家的有益经验也值得我们借鉴学习。

---

〔1〕 许德风：《论个人破产免责制度》，载《中外法学》2011年第4期。

〔2〕 刘冰：《论我国个人破产制度的构建》，载《中国法学》2019年第4期。

〔3〕 谢兰军：《深圳“试水”个人破产——将“宽容失败”落实到制度》，载《人民之声》2020年第7期。

第四章 比较借鉴：个人执行不能案件退出的域外经验

执行不能案件的退出不仅涉及司法领域的微观问题，更在宏观层面关系国家治理体系和治理能力现代化、营商环境的优化、司法公信力等深层次的结构性问题。通过前期的研究发现，域外国家或地区也不同程度地存在执行不能问题，[1]但却没有形成执行难，[2]主要原因在于其建立了相对完善的执行不能案件的退出制度，如执行时限制度、[3]执行转破产制度、个人破产制度等。[4]在比较法语境下，所谓的执行不能案件退出是指当债务人确无可供执行财产处于执行不能的境地时，应当在经过一定的时限或者采取破产的方式，免除其债务清偿责任，赋予其重生的机会。近年来，国内各地法院开始试点个人破产或具备个人破产实质功能的个人债务集中清理程序。2020年8月26日，深圳市人大常委会通过了《个破条例》，其中对于个人破产制度中的关键核心制度进行了明确的规定。[5]该条例自2021年3月1日运行以来取得了一些成效，但质疑之声仍然存在。本章主要以《个破条例》的规定为参照对象，以个人执行不能案件的退出为目标，结合域外个人破产制度的相关规定进行比较，透析制度背后的深层次原因，

---

〔1〕 周继业主编：《强制执行新实践》，法律出版社2018年版，第221页。

〔2〕 中国司法改革考察团：《美国司法体制考察及启示》，载《人民司法》2006年第7期。

〔3〕 吕澄：《无财产可供执行案件退出机制研究——与瑞士立法例之比较》，载《黑龙江省政法管理干部学院学报》2017年第4期。

〔4〕 江必新主编：《比较强制执行法》，中国法制出版社2016年版，第439页。

〔5〕 李少华：《深圳与香港个人破产制度比较》，载《广东经济》2021年第4期。

力图为我国个人破产制度规则的完善提供比较法上的借鉴。

个人破产制度最早起源英国，在美国得到高度发展，特别是与欧洲大陆国家不同的在于英美法系的个人破产制度更强调对债务人“重新开始”的鼓励，因此其各项制度规定较为宽松。而相较美国文化，欧洲大陆对债务问题保留了更浓厚的道德批判态度，各国的个人破产制度更侧重于对债权人的权益保护。〔1〕总体而言，欧洲各国的破产制度不仅用来解决已经发生的过度债务问题，还被赋予更多的“教育功能”，试图“通过漫长和较为痛苦的破产、还债、免责三部曲，债务人充分体会到了破产之路的艰辛难行，从而在未来的人生与财务管理中，更加谨慎小心，以避免重蹈覆辙”。〔2〕同时，由于欧洲大陆各国的社会保障和福利制度远比美国更加完善，一直以来，个人债务过度问题以及破产制度的急迫性都远低于美国。〔3〕此外，作为中国特别行政区的香港、澳门，个人破产制度已经实施多年，形成了各具特色的经验。我国台湾地区无论文化传统、法制观念与大陆一脉相承，在个人破产化解执行不能案件退出方面有很多值得借鉴的经验。深圳作为经济特区已经开始个人破产的试点，其规定有无需要完善之处，可以一并进行比较。故本章主要选择英美法系最具代表性的美国、英国、澳大利亚，大陆法系最具代表性的德国、法国、日本，以及我国香港、澳门、台湾地区作为比较借鉴的国家和地区。

鉴于本书研究的逻辑起点是个人执行不能案件的退出，因此需要从执行不能退出的程序性机制以及实体性机制两个方面展开。首先，执行不能案件退出的程序性机制方面，主要对执行时限制度、执行转破产程序的相关规定进行比较分析。其次，执行不能案件退出的实体性机制方面，主要从个人破产制度的相关规定进行比较分析。第一，案件执行不能后通过个

〔1〕齐砺杰：《债务危机、信用体系和中国的个人破产问题》，中国政法大学出版社2017年版，第243页。
〔2〕齐砺杰：《债务危机、信用体系和中国的个人破产问题》，中国政法大学出版社2017年版，第245页。
〔3〕齐砺杰：《债务危机、信用体系和中国的个人破产问题》，中国政法大学出版社2017年版，第247页。

人破产程序退出，需要考察分析域外国家或地区是如何实现程序转换的。债权人、债务人、法院，抑或第三方，谁有权启动破产程序？也就是谁具有破产能力的问题？各国是如何规定的？原因何在？《个破条例》与各国的规定有何异同？第二，案件进入破产程序后，首先面临的是程序选择问题。是适用清算程序还是重整程序？二者之间的区别是什么？《个破条例》是如何规定的？第三，无论清算还是重整都需要保障债务人的生存发展问题。各国或地区对于豁免财产的范围是如何界定的？差异何在？《个破条例》的规定有何特点？第四，破产制度的核心问题就是对诚实而不幸的债务人免除剩余债务，帮助其实现重生。各国或地区对于免责有哪些不同的规定，基于何种考量？《个破条例》有哪些异同？这是本章最重要的一部分。第五，对债务人免责是对其的红利，但同时其权利行为也应当受到一定的限制和约束。各国或地区如何平衡失权与复权？《个破条例》是如何规定的？笔者将按照这样的逻辑递次展开。

一、比较法视野下个人执行不能案件程序性退出机制选择

纵观各国或地区立法，针对执行不能案件设计了不同的退出程序机制，如执行时限制度、执行转破产制度等，以保障执行程序的正常运转，从而实现确认债权、缓解执行案件积压、高效配置司法资源，最终促使执行不能案件合理有序退出。执行时限制度及“执转破”制度为各国或地区化解执行不能案件主要采取的程序设计，本节就从比较法视野出发，围绕这两种制度进行介绍、分析。

（一）执行时限制度

执行时限制度是指为督促生效文书尽快履行，对生效文书的强制执行力设置了一定的期限限制，期限经过将不再具有强制执行的效力，从而确

保各方权利义务回到稳定状态的制度。[1]各国或地区制定的执行时限各有不同。

1. 域外国家或地区规定的执行时限。美国实行判决有效期制度，具体的有效期限因州而异。[2]部分州规定判决生效超出一定期限后，该判决就失去法律效力，判决所载的债权不再受法律保护，债权人无法依据该判决申请强制执行。以加利福尼亚州为例，其判决的有效期间为10年，超过这一期限，判决便失去法律效力。除加利福尼亚州外，纽约州、乔治亚州和得克萨斯州的判决有效期都是10年。不同的是，乔治亚州的做法是在判决后的3年内，执行申请人可行使"期限更新权"；得克萨斯州的做法与之相同，只是在行权期限上压缩至1年内；纽约州则是规定执行期截止前可以诉讼形式行使"期限更新权"。[3]即判决生效后需要申请发布执行令状，如果10年期间内没有申请，或者第一次申请后的10年内未再申请过发布执行令状，则判决将"休眠"。"休眠"期间，判决依旧有效，但不能强制执行，需要通过申请将其"唤醒"。为保护申请人权益，如果判决在生效以后达到5年以上的时间，申请执行人的债权还没有得到实现或者没有得到完全实现，申请执行人可以向审理该案的法院的书记官交一份"更新判决申请"。但该申请需在原判决失效前提出，更新后的判决重新计算有效期，并且对于更新后判决所载的金额需以每年10%的利率计算利息。在更新后判决的有效期内，申请人有权针对被执行人的财产状况的查明，不断地向法院申请向被执行人发出"出庭受询命令""向法院提交文件的命令"等"执行令状"，使其在"执行令状"的命令下到法庭接受询问调查或向法院提交文

〔1〕 吕澄：《无财产可供执行案件退出机制研究——与瑞士立法例之比较》，载《黑龙江省政法管理干部学院学报》2017年第4期。

〔2〕 青岛市中级人民法院执行一庭：《民事执行案件退出与救济机制探析》，载《山东审判》2007年第6期。

〔3〕 李声高：《执行难的民刑交叉治理路径反思——以终本程序与拒执罪关系为切入点》，载《法学评论》2019年第2期。

件等。

《瑞士联邦债务执行与破产法》第149条规定了执行无结果证明制度。当被执行人不具备履行能力时，执行机关首先要梳理整个案件的执行情况，明确未执行到位的案件金额，并将这些事项记载到执行无结果证明上，发给双方当事人。此后半年内，债权人可以直接要求债务人履行债务。当申请执行人收到执行无结果证明后，在半年的期限内不能再次提出执行申请，而对于该证明中所标明的债权利息，被执行人也没有履行的义务。〔1〕值得注意的是，执行无结果证明并不是无期限的物权凭证，其具有一定的时效性，执行无结果证明签发后20年其记载的债权即告失效；如发生债务人死亡的情况，该有效期限最长延续到继承开始后1年。〔2〕

俄罗斯对于执行不能案件直接作出执行终结的决定。《俄罗斯联邦执行程序法》第26条第1款规定："不能全部或部分追索的执行文件应当发还追索人……④如果债务人无可供执行的财产或收入，司法警察—执行员采取一切法律允许的手段寻找其财产和收入仍无效果的；⑤如果追索人拒绝接受依照执行文件从债务人处执行所得的无法变卖的财产的……"第27条规定："1.执行程序结束于：①执行文件已被事实上执行；②发出执行文件的法院或其他机关要求将执行文件发还追索人，或者追索人申请发还；③依据本法第26条列举的情形发还；④将执行文件交给可一次性或分期得到债务人收入或工资的组织；⑤执行文件从一个司法警察转给其他司法警察或从一个分支机构转交给其他分支机构；⑥执行终结。2.对司法警察—执行员关于执行程序结束的决定，可于10日内向相应法院提出申诉。"

我国香港特别行政区对于执行不能的案件，要按照申请执行令状的法律程序推进，一般令状的有效期为12个月。债权人取得法庭或审裁处判处对方付款的命令、判决或裁决后，若对方没有自行履行，债权人便可申

〔1〕 刘汉富主编：《国际强制执行法律汇编》，法律出版社2000年版，第236页。
〔2〕 刘汉富主编：《国际强制执行法律汇编》，法律出版社2000年版，第236页。

请由执达主任强制执行。申请人可以根据案件性质申请执行令状。执行令状的种类主要包括扣押债务人财产令状、财物扣押令、管有令状等。对于强制执行条件尚未成就的案件，法庭将不予受理。债权人应在判决确定后12个月内申请执行令状，并向下达有关命令、判决、裁决的法庭或土地/小额钱债审裁处申请执行令状。否则，判决将不能获得执行，除非符合法律规定的延长条件，经法官批准后可以延长期限。被执行人可以就申请已过上述期限的问题向法庭提出抗辩。[1]所有执行令状均按收到令状时的先后次序执行，除非高等法院或区城法院司法常务官批准优先执行个别申请人的令状，否则有关要求将不被考虑，法院不主持对执行到的被执行人财产进行分配，而是遵循"优先主义"原则，按申请的先后顺序执行。如果被执行人财产不足以清偿所有债务，相关当事人应申请被执行人破产或清盘。[2]

芬兰1895年颁布了《执行法》，后历经多次修改。按照该法的规定，对于时效超过15年的案件可不予执行。[3]欠税执行案件5年后不再执行，个人债务案件20年后不再执行。[4]

2. 国内规定的执行时限。《民诉法司法解释》（2022年修正）第517条规定，经过财产调查未发现可供执行的财产，在申请执行人签字确认或者执行法院组成合议庭审查核实并经院长批准后，可以裁定终结本次执行程序。依照前款规定终结执行后，申请执行人发现被执行人有可供执行财产的，可以再次申请执行。再次申请不受申请执行时效期间的限制。

根据《终本规定》第9条的规定，终结本次执行程序后，申请执行人发现被执行人有可供执行财产的，可以向执行法院申请恢复执行。申请恢复

---

〔1〕张学仁主编：《香港法概论》，武汉大学出版社2004年版，第331页。
〔2〕张学仁主编：《香港法概论》，武汉大学出版社2004年版，第341页。
〔3〕严军兴、管晓峰主编：《中外民事强制执行制度比较研究》，人民出版社2006年版，第238页。
〔4〕严军兴、管晓峰主编：《中外民事强制执行制度比较研究》，人民出版社2006年版，第249页。

执行不受申请执行时效期间的限制。执行法院核查属实的，应当恢复执行。终本程序后5年内，执行法院应当每6个月通过网络执行查控系统查询一次被执行人的财产，并将查询结果告知申请执行人。符合恢复执行条件的，执行法院应当及时恢复执行。

2022年《中华人民共和国民事强制执行法（草案）》第83条规定："有下列情形之一的，人民法院应当裁定终结执行：……（八）案件自终本之日起满五年且未发现被执行人可供执行财产的，应当裁定终结执行。"

3.比较法视野下的执行时限制度思辨。通过对比可以发现，美国、瑞士等国家拥有一套相对完善的执行时限制度，给予执行不能案件一定的期限，到期后债权自动消灭或者不能再申请执行，强调了权利保护的期限利益以及执行不能案件的有序退出。特别是在域外国家或地区的执行程序中，与目前我国更加强调与突出法院职权主义完全不同的是，赋予了当事人对于执行程序的申请、退出的绝对自由。[1]如此，可以极大地调动申请执行人的积极性，促使其采取有效措施查找被执行人的财产线索，对国内执行不能案件的处理提供了有益借鉴。此外，我国香港特别行政区实行的申请执行令状制度，规定其有效期仅为12个月，与其他域外制度相比，这一期限明显缩短，并且规定了执行令状的执行顺序是按申请的先后，如果被执行人财产不足以清偿所有债务，相关当事人应申请被执行人破产或清盘，有序衔接了执行程序与破产程序，为执行不能案件的退出又提供了另一程序路径。

对我国现行法律进行梳理可知，目前国内是通过终本程序对执行不能案件进行处理的。案件虽然终结了本次执行程序，但仅是暂时退出执行程序。程序退出并不意味着实体权利的灭失，只是债权时效的中断。由于债权人的债权没有实现或没有完全实现，待债权人发现被执行人有可供执行

---

〔1〕 刘汉富主编：《国际强制执行法律汇编》，法律出版社2000年版，第36页。

的财产，可以重新申请恢复执行程序，且这种申请不受执行时效期间的限制。[1]这样规定的目的在于案件终本程序后，通过赋予申请人恢复执行的权利，可以最大限度地保护债权最终得以实现。然而相关数据显示，“我国纳入终结本次执行数据库的案件的恢复执行率为8%”[2]。亦有学者对2018年到2022年的终本案件统计后认为，恢复执行比例为2.49%。[3]从笔者前期的实证调研统计数据看，终本案件的恢复执行率为7.12%。[4]事实上，终本后经过5年仍然没有发现被执行人有可供执行财产，恢复执行的可能性极低，足以证明被执行人已经不具备债务履行能力，可以彻底退出执行程序。[5]

现行终本程序赋予执行人执行无期限限制的申请权，导致执行不能案件无法退出执行程序，同时无效耗费司法资源，一定程度上影响了正常市场交易秩序的稳定。因此，有必要从执行时限角度出发，借鉴域外经验完善现行执行不能案件退出机制。从2022年《中华人民共和国民事强制执行法（草案）》公布内容来看，立法亦将终本满5年且未能发现被执行人可供执行财产的案件纳入终结执行情形之一。可见，最高人民法院的意见亦是希望通过规定一定期限的时限制度，为确无财产可供执行的执行不能案件通过执行时限制度程序性退出提供了可能性。

（二）执行转破产制度

执行案件移送破产审查是指法院在执行程序中发现被执行人具有破

---

〔1〕 马登科、张晓帆：《终结本次执行论》，载张卫平主编：《民事程序法研究》，厦门大学出版社2016年版，第19页。

〔2〕 刘婧：《解决人民群众最不满意的问题 彻底摘掉“执行难”的帽子——访最高人民法院审委会专委刘贵祥》，载《人民法院报》2018年10月25日，第8版。

〔3〕 陈沫冰：《终结本次执行程序案件退出机制研究》，载《山东法官培训学院学报》2023年第4期。

〔4〕 北京、广东、宁夏三地六家法院的终本案件统计样本为688件，恢复执行案件分别为北京18件、广东15件、宁夏16件。

〔5〕 张美欣：《终结本次执行程序案件的彻底终结制度研究》，载《法律适用》2016年第4期。

产原因，在符合破产条件后法院根据当事人申请或依职权将执行案件移送被执行人住所地法院进行破产审查的司法行为，简称“执转破”。〔1〕“执转破”启动存在三类模式，分别为当事人申请模式、依职权启动模式和折中模式。其中，依职权启动模式是指司法机关在执行中发现被执行人具有破产原因，依职权将案件移送破产审查的司法行为。但从国际上来看，职权主义下的强制破产较大程度干涉了当事人的自由意志和市场交易秩序，近现代破产法发展的基本趋势已经从破产宣告的职权主义走向申请主义。〔2〕经对相关文献资料进行梳理，各国或地区常见的“执转破”程序启动模式主要有两类，分别是申请主义模式和折中模式。

1. 域外国家或地区的“执转破”启动模式。一是申请主义模式。当被执行人确无财产可供执行，客观上处于执行不能状态时，申请执行人或者被执行人可以申请转入破产程序。

瑞士破产式债务执行采用的“执转破”程序启动为申请主义模式。〔3〕按照《瑞士联邦债务执行与破产法》的规定，执行事务局根据执行申请启动执行程序，并向债务人发出支付令。若被执行人未提出执行异议，债权人可以提出继续执行申请。此时，案件进入执行程序。如果被执行人有可供执行财产，则由执行官员根据财产的不同形态，决定采取不同的执行方式。如果债务人的财产不足以清偿所有债权，则启动破产式债务执行。〔4〕即首先向被执行人发出破产警告，如果仍然无法执行，则债权人提出宣告破产申请，法院经审查后决定是否正式启动破产程序。瑞士法律还特别规定了无在先执行程序情形下的破产宣告，根据《瑞士联邦债务执行与破产

〔1〕 江丁库主编：《个人破产法律事务》，法律出版社2021年版，第49页。

〔2〕 谭秋桂：《民事执行法学》，北京大学出版社2015年版，第238页。

〔3〕 吕澄：《无财产可供执行案件退出机制研究——与瑞士立法例之比较》，载《黑龙江省政法管理干部学院学报》2017年第4期。

〔4〕 吕澄：《无财产可供执行案件退出机制研究——与瑞士立法例之比较》，载《黑龙江省政法管理干部学院学报》2017年第4期。

法》第190条及第191条的规定，在部分特别情形下，[1]债权人可以不经在先执行程序向法院申请宣告债务人破产。同时债务人本人可通过向法院表明支付不能的方式申请宣告破产。[2]

《秘鲁民事诉讼法典》采取债权人申请模式。法典第五部分第五编"执行程序"第703条规定："如果一审判决作出时，执行申请人不了解债务人的财产，可以申请要求债务人在15日内指明其无法律负担的财产，并声明否则将提交破产宣告申请。在所给期限内如未指明足够的财产，则终结执行程序，并将审理文件提交竞争及知识产权局市场退出委员会或有权机构，根据有关法律进行破产宣告程序。"[3]

美国法律规定其执行转入破产程序需要由债权人或债务人提出。通常而言破产申请多由债务人提出。债务人首先要向法院书记官提交一份申请，然后自动获得一项"救济令"，它相当于破产法院同意对破产案件实施审判权而赋予债务人法定救济的裁定，即破产申请会立即产生自动冻结的效力，当事人向法院提出破产申请后，所有执行行为立即中止。如果是债权人提出申请要求对债务人适用破产程序，就适用"强制破产"方式。法院收到申请后向债务人发出通知，债务人有权对申请进行答辩，如果债务人对程序没有异议，法院就要审查债务人提出的实质性抗辩事由。[4]

二是折中模式。法院在执行过程中，确认被执行人具备破产原因时，既可以由申请执行人或者被执行人提出申请，也可以由国家权力机关强制启动转入个人破产程序。该模式既可由当事人申请，特定情形下也可由国

---

〔1〕 在下列情形，债权人可不经在先的执行程序向法院申请宣告债务人破产：1.对任何债务人，其行止不明或为逃避履行债务的目的潜逃，或者实施了或试图实施对债权人不利的欺骗性行为或者在扣押式执行程序中隐瞒其财产的；2.对破产执行程序之下的债务人，该债务人停止支付的；3.《瑞士联邦债务执行与破产法》第309条规定的情形。参见刘汉富主编：《国际强制执行法律汇编》，法律出版社2000年版，第178页。

〔2〕 刘汉富主编：《国际强制执行法律汇编》，法律出版社2000年版，第178页。

〔3〕 刘汉富主编：《国际强制执行法律汇编》，法律出版社2000年版，第5页。

〔4〕 李贤华、郭金生：《域外法院执行转破产衔接方法》，载《人民法院报》2018年8月17日，第8版。

家权力机关依职权启动。由于其秉持了当事人自愿的原则并规定了特定情形下的国家权力机关的适当介入，能够在确保当事人意思自治的同时避免公权力滥用，被大多数国家采用。

《俄罗斯联邦无支付能力（破产）法》第203条规定："公民债务人、债权人，以及被授权机关，可以向仲裁法院递交确认公民破产申请。"〔1〕

2004年修改后的《德国破产法》第13条第1款规定："破产程序仅经申请而开始。申请权人为各债权人和债务人。"〔2〕在此模式下，如果债权人提出申请的，应当听取债务人的意见。〔3〕但是最终是否要启动破产程序仍由法院决定。法律规定，在例外的情况下，法院可以依职权宣告债务人破产。〔4〕

日本法律规定，个人债务人无法偿还债务时，可以依次选择的倒产程序包括：任意更生（此为非法定更生）、特别调解、个人再生、破产。〔5〕一般而言，破产程序的启动应当由利害关系人提出申请，方可启动。但如遇特殊情况，可以由法院依职权启动。〔6〕

法国1985年通过的《司法重整与司法清算法》规定，无论是司法重整或是司法清算，程序的开始可基于债务人的申请和任意债权人的传唤，而不问该债权人的债权性质如何。法国同时赋予法院可以依职权或者应检察官的申请对破产案件进行立案，并根据司法管理人、债权人代表、清算人或者检察官的要求作出裁定。法国的检察官具有破产申请权，这一规定反映了法国破产法对企业活动的保护以及解决债权人债务人之间债权债务的价值追求，同时也展现了破产申请主体的多元化。〔7〕

---

〔1〕 李飞主编：《当代外国破产法》，中国法制出版社2006年版，第322页。

〔2〕 李飞主编：《当代外国破产法》，中国法制出版社2006年版，第18页。

〔3〕《德国破产法》第14条规定："对开始破产程序具有法律上的利益并且证明其债权和破产程序开始原因为可信的债权人，准许提出申请。申请未准许的，破产法院应当听取债务人的意见。"

〔4〕 李贤华、郭金生：《域外法院执行转破产衔接方法》，载《人民法院报》2018年8月17日，第8版。

〔5〕［日］谷口安平主编：《日本倒产法概述》，佐藤孝弘、田言等译，中国政法大学出版社2017年版，第234页。

〔6〕 李贤华、郭金生：《域外法院执行转破产衔接方法》，载《人民法院报》2018年8月17日，第8版。

〔7〕 李贤华、郭金生：《域外法院执行转破产衔接方法》，载《人民法院报》2018年8月17日，第8版。

我国澳门特区承袭了葡萄牙的法律体系，属于大陆法系，澳门地区的破产程序作为一种民事特别程序，在《澳门民事诉讼法典》中作了规定。〔1〕澳门破产法采用一般破产主义，以不能如期履行债务之债务人是否为商业企业主而规定不同的破产程序，即破产程序和无偿还能力程序双轨并行。〔2〕根据该法典第1044条规定，企业主破产程序自商业企业主前往法院提出有关要求时开始，或应债权人或检察院之申请而开始。非商业企业主无偿还能力时，可由债务人向法院提出要求或由债权人申请宣告债务人无偿还能力。

2.国内"执转破"的启动模式。国内尚缺少个人破产制度，因此，没有完善的执行转个人破产的制度机制。但《企业破产法》以及执行的相关制度已经有了"执转破"的相关规定，可供借鉴。

一是现行立法对企业"执转破"程序的规定，采用申请主义模式。2015年《民诉法司法解释》首次规定了执行转破产制度，采取申请主义模式。〔3〕申请执行人不同意移送破产或者被执行人住所地人民法院不受理破产案件的，执行人员按照采取执行措施的先后顺序清偿普通债权。〔4〕《终本次规定》第11条亦规定了"执转破"的程序要求。2017年1月20日，最高人民法院发布了《执转破意见》，对执行转破产的相关程序操作进行了细化明确。〔5〕

---

〔1〕 唐晓晴：《澳门破产（无偿还能力）制度检讨》，载《财经法学》2015 年第3期。

〔2〕 马哲：《论澳门破产程序的统一和区分》，载《苏州大学学报（法学版）》2018年第3期。

〔3〕 2015年《民诉法司法解释》第513条规定："在执行程序中，作为被执行人的企业法人符合企业破产法第二条第一款规定情形的，执行法院经申请执行人之一或者被执行人同意，应当裁定中止对被执行人的执行，将执行案件相关材料移送被执行人住所地人民法院。"

〔4〕 韩亮：《对执行程序转换破产程序之制度设计的再思考》，载《山西煤炭管理干部学院学报》2016年第3期。

〔5〕 参见《执转破意见》第1条第2款规定："执行案件移送破产审查，应同时符合下列条件：（1）被执行人为企业法人；（2）被执行人或者有关被执行人的任何一个执行案件的申请执行人书面同意将执行案件移送破产审查；（3）被执行人不能清偿到期债务，并且资产不足以清偿全部债务或者明显缺乏清偿能力。"

2022年《中华人民共和国民事强制执行法（草案）》第82条[1]规定对“执转破”启动模式由当事人同意调整为终结本次执行前提下的法院依职权强制启动，增设了依职权启动的规定，但目前该草案仍处于向社会征求意见的过程之中。

二是个人债务集中清理（类个人破产）的“执转破”启动模式。台州中院2019年制定的《执行程序转个人债务清理程序审理规程（暂行）》采取的是申请主义模式。该规程第3条规定：“执行部门对符合本规程第二条规定的执行案件，可启动执行程序转个人债务清理衔接工作。”第4条规定：“执行部门启动执行程序转债务清理的，执行法官应当向申请执行人和被执行人释明相关法律规定和本规程内容，征询申请执行人或被执行人是否同意进行债务清理，并制作征询意见记录，必要时，可商请审判业务庭法官参与释明工作。申请执行人如果认为被执行人存在本规程第六条规定的行为或情形的，可在执行部门征询其意见时提出，执行部门经审查并决定是否同意被执行人从执行程序转债务清理。”第5条规定：“经释明和征询意见，申请执行人或被执行人表示同意对被执行人进行债务清理的，执行部门将相关材料移送审判业务庭审查。”

温州中院于2021年制定出台了《关于个人债务集中清理的实施意见（二）》，采取了当事人申请+依职权启动的折中模式。该意见第2条规定了可由申请执行人启动债务清理程序，但必须经被执行人同意方能实施。第3条规定了法院在被执行人具备规定的特殊情形时可以依职权启动转换程序。[2]

3. 比较法视野下的“执转破”启动模式思辨。启动“执转破”程序，可

---

〔1〕 参见《中华人民共和国民事强制执行法（草案）》第82条第1款规定：“基于金钱债权的财产执行案件中，若被执行人同时符合终结本次执行与破产法债务清理情形的，人民法院应当裁定终结本次执行，并依职权启动‘执转破’。”

〔2〕 温州中院《关于个人债务集中清理的实施意见（二）》第3条规定：“如被执行人因生活困难无力偿还债务，且丧失劳动能力的，人民法院可依职权启动个人债务集中清理程序。”

以最大限度地在公平清偿债权的同时，促使债务人彻底摆脱债务枷锁并实现重生。“全国法院的执行部门每年要处理40万至50万件债务人事实上已经破产的案件。相比较全国法院每年新收的破产案件不过2000至3000件，意味着95%应当通过破产程序处理的案件以终本案件的形式沉淀在了执行程序中。”[1]可见，解决执行不能问题，“不能一味固守执行程序，应考虑疏堵结合、执破衔接，联通执行与破产程序”。[2]

从域外国家或地区关于“执转破”的规定来看，申请主义模式充分尊重当事人的意愿，强调的是对私权的保护，权力机关不得依职权提出。但这种保护往往被解读为仅是一种可以无条件放弃的权利而不是强制性义务。[3]无论是申请执行人还是被执行人明显存在由执行申请转入破产的动力不足等问题。折中模式既给予债权人、债务人申请转入破产的权利，又从保护债权人公平受偿层面赋予国家权力机关宣告破产的职权，这样的程序设计不仅灵活，且节约了大量的时间，已经成为各国或地区“执转破”启动模式的发展趋势。

在国内，从理论层面看，学者普遍认为应当采取折中模式；不同的是，有学者认为应当采取申请主义为主、职权主义为辅的折中模式。[4]有的学者认为应当建立职权主义为主、申请主义为辅的折中模式。[5]此外，亦有学者提出应当采取职权主义模式。[6]

从我国现行的企业“执转破”程序启动模式看，按照《企业破产法》第7条的规定，债权人和债务人均可以向人民法院提出破产申请，强调的是当事人的自觉主动之行为。但《民诉法司法解释》却将“执转破”程序的启

---

〔1〕白田甜、景晓晶：《“执转破”衔接机制的优化原则与实践完善》，载《法律适用》2019年第3期。

〔2〕张元华：《论执行移送破产程序的激励性引导与规制》，载《甘肃政法学院学报》2016年第6期。

〔3〕王欣新：《破产原因理论与实务研究》，载《天津法学》2010年第1期。

〔4〕刘旭东：《执破衔接视阈下“执转破”要点透视及规范进路》，载《河北法学》2019年第4期。

〔5〕张艳丽：《破产重整制度有效运行的问题与出路》，载《法学杂志》2016年第6期。

〔6〕赵泽君、林洋：《“执转破”程序启动模式的分解与重塑》，载《政法论丛》2018年第3期。

动表述为“执行法院经申请执行人之一或被执行人同意”，尽管仍然采取申请主义模式，但似乎在很大程度上加入了法院解释说明的因素。“美国近些年每年受理破产案件在250万件以上，不存在无财产可供执行案件难退出问题。而我国每年破产案件才两千件左右，符合破产条件却又无法退出执行程序的却在几十、上百万件以上。”〔1〕《民诉法司法解释》采用这样的规定，可以视为国内破产法运行不畅形势下的无奈之举。

有学者认为，《民诉法司法解释》规定的法院在征得当事人同意后启动“执转破”的情形，不属于完全的申请主义，也有别于完全的职权主义，是介于二者之间的“半职权化”〔2〕或“职权辅助主义”的执转破模式〔3〕。鉴于当前“执转破”运转不畅的背景，我国司法实践以及理论界对于“执转破”程序以职权主义为主、当事人申请为辅模式的呼声强烈。“破产法不仅具有保障债务公平清偿、保护债权人债务人合法权益的私法属性，而且还具有保障市场经济优胜劣汰规则充分发挥效用、维护市场有序运行的社会法属性。”〔4〕“应加大执行转破产案件法院职权介入的程度，赋予执行法院和执行法官一定的能动司法职能。”〔5〕执行过程中，一旦执行人员发现被执行人无财产可供执行，应当通过谈话、发放告知书等方式，向申请执行人以及被执行人就“执转破”的相关规定进行释明，征求是否愿意提出“执转破”申请的意见。〔6〕

“执破衔接”可以有效解决个人执行不能案件的退出。〔7〕目前国内尚

〔1〕　江必新主编：《比较强制执行法》，中国法制出版社2014年版，序言第3页。

〔2〕　徐建新、汝明钰：《执行程序与破产程序衔接机制的实务探索》，载《人民法院报》2015年6月10日，第8版。

〔3〕　朱祺：《“执转破”启动模式研究——以职权辅助主义模式为例》，载《上海商业》2023年第5期。

〔4〕　王富博：《关于〈最高人民法院关于执行案件移送破产审查若干问题的指导意见〉的解读》，载《法律适用》2017年第11期。

〔5〕　潍坊市中级人民法院课题组：《关于完善执行转破产程序的调研报告》，载《山东审判》2017年第1期。

〔6〕　潍坊市中级人民法院课题组：《关于完善执行转破产程序的调研报告》，载《山东审判》2017年第1期。

〔7〕　高星阁：《“执行不能”案件退出机制的当下境遇与未来图景》，载《学海》2020年第3期。

没有个人破产法，浙江、江苏、山东、四川等地陆续开展了具备个人破产实质功能的个人债务集中清理的试点工作。台州、温州等个人债务集中清理试点地区，出台了相关文件对强制执行程序与债务清理程序的衔接机制作出了规范指引。从个人债务集中清理试点情况看，以当事人申请为主、特殊情形下依职权主义启动为辅的运行效果还有待进一步完善。目前国内采取的当事人申请主义为主模式在实践中依旧面临着诸多的困难与问题。因此，有必要在个人“执转破”立法时，充分考虑将职权主义引入其中，并作为一种辅助模式。〔1〕

综上所述，笔者从程序性退出视角考察了域外国家或地区的执行时限制度和“执转破”程序启动模式，与我国现行执行及破产各项规定之间存在较大差异，体现了不同的立法取向，为进一步完善和构建我国个人执行不能案件退出的程序性机制提供了参考。

首先是执行时限制度的设计。根据目前国内法律规定，无论是诉讼案件还是执行案件，一律实行的是立案登记制度。特别是执行案件，只要申请人在规定的期限内依据生效法律文书所确认的债权提出执行申请，就等法院采取各项措施去兑现。案件即使由于执行不能而终本，也只是进入了“沉睡”阶段，随时可由申请执行人提供线索而恢复，生效文书确定的权利没有执行期限的限制。执行时效排除规则在保护权利人方面走向“极端化”。〔2〕然而从各国或地区的规定来看，对于执行不能案件设置了一定的保护期限，到期后不能再申请执行或权利自动消灭，从而实现权利保护与秩序稳定间的动态衡平。通过时限制度促使执行不能案件有序退出的关键，在于科学合理地设置退出期限。国内理论界对此意见不一。有学者提出应当与20年的最长诉讼保护期相一致，规定终本后经过20年彻底

〔1〕 李骏、潘尚昆、罗悦：《执转破制度的完善及执破直通机制探索》，载《中国拍卖》2023年第8期。
〔2〕 霍海红：《执行时效排除规则的困境及其破解》，载《现代法学》2023年第1期。

退出。[1]2022年《中华人民共和国民事强制执行法(草案)》规定终本程序满5年即可退出。“期限过长会造成司法资源浪费,期限过短有损司法公信力。”[2]如果执行时限规定的时间过短,虽然满足了执行程序的效率价值,但会对债权人的权利保护造成减损。[3]执行期限期满后案件即终结执行,但是需要明确的是,“执行程序的终结并不意味着法院从实体上否认和推翻原法律文书确认的权利,而是不再以国家强制力保障执行债权的实现”。[4]

具体可以借鉴美国与瑞士的做法,从终本开始计算,法定期限内没有实现的债权永久性强制退出执行程序。[5]一旦期限超过则未实现债权转变为自然债权,无法再申请强制执行。终本程序后法院应当通过建立终本案件被执行人名册、规范恢复执行机制以及对被执行人进行权利限制等多种措施进行有效管理。实践中,对于债权人提供的财产线索,一般先由法院进行核实,核实后,再分情况作出是否恢复执行的不同处理。通过借鉴域外国家或地区关于判决有效期的做法,并结合《民法典》第188条关于债权保护的最长期间是20年,且自权利受到损害之日起计算的规定,对于进入执行程序的案件,只要经过了申请人的线索主动提供、被执行人财产如实申报、法院调查核实的程序,裁定终结本次执行程序后,申请人没有再提供新的财产线索,法院没有查询到被执行人有可供执行财产的,可以在终本程序10年后裁定终结执行,案件彻底退出执行程序。[6]当该期限届满时,执行依据则丧失强制执行力,涉案债务变为自然债务,执行风险转由当事人承担。不过,这需要严格规范终本程序的适用。另外,为保护执行程序中弱

---

〔1〕 张美欣:《终结本次执行程序案件的彻底终结制度研究》,载《法律适用》2016年第4期。

〔2〕 辛苗苗:《论终结本次执行程序后续制度》,载《青岛行政学院学报》2020年第4期。

〔3〕 黄忠顺:《以人民为中心的民事强制执行立法:逻辑起点、价值理念及关键环节》,载《深圳大学学报(人文社会科学版)》2022年第1期。

〔4〕 陈沫冰:《终结本次执行程序案件退出机制研究》,载《山东法官培训学院学报》2023年第4期。

〔5〕 霍力民主编:《强制执行的现代理念》,人民法院出版社2005年版,第246页。

〔6〕 张法能:《执行退出机制:公正与效率的博弈——以再执行程序的“W”与“H”为角度》,载《法治论坛》2014年第3期。

势群体的利益，有必要提高我国的司法救助水平，缓解其生活困难。

其次是“执转破”启动模式的选择。民事执行程序与破产程序性质上的相似性为二者的衔接提供了可能，奠定了良好基础。通过“执转破”的衔接，一方面有利于防止债务人采取隐匿、转移财产等方式逃避债务，另一方面又体现了公权力为维护社会公共利益和债权人的合法权益对私权领域的强行干预，有利于维护司法权威。从各国或地区“执转破”启动模式的规定来看，以当事人申请主义为主、职权主义为辅的折中模式已经成为主要模式。

从前述实证章节中可以看到，个人债务集中清理试点采当事人申请主义，其中债务人更愿意申请进行债务清理，债务人申请比例超过70%。但是从效果看，试点3年两地区受理数量仅79件，相较于每年大量的终本案件，个人债务集中清理制度运行情况并不理想，债权人申请意愿较低，一定程度导致符合集中清理条件的执行不能案件未能进入清理程序，影响试点制度运行效果。因此，完全采用当事人申请模式无助于个人执行不能案件退出机制的构建完善。2022年《中华人民共和国民事强制执行法（草案）》增设了法院依职权启动执行转破产程序的规定，将破产启动的模式，由单一的当事人申请主义发展为以当事人申请为主、职权主义启动为辅的模式。〔1〕“基于公共利益的考量，国家干预执行与破产亦具备正当性和适当性。”〔2〕因此，在“执转破”程序启动模式的选择上，有必要采用以当事人申请为主、职权主义启动为辅的模式，进一步强化国家公权力的介入力度，从而畅通执行不能案件与破产程序间的衔接，为构建和完善执行不能案件程序性退出机制提供有力保障。

---

〔1〕 朱福勇、仇金：《“执转破”启动职权主义的普适危机与程序应对》，载《重庆大学学报（社会科学版）》2023年第2期。

〔2〕 朱福勇、仇金：《“执转破”启动职权主义的普适危机与程序应对》，载《重庆大学学报（社会科学版）》2023年第2期。

二、比较法视野下个人执行不能案件实体性退出机制选择

破产是终局性解决个人执行不能案件退出的有效路径，[1]已经被域外国家和地区的司法实践所证明。个人破产制度包含了个人破产能力、破产程序、豁免财产、破产免责、破产管理人、破产欺诈行为的预防与制裁以及失权、复权等诸多内容。囿于本书是以执行不能案件退出的视角探讨个人破产制度问题，因此，本部分仅选取了其中最为核心的五个部分进行比较分析。

（一）比较法视野下的个人破产能力模式选择

破产能力是指符合破产条件的债务人依法申请启动破产程序的资格。[2]从世界范围看，个人破产能力的立法主要存在两种不同的模式：第一种是一般破产主义，即对于不能清偿到期债务的债务人，无论其是商人还是非商人都可以适用破产程序。[3]以美国、英国、德国、日本及我国香港地区等为代表。第二种是商人破产主义，即只承认从事商事活动的自然人具有破产能力，而将普通自然人排除之外。[4]以意大利、法国为代表。

（1）商人破产主义模式。商人破产主义最早形成于中世纪的意大利。[5]随着商品经济的快速发展，资不抵债现象频繁出现，为破解这一难题，意大利破产法开始出现类似于个人破产清算的制度，即债务人在资不抵债时将自己的全部财产交付给所有债权人用以清偿债权，债务人未予清偿的债务得以豁免。[6]此后，为了快速解决商人之间的债权债务纠纷，以债务人停止

---

〔1〕 张美欣：《终结本次执行程序案件的彻底终结制度研究》，载《法律适用》2016年第4期。

〔2〕 汪世虎、李刚：《自然人破产能力研究》，载《现代法学》1999年第6期。

〔3〕 汤维建：《关于建立我国个人破产制度的构想（上）》，载《政法论坛》1995年第3期。

〔4〕 刘黎明：《回应与前瞻——“统一破产法 ”若干问题研究》，载《法商研究》2005年第1期；贺志姣：《破产法的适用范围：商人破产主义还是一般破产主义》，载《中南财经政法大学学报》2002年第6期。

〔5〕 汤维建：《关于建立我国个人破产制度的构想（上）》，载《政法论坛》1995年第3期。

〔6〕 顾芳芳：《破产法立法价值嬗变之考察——从历史演进的角度》，载《改革与开放》2013年第6期。

支付为破产原因的商人破产制度开始出现。[1]1883年的《意大利商法典》第三卷里专门规定了商人破产制度。[2]

法国1538年开始颁布破产法律，并一直采取商人破产程序，将非商人排除破产程序的适用范围之外。1673年颁布的商事敕令，“奠定了法国近现代商人破产主义立法的基础”[3]。1807年颁布的《法国商法典》第三编规定了完备的商人破产制度，[4]此后虽经历次修改但始终坚持商人破产主义。[5]直到1967年7月13日通过第67-563号法律，开始采取一般破产主义模式。[6]2010年对相关内容进行了修改。[7]

（2）一般破产主义模式。一般破产主义肇始于13世纪下半叶的西班牙破产法《七章律》，该法不仅适用于商人，也适用于非商人。[8]英国在1542年就出现了成文的破产法，由于其只是为了最大限度地实现债权因而仅适用于欺诈性转让财产而应受处罚的商人。[9]1861年英国颁布新的破产法，规定适用于商人与非商人在内的所有债务人，从而奠定了其一般破产主义立法的基础。[10]此后该法经多次修订并施行至今一直采取一般破产主义模式。[11]

美国1800年首次颁布仅适用于商人的联邦破产法后[12]，分别于1841

---

〔1〕 郑云端：《破产法律制度的历史沿革》，载《中国人大》2006年第17期。

〔2〕《意大利商法典》第2221条规定：“破产仅适用于商人，无论其为个人、公司或者其他商业组织。”

〔3〕 邹海林：《破产程序和破产法实体制度比较研究》，法律出版社1995年版，第29页。

〔4〕 刘晓智：《破产法的适用范围探讨》，载《市场论坛》2004年第5期。

〔5〕《法国商法典》，金邦贵译，中国法制出版社2000年版，第354页。

〔6〕 陈计男：《破产法论》，台北，三民书局2004年版，第20页；何勤华主编：《法国法律发达史》，法律出版社2001年版，第283页。

〔7〕 孙平编译：《法国消费法典》，中国政法大学出版社2012年版，第104-106页、第149-157页。

〔8〕 文秀峰：《个人破产法律制度研究——兼论我国个人破产制度的构建》，中国人民公安大学出版社2006年版，第27页。

〔9〕 代策：《个人破产制度的构建——以中国香港个人破产制度为例》，载《中国经济报告》2018年第9期。

〔10〕 代策：《个人破产制度的构建——以中国香港个人破产制度为例》，载《中国经济报告》2018年第9期。

〔11〕 文秀峰：《个人破产法律制度研究——兼论我国个人破产制度的构建》，中国人民公安大学出版社2006年版，第27页。

〔12〕 郑云端：《破产法律制度的历史沿革》，载《中国人大》2006年第17期。

年、1867年、1898年颁布联邦破产法，以及于1978年颁布的现行破产法，均采取一般破产主义。[1]《美国破产法》针对得以适用破产程序的个人主体类型予以界定，譬如其第101条（18）规定“家庭农场主”指的是：（1）从事农业经营的个人或个人及配偶，其债务总额不超过10,000,000美元，但不少于其非有条件清偿债务总额的50%（不包括该个人或该个人及配偶的主要居住地债务，除非该债务是由农业经营引起的），在立案之日，是由该个人或该个人及配偶拥有或经营的农业经营引起，而该个人或该个人及配偶从该农业经营中获得的收入，在上一纳税年度或前2年和前3年纳税年度内，超过该个人或该个人及配偶的总收入的50%。（2）由一个家庭或一个家庭及其成员的亲属持有流通股或股本超过50%的公司或合伙企业，而该家庭或亲属对从事农场的运营，并且超过其价值80%的资产由与农场运营有关的资产构成；其总计的债务不超过10,000,000美元，且不低于其非有条件清偿债务总额的50%（除非该债务是由经营农场所引起的，否则不包括由该公司或合伙企业所拥有的、股东或合伙人在主要居住地的住处所引发的债务），在破产申请提出之日，产生于由该公司或合伙企业所拥有或经营的农场业务；如果该公司发行股票，则该股票不能进行公开交易。又如，《美国破产法》第101条（30）规定“有规律收入的个人”指的是收入十分稳定并且规律，使该个人能够根据该编第13章项下的计划进行债务清偿的个人，而非股票经纪人或商品经纪人。

日本于明治二十三年参照法国法制定了仅适用于商人的破产法，同时，颁布了《家资分散法》适用于非商人。进入21世纪，日本加大对破产法的改革力度，以德国法为蓝本，参照奥地利法采取一般破产主义，[2]并历经

〔1〕 刘静：《不断变革中的美国破产法》，载《中国人大》2006年第17期。

〔2〕 《日本破产法》第4条规定：“债务人为自然人的，仅限于在日本国内具有营业场所、住所、暂住地或者不动产的情况下，可以提出依照本法规定的破产程序开始的申请……”《日本民事再生法》第4条第1款规定：“本法规定的再生程序开始的申请，债务人为个人的，日本国内有营业所、住所、居所或者财产时才能提出；债务人为法人及其他社团、财团的，日本国内有营业所、事务所或者财产时才能提出。”

多次修改沿用至今。[1]按照日本法律的规定，个人债务人无法偿还债务时，可以依次选择的倒产程序包括：任意更生（此为非法定更生）、特别调解、个人再生、破产。[2]

德国自15世纪以来，开始逐步建立破产制度。1877年制定了统一后的破产法，开始采取一般破产主义原则。[3]此法经过1976年修改并于1999年再次修正后一直施行至今。[4]

按照我国香港地区法律的规定，提出个人破产必须是居住在香港具有香港户籍的人员，或者提出破产申请的前3年时间在香港居住，或者在香港有属于自己的居住地，或者在香港有自己的经营业务。[5]此外，香港《破产条例》规定债权人和债务人均可提出破产申请，并分别规定了不同的条件。[6]符合条件的所有个人和合伙均可以提出破产申请。

澳门破产法亦采用一般破产主义，但在词语上的破产仅指商业主体，而对于非商业主体，其资不抵债的状况则会被宣告为无偿还能力。[7]以不

---

〔1〕 文秀峰：《个人破产法律制度研究——兼论我国个人破产制度的构建》，中国人民公安大学出版社2006年版，第28页。

〔2〕 [日]谷口安平主编：《日本倒产法概述》，佐藤孝弘、田言等译，中国政法大学出版社2017年版，第234页。

〔3〕 《德国破产法》第304条规定的消费者破产程序和其他小型破产程序的适用主体范围包括：(1)债务人为不从事或不曾从事独立经济活动的自然人的，以本章中未作出另外的规定为限，对破产程序适用一般规定。债务人曾经从事独立经济活动的，以其财产状况简明清晰并且针对该债务人不存在因劳动关系所生的债权为限，适用本款第1句。(2)只在债务人的债权人于提出破产程序申请的时刻少于二十人的情形，方为本条第1款第2句规定的财产状况简明清晰。

〔4〕 文秀峰：《个人破产法律制度研究——兼论我国个人破产制度的构建》，中国人民公安大学出版社2006年版，第28页。

〔5〕 代策：《个人破产制度的构建——以中国香港个人破产制度为例》，载《中国经济报告》2018年第9期。

〔6〕 香港《破产条例》第6条规定，债权人可以就一笔或者多笔到期债务向法院提出破产申请，该到期债务中的某笔债务数额或某几笔债务总额必须大于或等于1万港元或某个已事先约定的金额；该到期债务经过审计确定，并且没有经过抵押；该到期债务存在债务人不能清偿的可能性。第10条规定，债务人只得因其无法清偿到期债务而提出破产申请；在提出破产申请时，债务人应当提交资产负债情况说明书，说明书中应当载明债权人的详情、债务人所负的债务、其他负债的详情、债务人资产的详情以及其他材料；债务人的负债数额不受限制，没有最低债务数额。

〔7〕 唐晓晴：《澳门破产（无偿还能力制度检讨）》，载《财经法学》2015年第3期。

能如期履行债务之债务人是否为商业企业主而规定不同的破产程序，即破产程序和无偿还能力程序双轨并行，是我国澳门地区破产法律制度的一个显著特色。[1]破产程序适用于不能如期履行债务的"商业企业主"[2]，如果非为商业企业主的债务人资不抵债，不适用破产制度，但可宣告其"无偿还能力"[3]。

（3）《个破条例》关于破产能力的规定。《个破条例》第8条第1款规定符合条件的债务人可以向人民法院提出破产申请，包括清算、和解及重整。同时，规定单独或共同持有一定数额债权的债权人可以提出对债务人的破产清算。[4]此外，对于债权人与债务人申请不同的程序时，如债权人申请破产清算，债务人申请重整，人民法院认为符合重整受理条件的，应当裁定受理重整申请。[5]

（4）比较法视野下的破产能力模式思辨。启动破产体现了申请者的权利，债务人的破产申请权是历史发展与破产理念演变的产物。债权人申请破产，亦称非自愿破产，是指债权人在债务人无法清偿到期债务的情形下，提出对债务人的破产申请。而债务人提出破产申请的称为自愿破产。在破产法的发展历史上，个人破产法建立之初的核心价值在于保障债权人的债权得到清偿，为此可依法对债务人施加惩戒措施，债务人的基本权利难以得到保障，在此背景下，"债务人曾长期没有申请破产的权利，只能作为破产程序的客体而存在"[6]。进入近现代社会，破产法摒弃对于债权人利益的绝对保护，向对债权人与债务人利益的衡平保护发展，债务人才开始享

---

〔1〕 马哲：《论澳门破产程序的统一和区分》，载《苏州大学学报（法学版）》2018年第3期。

〔2〕 参见《澳门商法典》第1条规定："商业企业主为：a）以自己名义，自行或透过第三人经营商业企业之一切自然人或法人；b）公司。"

〔3〕 参见《澳门民事诉讼法典》第1185条第1款规定："非为商业企业主之债务人财产内之资产少于负债时，得宣告该债务人处于无偿还能力之状况。"

〔4〕 《个破条例》第9条。

〔5〕 《个破条例》第106条第3款。

〔6〕 刘正林：《试论我国破产程序启动机制的不足与完善》，载《武汉职业技术学院学报》2005年第1期。

有破产申请权。[1]因此，债务人特别是作为非商人的自然人的破产申请权并不是从来就有的，是经济社会发展到一定历史阶段与个人破产法理念的不断演变相契合的产物。

立法赋予债务人破产申请权具有重要意义，不仅可以满足债务人破产免责的需求，还可以鼓励债务人积极配合，保证破产程序的顺利进行。一方面，债务人最了解自身的经济状况与财务情形，对于所拥有的资产价值有最充分的认识，在进入破产程序后可以及时、有效地整合资源通过市场进行重新配置；另一方面，债务人申请破产得到法院认可受理的前提要求是债务人向债权人公开其财产状况，有利于债权人知情权的实现。另外，债务人享有破产申请权，可以鼓励债务人依照法定程序将财产公平地清偿予债权人。[2]

之所以将破产主体资格严格限定为商人，仅赋予商自然人破产资格，与早期认为经商风险属于商人身份范围内的风险且难以避免的观念有关。[3]但是随着现代社会的发展，作为拉动经济增长"三驾马车"之一的消费发挥着越来越重要的作用。美国的经济很大一部分来源消费，而其个人由于消费过度导致破产的案件呈现不断增长的态势。[4]欧洲各国在拉动经济增长方面，同样对消费寄予厚望，因此消费者破产曾经一度成为个人破产的主旋律。中国的信贷业起步较晚，但近年来，随着各项支持、鼓励消费政策的出台，与欧美国家限制、规范消费信贷相比大有无序泛滥之势，大量的消费者个人出现资不抵债的情况。在美国的破产程序中，无论是第11章的商事重整还是第13章的个人债务整理，都没有进行明确的身份区

---

〔1〕 王欣新：《破产法》，中国人民大学出版社2019年版，第53-54页。

〔2〕 韩长印主编：《破产法学》，中国政法大学出版社2016年版，第46页。

〔3〕 See William Blackstone, Commentaries on the Laws of England, Book II, Child & Peterson, Philadelphia, 1860, Chapter 81, p.473-474.转引自［英］费奥娜·托米：《英国公司和个人破产法》（第2版），汤维建、刘静译，北京大学出版社2010年版，第9页。

〔4〕 See W.W.McBryde, A. Flessner and S. C. J.J. Kortmann, Principles of European Insolvency Law, Kluwer Law, 2005.

分，所有的个人均可适用这两个程序。在经济全球化、经济一体化的今天，市场主体之间的交易越来越频繁，市场主体的身份转换越来越频繁。今天以商人的身份出售自己的产品，明天就需要以消费者的身份购入他人生产的产品。因此，严格界定商人与消费者的身份不仅存在极大的难度，也没有任何现实的必要。尽管一些国家或地区的个人破产制度中仍然使用消费者，或直接定义为消费者破产法，但从事商事经营活动的商人依然可以适用。比如，我国台湾地区有关消费者债务清理的规定，既适用于消费者，也适用于从事小规模营业活动的个人。

综合各国或地区破产能力的比较分析可以发现，商人破产主义模式已经完成了其历史使命，随着时代的发展已日渐衰落，被大多数国家所抛弃。〔1〕而一般破产主义由于契合了社会经济发展的需求，已经成为个人破产立法的发展趋势，具有旺盛的生命力，代表着个人破产法发展的方向。〔2〕

在具体操作层面，有的国家规定债权人、债务人均可以申请债务人适用本国破产法规定的所有程序，包括清算型程序和预防型程序，如日本〔3〕、德国〔4〕。另外，在债权人提出破产申请时，应证明其债权之存在以及破产原因的存在具有可信性。而针对债权人申请债务人破产的情形，英国

〔1〕 刘黎明：《回应与前瞻——"统一破产法"若干问题研究》，载《法商研究》2005年第1期。

〔2〕 汤维建：《关于建立我国个人破产制度的构想（上）》，载《政法论坛》1995年第3期。

〔3〕《日本破产法》第18条规定："债权人或者债务人，可以申请破产程序的开始。债权人申请破产程序的开始时，必须证明其债权的存在以及作为破产程序开始的原因的事实。"《日本民事再生法》第4条规定："本法规定的再生程序开始的申请，债务人为个人的，日本国内有营业所、住所、居所或者财产时才能提出；债务人为法人及其他社团、财团的，日本国内有营业所、事务所或者财产时才能提出。依照民事诉讼法的规定可以提出诉讼请求的债权，视为日本国内的债权。"第5条第8款规定："不论第一款和第二款规定，再生债权人数为五百人以上的，可以向对第一款和第二款规定的管辖裁判所所在地享有管辖权的高等法院所在地地方法院申请再生程序的开始。"第5条第9款规定："不论第一款和第二款规定，再生债权人数为千人以上的，可以向东京地方裁判所或者大阪地方裁判所提起再生程序开始的申请。"

〔4〕 参见《德国破产法》第13条第1款规定：债权人可以申请债务人破产。其债权人的范围非常广泛，原则上取回权人和别除权人都可以成为这里所要求的债权人。对于该制度，主要限制是要求申请人对破产程序的开始具有"法律上的利益"。除此之外，不得提出破产申请的情形还包括：(1) 当事人有更简单、快捷、经济的法律救济手段。(2) 破产申请并不能使申请人的法律地位获得好的转变。(3) 申请人试图通过破产申请追求与破产无关的目标。

《1986年破产法》第267条第1款规定，债权人的申请必须与债务人所欠的一项或多项债务有关，提出申请的债权人或共同申请中的每一位债权人必须是债务人所欠债务或者是至少其中一项债务的债权人。[1]

有的国家规定，债权人只能申请启动清算型程序，预防型程序仅能依债务人自身的申请而启动。如美国。根据《美国破产法》第303条（a）的规定，债权人不得强制提起第13章破产申请，并根据第706条（c）、第707条（b）（1）、第1112条（d），除经债务人本人请求外，也不得将案件转换至第13章程序。[2]个人债务人对是否适用第13章程序享有绝对的选择权。此外，《美国破产法》第109条（e）对得以适用第13章破产程序的个人债务人的范围作出规定："有固定收入的自然人，在破产申请提交之日，所欠的无条件的、清算的、无担保的债务不足25万美元并且无条件的、清算的、担保的债务不足75万美元；或者除股票经纪人、商品经纪人之外的有固定收入的自然人或其配偶，在破产申请提交之日，所欠的无条件的、清算的、无担保的债务总计不足25万美元并且无条件的、清算的、担保的债务不足75万美元。"《个破条例》基于破产重整与和解需要债务人密切配合的考量，亦采取了这样的规定。只有债务人能申请破产重整或和解，债权人仅就破产清算程序享有申请权。这样的规定有利于程序的顺利推进，而非对债权人的破产申请权予以特别限制。

澳门破产法继承了葡萄牙破产法的一大特色是检察院在破产程序中始终扮演着重要的角色，起着重要的监督作用。根据澳门破产法的规定，检察院自始至终参与并对破产程序行使广泛的监督和决定权，检察院有权申请债务人破产。[3]

---

〔1〕 徐阳光：《英国个人破产与债务清理制度》，法律出版社2020年版，第81–86页。

〔2〕 ［美］查尔斯·J.泰步：《美国破产法新论》（下册），韩长印、何欢、王之洲译，中国政法大学出版社2017年版，第1324页。

〔3〕 刘静：《个人破产制度研究——以中国的制度构建为中心》，中国检察出版社2010年版，第69页。

《个破条例》吸收了域外国家和地区的相关规定，考虑现代社会随着交往的增多，跨地、跨境经济交流频繁，个人流动性加大，户籍对于社会经济本身的意义逐渐弱化等原因，选择了“居住+连续缴纳社保”的模式，可以有效预防和避免全国各地有个人破产需求的债务人可能到深圳寻求个人破产救济，从而引发个人破产“爆炸”问题。之所以作出这样的规定，一方面与《民法典》《民事诉讼法》关于民事主体和管辖标准保持一致，以经常居住地在深圳的自然人为适用对象；另一方面不仅要求经常居住地在深圳，还需要连续缴纳满3年的社会保险，如此规定可以证明该债务人在一定年限内的主要财产关系较为稳定地位于深圳特区，且与其相关的财产登记、社会保障等信息已基本完善，能够确保债务人充分参与个人破产程序，进而全面提升个人破产程序的参与度。“社会保险连续缴纳满3年”指的是在债权人或债务人申请破产之日的时点进行计算，债务人在深圳特区连续缴纳社会保险已满3年，债务人在历史上不连续缴纳社会保险的时间不能合并计算。此外，连续3年缴纳社会保险的规定，不必包含全部的社会保险类型，只要具备养老保险、医疗保险、失业保险三种基本的社会保险类型之一即可。

《个破条例》赋予债权人申请债务人破产的权利，并通过对持有债权额加以规定的方式避免破产程序的滥用。《个破条例》规定债权人只能申请对债务人进行破产清算，且单个债权人持有的或多个债权人共同持有的到期债权额达到50万元以上，才可以单独或共同申请债务人破产清算，以避免债权人滥用破产程序。此处的“到期债权”应理解为广义上的债权，包括借贷、租金、买卖价款、享有担保物权保障的债权等民事债权类型，以及税收债权等含公法因素的破产债权，而不论该债权是否已经过生效裁判确定，或者是否已进入执行程序，债权人提供合法的到期债权依据即可予以认定。“到期”的时间节点可以理解为不仅包括全部债权到期，也指涉分期履行情况下，部分债权到期的情形。此外，“五十万元以上”的债权额包括债权本金及其利息、违约金、损害赔偿金等相关项目，而不应包括诉讼费、保全费、律师费等由于实现债权所衍生出的费用成本。

通过对各国或地区关于个人破产能力不同规定的比较分析发现，早期主要采取商人破产主义，而随着社会经济的发展，一般破产主义模式已经成为主流趋势。此外，在具体操作层面，不同国家或地区根据各自的实际，或规定债权人、债务人均可以申请不同的破产程序，或对债权人的程序选择权作出限定，或突破当事人主义的束缚赋予相应国家机关破产能力。《个破条例》借鉴了大多数国家或地区的做法，赋予债权人、债务人的破产能力，但同时对于债权人进行了选择限制，即仅可以提出破产清算程序，此外采取了严格的当事人主义破产能力模式。在未来制定个人破产法时，可以借鉴其他国家或地区的做法，根据中国目前“大众创业，万众创新”的实际，采取一般破产主义模式，无论其是商人、消费者还是农民，皆享有申请破产的权利。同时，赋予法院在必要时，可以依职权宣告债务人破产的权力。特别是对于个人执行不能案件的退出，如果债务人以及债权人都不愿意启动破产程序，法院对于被执行人确无财产可供执行的终本程序案件，应当有权将其转入破产程序。此外，在国内逐步推进检察监督职能的大背景下，完全可以借鉴我国澳门地区的制度，赋予检察机关在特定情形下申请债务人破产的权力。

（二）比较法视野下的个人破产程序选择

早期的破产立法以绝对的债权人利益保护为本位，采取的是破产有罪、破产惩戒主义、破产不免责的原则，债务人往往因为破产而一蹶不振。[1]但此后随着经济的发展以及立法理念的不断转变，各国或地区纷纷进行破产改革，从单一的对于债权人的保护转向对债权人、债务人以及社会公共利益的衡平保护，实现了从破产有罪、破产惩戒、破产不免责向破

〔1〕 吴长波：《变革中的破产法——理论与实证》，知识产权出版社2012年版，第13页。

产无罪、破产不惩戒、破产免责的转变，与之相适应的是清算、和解、重整程序三足鼎立的局面逐步出现。清算型破产是指传统意义上的破产，是以清算为唯一目的的破产。预防型破产是指现代意义上的破产，是以预防为目的的破产，预防型破产彻底改变了破产法"破产清算"的单一形态，丰富了破产制度的内涵，也极大地激发了债务人利用破产实现自我救赎的积极性主动性。〔1〕

（1）清算型破产程序。破产清算程序是指在债务人陷于不能清偿债务的情形时，将债务人除豁免财产外的所有破产财产进行清理分配，对所有债权人的债权进行公平的清偿，并免除未清偿债务以实现债务人重生的程序。〔2〕

在个人破产制度建立的最初阶段，破产清算基本上就等同于破产。破产清算程序最早出现的目的在于将债务人的财产在所有债权人之间进行平等清偿，并不存在余债免除问题，因而债务人往往采取各种措施避免被清算。〔3〕随着现代个人破产制度的不断发展完善，清算程序在实现对破产人财产处置分配的同时，还需要最大限度地考虑破产人的生存与发展，在其有限的财产范围内要留出维持破产人及其抚养（扶养）人的生活必需的豁免财产。同时，对于诚实的债务人，在清算程序结束后经过一定时间的良好行为期考察后，可以免除剩余债务的清偿。美国的个人破产清算程序规定在破产法第7章之中，债权人与债务人均可以提出申请。该程序主要包括：启动破产程序；查找、处置、分配破产财产；确定是否对未清偿债务予以免责。〔4〕英国的个人破产程序主要包括三种形式：个人自愿整理、郡法院的管理令以及破产令。其中破产令即是适用于个人的破产清算程序。按照《英国破产法》的规定，破产清算程序仅适用于个人，当个人无法清偿到期债务，出现支付不能的状态时，可以依法申请破产清算，取得破产令，并可

---

〔1〕 汤维建：《谈破产救济》，载《法律科学》1994年第6期。

〔2〕 陈计男：《破产法论》，三民书局2004年版，第10-11页。

〔3〕 汤维建、胡守鑫：《个人破产制度构建的难点与对策研究》，法律出版社2022年版，第29页。

〔4〕 刘静：《个人破产制度研究——以中国的制度构建为中心》，中国检察出版社2010年版，168页。

以依法获得免责。[1]德国的个人破产程序分为适用于消费者的特殊破产程序与适用于其他个人破产的标准程序。其中，消费者破产程序又分为司法内与司法外和解两种程序。司法程序包括债务清理计划和破产清算两种程序。个人破产标准程序包括重整计划、自愿安排与破产清算三种程序。[2]

（2）和解型破产程序。破产和解是指债务人在不能清偿到期债务时，为了避免破产清算的发生，提出债务和解计划，与债权人协商并达成一致，最终法院对协议予以认可并发生法律效力的法律程序。[3]其最早出现于1883年的比利时，此后德国、法国、西班牙、日本等大陆法系国家纷纷效仿制定和解制度。[4]破产和解制度的出现对清算起着积极的补偏救弊的功效。[5]英美法系国家不存在法庭内的和解程序，但英国破产法中有类似的“自愿安排”程序以及英美的替代性纠纷解决机制（ADR）。

英国《1986年破产法》第8编规定的个人自愿安排制度具有一定的和解性质。个人自愿安排是指债务人与债权人之间经过充分的自主协商，达成自愿还款安排，债务人需要在全体债权人会议通过后严格履行，旨在保护债权人债权实现的前提下，助力债务人尽快摆脱财务困境。[6]虽然英国的个人自愿安排在具体的制度内容上与《个破条例》所规定的和解有所差异，但仍体现了债权人与债务人的协商一致原则，与和解在本质上有相似性。

1922年，日本以奥地利和解法为蓝本制定了单独的和解法，将原有的“协谐契约”修改为“强制和解”，同时规定了破产外和解制度，并于次年开始实施。[7]日本的特定调解程序与破产法规定的和解也具有相似性。

---

〔1〕 徐阳光：《英国个人破产与债务清理制度》，法律出版社2020年版，第80页。

〔2〕 刘静：《个人破产制度研究——以中国的制度构建为中心》，中国检察出版社2010年版，第156页。

〔3〕 陈计男：《破产法论》，三民书局2004年版，第6页。

〔4〕 刘静：《个人重整程序与个人破产和解程序的识别》，载《法制与经济（下旬刊）》2010年第1期。

〔5〕 郭兴利：《赋予个人破产能力：观念变革与国际惯例的双重视野》，载《求索》2008年第11期。

〔6〕 徐阳光：《英国个人破产与债务清理制度》，法律出版社2020年版，第134页。

〔7〕 徐立志：《日本倒产处理中的和解制度》，载《外国法译评》1997年第4期。

1999年12月，日本出台了《促进调整特定债务等的特定调解相关法律》，规定了特定调解，将调解引入破产程序之中。特定调解既具有破产程序对债权债务集体处理的特性，也带有调解制度中最大程度尊重当事人意思自治的特征，属于完全和解型的程序。[1]特定调解依“特定债务人”的申请而启动，其目的在于通过对债务人所欠债务的调整，促进可能导致破产的债务人等的经济复兴。

我国台湾地区关于破产法规定仅明确了清算以及和解两种程序。

（3）重整型破产程序。破产和解与重整体现的都是对于破产的预防功能，破产和解更多地强调对于债权人意思的尊重，而重整程序则强调法院的干预监督。[2]

《美国破产法》第11章以及第13章属于重整式清偿，其赋予债务人自由选择破产程序的权利，但对于适用第13章的债务人的收入及负债数额提出了明确的限定。[3]对于债务人提交的重整方案，法院依职权进行充分审查后无须征得债权人的同意即可裁定批准，而债务人只要遵守法律的相关规定并按照重整计划履行完毕，其尚未清偿的债务即可免除。但《美国破产法》过分强调对于债务人的保护，重整方案并没有对最低法定清偿率作出明确的限制。为解决这一问题，美国国会在1984年提出了“预期可支配收入”原则。[4]

日本于1999年创设了再建型倒产处理程序，弥补了和解法的不足。

---

〔1〕［日］山本和彦：《日本倒产处理法入门》，金春等译，法律出版社2016年版，第27–28页。

〔2〕付翠英编著：《破产法比较研究》，中国人民公安大学出版社2004年版，第13页；郭兴利：《赋予个人破产能力：观念变革与国际惯例的双重视野》，载《求索》2008年第11期。

〔3〕按照《美国破产法》的规定，适用第13章的债务人，必须是具有固定收入的个人，且所负债务总额为无担保债务总额约在25万美元以下，担保债务总额约在75万美元以下。

〔4〕即债务人在合理委付期间必须将超出生活支出的每一分钱都用于对无担保债权人的清偿。针对“预期可支配收入”原则从先前按照“当前月的收入”的计算方式，经由Hamilton v. Lanning 案发展出“着眼于未来”的计算方式，即更多关注当前可以确定或者预测的未来收入，反映了美国更为注重个案的实质公平。参见［美］查尔斯·J.泰步：《美国破产法新论》（下册），韩长印、何欢、王之洲译，中国政法大学出版社2017年版，第1347页。

2004年完成破产法自1952年以来最大的一次修订，对再生计划的通过进行了明确。[1]

(4)《个破条例》规定的破产程序模式。《个破条例》对于清算、和解、重整三种程序均作了规定。[2]比如，债务人可以依照条例的规定直接向人民法院申请和解。[3]在人民法院裁定受理破产清算申请后，经债务人或者债权人申请，人民法院认为有和解可能的，应当裁定转入和解程序。[4]

重整程序要求债务人必须有未来可预期的收入。[5]当债权人与债务人提出适用不同的破产程序时，如人民法院受理债权人的破产清算申请后，债务人提出申请重整的，人民法院认为符合重整受理条件的，应当裁定转入重整程序。[6]进入重整程序后，重整计划草案未获债权人会议通过或者已经通过但法院未予批准的，应当裁定终结重整程序。此时，经债务人或者债权人申请，人民法院认为应当宣告债务人破产的，可以裁定对其进行破产清算。[7]如果在重整计划执行过程中，债务人不执行或者不能执行，或者债务人存在欺诈行为的，经债权人申请，人民法院应当裁定终止重整计划执行，并宣告对债务人进行破产清算。[8]

(5)比较法视野下的破产程序模式思辨。清算型破产是指传统意义上的破产，是以清算为唯一目的的破产。预防型破产是指现代意义上的破产，是以预防为目的的破产，二者之间的界分起于1883 年比利时颁布的《预防破产之和解制度》。[9]从比利时首创破产和解制度，到欧洲大陆国家纷纷效

---

〔1〕 日本的个人小规模再生程序，再生计划的同意需要表决权者1/2以上或表决权债权额1/2以上没有不同意即可。对于给予所得者等再生程序，再生计划则无须债权人同意，只要法官批准即可。参见吴长波：《变革中的破产法——理论与实证》，知识产权出版社2012年版，第14页。

〔2〕 《个破条例》第8条第1款。

〔3〕 《个破条例》第133条。

〔4〕 《个破条例》第134条。

〔5〕 《个破条例》第106条第1款。

〔6〕 《个破条例》第107条。

〔7〕 参见《深圳经济特区个人破产条例》第122条。

〔8〕 参见《深圳经济特区个人破产条例》第130条。

〔9〕 汤维建：《破产概念新说》，载《中外法学》1995年第3期。

法，彻底改变了破产法“破产清算”的单一形态，不仅丰富了破产制度的内涵，也极大地激发了债务人利用破产实现自我救赎的积极性主动性。[1]和解与重整在功能方面有重合亦有不同，和解可以是债权债务双方达成即时财产分配协议，也可以形成一定期限内的清偿计划；而重整则不能以达成即时财产分配为内容，重整计划必须包含未来一定期限内的清偿计划。[2]

现代国家随着破产立法理念的转变，普遍实行破产无罪原则，竞相标榜破产不惩罚主义。[3]不惩罚主义是指破产程序只针对债务人的财产，对债务人的人身不予私法或公法上的限制。随着社会经济的发展，特别是人权保障观念受到越来越多的重视，各国的个人破产法逐步实现了以不惩罚主义为原则、惩罚主义为例外的立法理念的转变。[4]但实际上破产惩罚的影响并没有完全消失，从各国破产立法中失权制度的确立与发展便可窥其一二。[5]从此以后，破产制度的保障功能“开始由单纯的债权人利益向债务人利益方面倾斜”[6]。但由于和解只是减少债务清偿的数额，或者延期偿还债务，并没有从根本上赋予破产人重生的能力。[7]为了从根本上解决这一问题，1925年的《英国公司法》规定了重整制度，随后这一制度在美国、日本等国得到了普及和发展。[8]从非自愿破产到自愿破产的转变，以及和解、重整制度的接续出现，破产法理念完成了由对债权人的绝对保护到债务人拯救的历史转变。[9]

为了保障和解程序中债权得到清偿，各国和解法普遍对清偿率进行了规定。如《德国和解法》第7条规定，一般情况下，债务人要对债权进行最

〔1〕 汤维建：《谈破产救济》，载《法律科学》1994年第6期。
〔2〕 刘静：《个人重整程序与个人破产和解程序的识别》，载《法制与经济（下旬刊）》2010年第1期。
〔3〕 陈计男：《破产法论》，三民书局1980年版，第266页。
〔4〕 李永军主编：《商法学》，中国政法大学出版社2004年版，第552-553页。
〔5〕 刘敏溪：《论个人破产中的失权制度》，载《商品与质量》2011年第8期。
〔6〕 汤维建：《破产概念新说》，载《中外法学》1995年第3期。
〔7〕 汤维建：《破产概念新说》，载《中外法学》1995年第3期。
〔8〕 顾芳芳：《破产法立法价值嬗变之考察——从历史演进的角度》，载《改革与开放》2013年第6期。
〔9〕 顾芳芳：《破产法立法价值嬗变之考察——从历史演进的角度》，载《改革与开放》2013年第6期。

少35%的清偿；如果清偿期间达到一年以上的，清偿率不得低于40%；如果超过40%的清偿率，可以要求一年半的清偿期。日本规定了比较系统的和解制度，涵盖了破产程序内的和解以及程序外的和解。但由于没有关于和解最低清偿率的要求以及和解方案通过需要占一定比例的债权人同意，因此实践中出现了诸多困难，导致制度运行不畅，和解程序适用率在更多的时间内不足10%。[1]

《美国破产法》第11章商事重整程序一般适用于企业的破产重整，但该程序并不限制个人的适用。第13章规定重整方案无须债权人同意，主要基于社会公共政策目标的考量，确保破产人与公共利益有关的权益得到最低限度的公平保护。

大陆法系国家以多数债权人同意为重整计划通过的要件，英美法系国家则采取听证的方式，充分听取债权人对重整计划的意见和建议，然后由法官作出是否通过的决定。从《个破条例》的规定来看，显然是吸收了两大法系的优点，首先由多数债权人表决通过，再由法院进行审查决定批准。

随着重整程序的出现以及迅速发展，和解制度被质疑为是一个成本高昂、缺乏实效、操行性不强的制度。[2]受这种思潮的影响，德国1999年开始实施的新破产法彻底废止了施行近百年的《和解法》。日本在2005年的破产法改革中，同样废止了施行几十年的《和议法》。尽管1999年《德国破产法》第305～306条规定了“诉讼外和解”的程序，但其仅作为消费者破产与其他小型破产程序的一个前置条件而存在。在如今德国、日本的破产法体系中，和解已经不再是一个独立的程序，而大多数国家的司法内个人破产程序已经从清算与和解的二元程序转换为清算与重整的二元程序。[3]此外，和解与重整之间存在诸多的共性，如债权人与债务人必须就清偿方

---

〔1〕 徐立志：《日本倒产处理中的和解制度》，载《外国法译评》1997年第4期。

〔2〕 刘静：《个人重整程序与个人破产和解程序的识别》，载《法制与经济（下旬刊）》2010年第1期。

〔3〕 刘静：《个人重整程序与个人破产和解程序的识别》，载《法制与经济（下旬刊）》2010年第1期。

案达成一致意见，清偿方案都需要经过法院批准，并且双方必须按照清偿方案履行各自的义务，有效避免破产清算的效果等。[1]因此，笔者认为，和解完全可以置于破产程序外作为一个前置程序，而不必作为一个独立的破产程序而存在。

在个人重整程序的适用方面，各国也作了不同的规定。如日本按照适用主体不同，进一步细分为一般个人、小规模个人、住宅贷款人和所得者再生四种不同的程序。德国区分消费者、消费者以外的个人以及自行管理三种不同的程序。英国的个人破产程序则包括了个人自愿整理、郡法院的管理令两种不同的程序。[2]美国的重整程序区分为有固定收入的个人、家庭农场主以及适用于所有个人的商事重整程序。[3]

我国台湾地区关于破产的规定仅明确了清算与和解两种程序。[4]有学者认为，重整程序耗资大、时间长，只是美国、法国等少数国家将其适用于个人，而更多的国家或地区将重整仅适用于企业法人，因此，我国应当只对个人破产设置清算与和解两种程序。[5]此观点与我国台湾地区现在的规定相吻合。亦有支持该观点的学者指出，重整程序意在通过对企业资产进行重组、整合等形式实现企业再生，并不适用于个人。[6]

纵观世界各国或地区的个人破产程序选择，有清算与和解型，如我国台湾地区；有清算与重整型，如德国、日本；有清算、和解与重整型，如美国。程序之间自有差异，各国或地区根据各自情况之不同作出不同的选择。作为和解程序加强版或言之升级版的重整程序，已经能够涵盖和解的

---

〔1〕 刘静：《个人重整程序与个人破产和解程序的识别》，载《法制与经济（下旬刊）》2010年第1期。

〔2〕 刘静：《个人重整程序与个人破产和解程序的识别》，载《法制与经济（下旬刊）》2010年第1期。

〔3〕 付翠英编著：《破产法比较研究》，中国人民公安大学出版社2004年版，第13页。

〔4〕 陈计男：《破产法论》，三民书局2004年版，第5页。

〔5〕 文秀峰：《个人破产法律制度研究——兼论我国个人破产制度的构建》，中国人民公安大学出版社2006年版，第101页。

〔6〕 胡泽恩：《论破产法中的和解与整顿——兼评我国企业破产法中的和解与整顿》，载《政治与法律》1989年第6期。

优势，并且破解了和解需要全部债权人同意清理计划的弊端，采取多数决的形式，可以极大地保障清理计划通过的概率。特别是对于个人执行不能案件而言，执行程序中很多案件经过执行和解，而最终没有得到切实有效的执行。从《个破条例》的试点来看，和解所占比例很小，主要原因在于和解计划很难得到债权人的同意致使未能获得通过。因此，笔者认为，将来在制定个人破产法时，可以将和解程序作为庭外之个人债务清理的一种选择，而只将清算与重整纳入正式的个人破产程序之中。此外，《美国破产法》第13章规定的债务人提交的重整方案债权人无权参与表决一节，极大地提高了重整方案通过的比率，维护了债务人的利益，值得在以后的个人破产法构建过程中予以考虑。

（三）比较法视野下的豁免财产选择

豁免财产是指在个人破产程序中，通过法律的特别规定，将为了保障债务人及其扶养人正常生产生活的财产，排除出破产财产的范围，债务人及其扶养人可以自由支配的财产。[1]申请豁免财产必须是“一个真正的、有生命的、可以呼吸的、自然的人，”[2]法人或者非法人经济实体等都不能成为豁免财产的主体。但豁免财产不仅保护破产人本人，效力还及于需要破产人赡养或者扶养的人。目前，个人破产制度发展比较成熟的国家（或地区）对于豁免财产范围的界定，主要采取概括式与列举式两种方式。[3]

（1）概括式豁免财产。对豁免财产的范围以概括式进行界定的，以德国、日本、英国等国家以及我国台湾地区为代表。通常只对不能扣押的财

---

〔1〕 胡利玲：《论个人破产中豁免财产范围的确定》，载《经贸法律评论》2019年第4期；徐阳光、陈科林：《论个人破产立法中的自由财产制度》，载《东方论坛》2020年第3期；刘静：《个人破产制度研究——以中国的制度构建为中心》，中国检察出版社2010年版，第209页；代策：《个人破产制度的构建——以中国香港的个人破产制度为例》，载《中国经济报告》2018年第9期。

〔2〕 ［美］大卫·G.爱泼斯坦、史蒂夫·H.尼克勒斯、詹姆斯·J.怀特：《美国破产法》，韩长印等译，中国政法大学出版社2003年版，第594页。

〔3〕 徐阳光、陈科林：《论个人破产立法中的自由财产制度》，载《东方论坛》2020年第3期。

产作出限制，明确这些财产不属于破产财产，但并不一一列举。

《德国破产法》规定的豁免财产主要包括：(1)不受强制执行的标的，不属于破产财产；(2)依照《德国民事诉讼法》第811条第1款第4项和第9项不受强制执行的物；[1](3)属于常用家用器具且为债务人在家庭事务中使用的物，以其变现显然只取得与其价值极其不成比例的价金为限，不属于破产财产。[2]

根据日本现行法律规定，豁免财产主要包括三大类：一是破产程序开始后取得的特定财产。破产程序开始后，破产人基于劳动获得的报酬及程序开始后因近亲属死亡获得的遗产不属于破产财产。[3]二是法律明确禁止扣押的财产。[4]不得扣押的财产主要包括《日本民事执行法》第131条规定的禁止扣押的动产[5]和第152条规定的禁止扣押的债权[6]，以及其他法律

---

〔1〕 主要指供债务人个人使用或维持债务人家庭生活所用之物，特别是衣服、床上物品、家具与炊事用具。

〔2〕 李飞主编：《当代外国破产法》，中国法制出版社2006年版，第26页。

〔3〕 [日]山本和彦：《日本倒产处理法入门》，金春等译，法律出版社2016年版，第60页。

〔4〕 《日本破产法》第34条第3款规定："不得扣押的财产不属于破产财团。"

〔5〕 《日本民事执行法》第131条规定："以下各款规定的动产，不得进行扣押：(1)债务人等生活所必需之衣服、卧具、家具、厨房用品、榻榻米及门具；(2)债务人每月生活所必需之食品及燃料；(3)标准家庭两个月的必要生活费，具体金额由(内阁所发)政令规定；(4)对于主要靠自己劳力经营农业者，其农业生产中必要之器具、肥料、劳逸用家畜及饲料，以及在下次收货前继续农业所必需的种子和其他类似的农产品；(5)对于主要靠自己劳力经营渔业者，其捕捞或养殖水产所必需之渔网及其他渔具、饲料、鱼苗等水产品；(6)对于技术人员、工匠、劳务人员等主要以自己的知识或劳力从事职业或经营者(前两款规定的人员除外)，其业务所必需的器具及其他物品(商品除外)；(7)职业或生活所必需之正式印鉴或其他印鉴；(8)佛像、牌位和其他在礼拜或祭祀中直接供奉所必需之物品；(9)债务人必要之家谱、日记、商业账簿及其他类似的文件；(10)债务人或其亲属所获得的勋章或其他表彰荣誉之物品；(11)债务人等在学校或其他教育场所中学习所必需之文件及用具；(12)尚未公开的发明或著作类物品；(13)债务人等必需之义肢或其他身体辅助用品；(14)对于建筑物或其他构筑物，为了防灾或安保而根据法令规定所必须安装的消防器械、避难器具及其他物品。"

〔6〕 《日本民事执行法》第152条规定："以下各款规定的债权，相当于其在清偿期所应受偿之给付的四分之三的份额(其金额超出政令所规定的标准家庭必要生活费用之金额的，以政令规定的金额为准)，不得扣押：(1)债务人为维持生活，而从国家及地方公共团体以外的人处获得持续性给付的债权，(2)薪金、报酬、基本工资、退休金和奖金，以及具备此类性质的债权。其中，对于退休金及具备该种性质的债权，相当于该债权四分之三的份额不得扣押；债权人请求实现前条第一款各项规定之金钱债权(以支付金钱为目的之债权)时，前两项中规定的'四分之三'变更为'二分之一'。"

规定的扣押禁止财产。如公共保险的补偿金债权、生活保护支援金、精神损害赔偿金等。[1]三是基于高成本而被破产管理人从破产财团中放弃的财产。[2]《日本破产法》第78条规定，破产管理人有义务将属于破产财团的财产变现为分配给债权人的资金，但作为例外，管理人经法院许可后，可以放弃部分财产。例如，采用各种手段将财产变现后得到的变价款较少，且变现成本过高的财产，如附担保权的财产或超额担保财产等，以及即便变现也不能显著增加可用于分配的价款，而保管该类财产成本又较大的，为降低成本，管理人可以将这部分财产从财团中放弃，这类被放弃的财产就会变为豁免财产。[3]

英国《1986年破产法》第283条第2款对豁免财产进行了规定。[4]破产人的豁免财产包括工作与生活两个主要的方面：一是破产人在其受雇、商业运用和职业工作中自己使用的，必要的工具、书籍、车辆及其他设备；二是为满足破产人及其家人的基本生活需要而必需的衣物、床上用品、家具、家庭设备及供应品。[5]

我国台湾地区有关破产的规定中明确，专属于破产人本身之权利及禁止扣押的财产，不属于破产财团。此外，台湾地区有关豁免财产的规定散见于有关民事、强制执行等文件中。

(2)列举式豁免财产。以列举方式对豁免财产的范围进行界定的，主要以美国、英国等国家以及我国香港、澳门地区为代表。在具体的法律规定中，将豁免财产的种类进行列举，通常仅包括债务人维持生活的必需品

---

〔1〕［日］山本和彦：《日本倒产处理法入门》，金春等译，法律出版社2016年版，第108-109页。

〔2〕［日］山本和彦：《日本倒产处理法入门》，金春等译，法律出版社2016年版，第108页。

〔3〕［日］山本和彦：《日本倒产处理法入门》，金春等译，法律出版社2016年版，第110页。

〔4〕英国《1986年破产法》第283条第2款规定，"以下财产不属于破产财产：a.破产人受雇工作、从事商务或者职业必要的工具、书籍、交通工具和其他物品；b.满足破产人及其家庭基本生活需要必要的衣物、床具、家具、家具用品和供给品。"

〔5〕《英国破产法》，丁昌业译，法律出版社2003年版，第213页。

和从事相关工作必不可少的职业工具。[1]此外，还会对特定财产的最高价值作出限制。[2]

《美国破产法》第522条(d)款对豁免财产进行了列举式规定。[3]此外，该法同时规定了管理人可以放弃对于破产财团的累赘财产或对破产财团毫无价值和益处的破产财产的情形。[4]

香港《破产条例》第43条第1款规定："分配于债权人之财产依本条例规定称为破产人财产者，不概括下列各项：(乙)破产人业务上使用之器具暨其本人，家属及同居亲属之必要衣物睡具等，其全部总值不逾三百元者。"此外，香港《破产条例》第43条第2款详细列举了破产财产的例外情形。[5]

澳大利亚对豁免财产的规定主要包括：①以1997年的标准，在年税后收入超过26,399澳元而无供养负担者，破产人可保留一半，余款归入破产

---

〔1〕 胡利玲：《论个人破产中豁免财产范围的确定》，载《经贸法律评论》2019年第4期。

〔2〕 自然人破产处理工作小组起草：《世界银行自然人破产问题处理报告》，殷慧芬、张达译，中国政法大学出版社2016年版，第94页。

〔3〕 参见《美国破产法》第522条(d)款规定："(1)债务人享有总价不超过15000美元的财产利益，包括债务人或其被扶养人作为住所的动产或不动产、债务人或其被扶养人作为住所的合作组织中的财产，或者债务人居住不动产；(2)对机动车拥有的不超过2400美元的利益；(3)不超过400美元的特殊物品或8000美元的家庭陈设物、生活必需品；(4)价值不超过1000美元的珠宝饰物；(5)价值不超过800美元，最多7500美元的其他财产利益；(6)价值不超过1500美元的职业必需品；(7)未到期的人寿保险合同；(8)不超过8000美元的人身保险金；(9)破产人及其家庭成员的健康保健费用、债务人取得社会保险金、失业救济金或者政府提供的物质帮助利益，以及破产人赖以生存的人寿保险金或人身损害赔偿金等。该款(11)项还就可追溯的豁免财产进行了列举式规定：(A)根据刑事受害者赔偿法作出的裁决；(B)因债务人为其受扶养人的个人的非正常死亡而支付的款项，以支持债务人和债务人的任何受扶养人的合理需要为限；(C)根据人寿保险合同支付的款项，该款项在债务人及其任何受抚养人的合理必要范围内，根据债务人的去世日期为受抚养人提供保险；(D)债务人或债务人所依赖的个人因人身伤害而获得的不超过15000美元的付款，不包括疼痛和痛苦或对实际金钱损失的赔偿；或(E)对债务人或债务人现在或过去所依赖的个人未来收入损失的补偿付款，以支持债务人和债务人的任何家庭成员的合理需要为限。"

〔4〕 参见《美国破产法》第554条规定："(a)在通知和听证之后，受托人可以放弃任何难以承受的、对破产财团仅具微不足道的价值或利益的任何破产财团的财产。(b)根据利害关系一方的请求，并且在通知和听证之后，法院可以裁定受托人放弃任何难以承受的、对破产财团仅具微不足道的价值或利益的任何破产财团的财产。"

〔5〕 参见香港《破产条例》第43条第2款规定："(1)破产人在受雇工作、业务或职业中为供其本人使用必须有的工具、簿册、车辆及其他设备项目；(2)为满足破产人及其家庭的基本生活需要而必须有的衣物、寝具、家具、家居设备及供应品；(3)破产人以信托形式为任何其他人持有的财产。"

财产。②必需的衣物和家庭用品，但不包括首饰或古董。③日常生活所需价值5000澳元以下的车辆。如果车辆的价值超过5000澳元的，财产受托人可出售此车，返还破产人5000澳元余款归入破产财产。④总价值不超过2000澳元的仪器、生产工具、书籍等。⑤破产人或其配偶、家人因人身遭受侵害而获得的赔偿。⑥人寿保险带来的不超过破产人养老金数额的收益。⑦政府为荣退军人提供的房屋。⑧政府为农民提供用于生产的资金。⑨破产人基于信托关系以受托人身份管理的财产。[1]

(3)《个破条例》规定的豁免财产。《个破条例》第36条对豁免财产采取了列举式规定模式。[2]同时限定豁免财产的总价值不得超过20万元，具体的标准由深圳市中级人民法院另行制定。此外，条例规定如果对于破产财产的处置无法实现债权清偿之目的的，可以归还债务人。[3]

(4)比较法视野下的破产豁免财产思辨。随着社会的不断发展和破产理念不断转变，债务人的人权保障得到更多的重视，豁免财产应运而生。[4]从各国对于豁免财产的规定可以看出，豁免财产主要体现了几个方面的价值：首先，债务人的生存权离不开豁免财产制度。个人破产是穷途，但不是末路，不能因为个人破产而使其陷入无法生存的境地。豁免财产必须能够保证债务人及其扶养人的基本生活。[5]其次，债务人的发展权离不开豁免财产制度。发展权建立在生存权的基础之上，没有生存权就没有发

---

〔1〕 张卫：《澳大利亚自然人破产法律制度研究》，载《海南大学学报（人文社会科学版）》2002年第2期。

〔2〕 《个破条例》第36条第1款规定："为保障债务人及其所扶养人的基本生活及权利，依照本条例为其保留的财产为豁免财产。豁免财产范围如下：（一）债务人及其所扶养人生活、学习、医疗的必需品和合理费用；（二）因债务人职业发展需要必须保留的物品和合理费用；（三）对债务人有特殊纪念意义的物品；（四）没有现金价值的人身保险；（五）勋章或者其他表彰荣誉的物品；（六）专属于债务人的人身损害赔偿金、社会保险金以及最低生活保障金；（七）根据法律规定或者基于公序良俗不应当用于清偿债务的其他财产。"

〔3〕 参见《个破条例》第88条规定："破产财产因变现费用高于财产价值等原因，不宜进行处置和分配的，经债权人会议表决通过，可以放弃处置并归还债务人。"

〔4〕 李宛笑：《论个人破产制度中的自由财产制度》，载《时代金融》2019年第20期。

〔5〕 胡利玲：《论个人破产中豁免财产范围的确定》，载《经贸法律评论》2019年第4期。

展权。同样，如果没有发展权，生存权也难以持久存续。[1]“允许债务人保有一定财产可以更好地帮助其重新成为创造社会财富的一员。”[2]最后，获得社会保障是现代法治国家赋予公民的权利，缓解社会保障压力离不开豁免财产制度。[3]“社会保障起源于人类生产生活实践，是国家或社会依法通过国民收入再分配手段，防范自然、经济、社会等风险，确保社会成员基本生活的社会保护系统，它通过多元化的社会供给方式满足社会成员的基本生活需求。”[4]社会保障的目的就是让贫困的人的基本生活有所保障，不致或沦落街头，或食不果腹，或病无所医。豁免财产制度的设立，在很大程度上缓解了债务人因破产而可能导致的上述情况的发生。

从各国或地区个人破产的发展趋势看，豁免财产的范围呈现不断扩大的趋势，[5]主要围绕豁免财产的范围界定和财产处置来构建豁免财产制度，注重债权人债权实现与债务人基本人权保障之间冲突的衡平。[6]豁免财产的范围涉及债权人与债务人的利益划分，如果范围宽泛，可以最大限度地保护债务人的生存与发展，但会损害债权人的债权清偿比例；如果范围狭窄，可以有效实现债权的公平受偿，但会影响债务人的生存权益保护。[7]

豁免财产的概括式规定在实践中具有很大的灵活性，便于法官根据具体的案件作出不同的判断；但由于规定缺乏针对性，极易形成债权人以及债务人对某一特定财产是否为豁免财产的争议，不仅会造成案件的把握标准不统一，也会导致案件的久拖不决。[8]例如，日本法明确规定破产宣告后，债务人因通过劳动取得的报酬以及继承取得的财产属于豁免财产，不

---

〔1〕 胡利玲：《论个人破产中豁免财产的构成与限制》，载《东方论坛》2020年第3期。

〔2〕 自然人破产处理工作小组起草：《世界银行自然人破产问题处理报告》，殷慧芬、张达译，中国政法大学出版社 2016年版，第101页。

〔3〕 郑莹：《从传统走向现代：社会保障权司法救济的检省与矫正》，载《法学杂志》2012年第3期。

〔4〕 张姝：《社会保障是社会和谐的基本保障》，载《社会科学战线》2005年第6期。

〔5〕 胡利玲：《论个人破产中豁免财产的构成与限制》，载《东方论坛》2020年第3期。

〔6〕 唐晓雪：《审慎推进我国个人破产法的若干思考》，载《南方金融》2020年第11期。

〔7〕 徐阳光、陈科林：《论个人破产立法中的自由财产制度》，载《东方论坛》2020年第3期。

〔8〕 徐阳光、陈科林：《论个人破产立法中的自由财产制度》，载《东方论坛》2020年第3期。

纳入破产财产的范围。这样可以极大地调动债务人参与生产的积极性，使其尽快融入生产生活之中实现重生。德国则基于最大限度实现债权人债权的考量，采取膨胀主义的原则，将破产宣告后债务人取得的财产纳入破产财产的范围之中。[1]

以列举式对豁免财产进行规定的方式，财产种类比较清晰明确，这种设置方法充分考虑了不同地区不同家庭背景的破产人的特殊需求，给予破产人及其扶养人的基本生活予以充分的保障。由于美国更加侧重对破产人的重生保护，无论豁免财产种类的规定还是价值上限的设置，都采取的是慷慨宽容的态度，这样可以在保障债务人生存权益的前提下，帮助其尽快摆脱债务枷锁，回归正常的生产生活。同时规定了特定财产的价值上限，可以在保障债务人基本生存发展权利的同时，兼顾债权的公平受偿。与美国不同的是，英国虽然同属普通法系国家，但其不仅没有采取美国对于豁免财产列举式的规定，亦没有将房产等纳入豁免财产的范围，与美国强调对于债务人重生保护相比其采取的是更加偏重债权人权益保护的态度。

在法律中设定豁免财产数额上限的做法，最大的优点在于有利于执行标准的把握，但与实际生活中物价不断上涨、基本生活消费不断增加的情况产生一定的冲突，规定的上限往往无法实现对债务人的基本生活保障，更遑论对其重生的激励。针对这种规定带来的不足，美国对于豁免财产价值的标准会随着物价指数的增长每3年做出一次调整。[2]这种方法在对债务人进行最大限度保护的同时，导致债务人除去豁免财产后没有可供分配财产，债权常常无法实现，极易激化双方之间的矛盾。[3]在美国的破产法律中，住宅可以作为豁免财产，但其前提是“仅作为债务人或其被扶

---

〔1〕 韦蔚：《浅析个人破产制度中的自由财产制度》，载《法制与经济》2022年第1期。

〔2〕 胡利玲：《论个人破产中豁免财产的构成与限制》，载《东方论坛》2020年第3期。

〔3〕 自然人破产处理工作小组起草：《世界银行自然人破产问题处理报告》，殷慧芬、张达译，中国政法大学出版社2016年版，第95-96页。

养人住所使用"[1]，并规定了严格的限制，如债务人申请破产前730日内未变更居所，申请破产时至少拥有房产超过1215日，住宅的绝对金额不超过125,000美元等。[2]尽管有学者根据所作的专项调查结果提出，"在我国为债务人保留家庭住宅更容易获得理解和支持"[3]。但通过执行实践，我国已经转变了这一做法，将唯一住宅排除豁免财产的范围，采取给付一定期限的租房补贴。此举在保障债务人基本权利的同时，维护了债权人的权益，得到了社会的肯定与认可。[4]

目前国内尚没有个人破产的立法，但在执行被执行人财产时，最高人民法院明确规定应当为其生活及其扶养的家属保留必要的生活费用和生活必需品。此最低生活保障财产与破产制度中的豁免财产都是基于保障人权的角度，二者有异曲同工之妙。此外，对于群体债务危机的政策性解决与债务免除制度也有类似豁免财产制度的功效。2008年，汶川地震后，大量贷款购买房屋的个人失去了房屋成为负产者，在个人破产制度缺位的情况下，国家用"看得见的手"予以应对，适用核销的方式将本可通过个人破产制度解决的债务危机化解，但这种通过"政策性破产"化解群体性债务危机的方式完全是违背市场规律的。[5]

《个破条例》第36条从正向规定及反向限制两个角度划定了豁免财产的范围。该条第3款对豁免财产的累计总价值上限作出规定。[6]规定豁免财产的总价值上限是贯彻落实必要性原则、适度原则、合理原则的必然选

---

〔1〕［美］查尔斯·J.泰步：《美国破产法新论》（下册），韩长印、何欢、王之洲译，中国政法大学出版社2017年版，第969-972页。

〔2〕［美］查尔斯·J.泰步：《美国破产法新论》（下册），韩长印、何欢、王之洲译，中国政法大学出版社2017年版，第985-990页。

〔3〕郭靖祎：《个人破产立法中的制度规则衔接问题研究》，法律出版社2022年版，第190页。

〔4〕代贞奎、蒲宏斌、何小兵：《居住权保留条件下可执行被执行人唯一住房所有权》，载《人民司法（案例）》2016年第8期。

〔5〕赵万一、高达：《论我国个人破产制度的构建》，载《法商研究》2014年第3期。

〔6〕《个破条例》第36条第3款规定："除本条第一款第五项、第六项规定的财产外，豁免财产累计总价值不得超过二十万元……"

择。由于豁免财产与破产财产之间是“此消彼长”的关系，如果债务人获得的豁免财产范围过宽，将侵蚀破产财产，损害债权人利益。而且豁免财产只是为债务人提供暂时性的帮助，此后债务人仍须继续参加工作获得新财产来偿还债务。另外，若债务人在破产申请前实施财产转换行为，则该条规定可在一定程度上限制其转换额度，要求其实施转换行为后的财产以及原有财产的总价值上限不得超出该标准。此外，该条规定第1款第1项、第2项的具体分项和各分项具体价值上限标准由市中级人民法院另行制定。这是因为，经济社会的复杂性决定了保障权利人生存权与发展权所需之物品及费用的类型多样性，在条文中明确列举具体事项或确定相关标准的做法并不具可行性和必要性，应当交由市中级人民法院根据实际情况另行细化规则，确定标准。豁免财产制度的目的在于保障债务人及其所扶养人的生存权、发展权等基本人权，帮助培养企业家精神，以及缓解社会保障的压力。而《个破条例》第98条规定的放弃对特定破产财产的处置并归还债务人，目的在于实现债权人利益的最大化，避免因特定破产财产的变现而降低破产财产的整体价值，与债务人及其扶养人的基本人权保障无关。

在豁免财产的界定方面，各国或地区根据特有的经济文化传统，特别是考虑本国或地区的社会福利以及保障制度的发展状况，采取了列举以及概括式的规定。列举式可以使债权人清楚了解豁免财产的范围，防止债务人滥用豁免财产权利的可能，有利于法官准确作出豁免财产界定的判断，同时减少由于规定不具体造成的豁免财产确认的争议。采取宽泛的概括式，赋予法官极大的自由裁量权，对于不同案件采取不同的方式，可以具体问题具体分析，更容易实现个案公正。但适用时会遇到理解上的分歧，很容易出现个案的差异。在豁免财产的范围方面，无论采取列举式还是概括式，都会将债务人及其扶养人的生活必需品、维持发展所需的财产以及对于债务人具有重大精神价值和专属性质的财产纳入豁免的范围。在豁免财产的价值方面，或者限定生活必需品总的价值上限，或限定每种豁免财产的价值上限，仅以“必要的”“适当的”作为限制条件，但并未规定明确的价值上限。因此，笔者认为，在国内个人破产立法时，对于豁免财产范围的确定，可以采取全国统一用列举的方式对主要的豁免财产种类进行明确，同时，为了适应经济发展以及各地不同的实际情况，可以概括式方式进行兜底，并且规定出不同种类的豁免财产价值的上限，上限的标准可以参照目前各省每年发布的最低生活标准确定。

（四）比较法视野下的免责制度

破产免责是指在破产清算程序终结后，对诚实的债务人免除其未清偿债务的责任。[1]破产免责立足于债权人与债务人利益的衡平保护，但这一制度“否定了自然人承担无限责任的能力”[2]，实际上是为债务人设置了一种有限责任。[3]但破产免责制度产生之初，其主旨并不在于纯粹地使债务人获益，而是作为激励债务人合作的一种方式，用于最大化债权人的受偿利益。[4]随着时代的发展，破产免责更多地强调债权人的宽容，给予债务人重新开始的机会。

1.比较法视野下的个人破产免责模式。

目前，世界范围内采用破产免责主义的国家或地区，根据破产程序结束后对于债务人无法清偿的剩余债务是自动给予免责，还是需要经债务人的申请并得到法院的准许才能免责，免责模式分为自动免责主义、许可免责主义和混合免责主义三种。[5]

（1）自动免责——美国、我国台湾地区。自动免责是指破产程序终结

---

〔1〕 韩中节、高丽：《破产免责制度立法模式的比较考察及借鉴》，载《法学杂志》2020年第10期。

〔2〕 江平、江帆：《论商自然人的破产能力》，载《现代法学》1997年第4期。

〔3〕 王艳华：《论破产能力的变化——兼论我国破产法的适用范围》，载《求索》2005年第6期。

〔4〕 See Getahun Walelgn Dagnaw, *Consumer Bankruptcy Law for Ethiopia: Lessons from United States and Germany*, Haramaya Law Review, Vol. 3, Issue 1 (Fall 2014), p.6.

〔5〕 戴继翔、王鹤：《破产免责制度的变迁及对我国立法的启示》，载《南京审计学院学报》2009年第4期。

后，破产人无须申请并经法院审查决定即可自动获得免责。[1]美国是采取这一免责模式的代表性国家。《美国破产法》规定，“破产免责的效力是自动产生的，债务人无须采取任何行动就能享有免责的效果”。[2]由此可见，美国的个人破产免责无须提出申请，只要法院没有专门作出拒绝债务豁免的决定即可实现。[3]除非债权人、破产受托人在第一次破产人会议后的60日内提出异议，由法院决定是否免责外，对于破产人的免责自动生效。[4]但1978年通过的破产法又提出了“更生型”的免责政策，旨在对有固定收入的破产人更好地实现债权提供保障。[5]

我国台湾地区亦采取个人破产的自动免责模式，并对债务人实行绝对的免责主义，即“不问为善意的债务人，抑不问为恶意的债务人，凡经调协或破产程序已为清偿者，其未能清偿的部分，应即免责”[6]。该规定虽多有偏颇与疏漏，但经过4次修改一直在台湾地区施行，与2007年颁布的有关消费者债务清理的相关文件共同构成我国台湾地区的破产制度，并均采自动免责主义模式。

（2）许可免责——德国、日本。许可免责是指破产程序终结后，未清偿债务并不自动免除，需要由债务人提出申请，法院依法审查并决定是否予以免除。[7]法国、德国最初要求债务人承担无限清偿责任，主要基于个人财产无限责任制度的规定，体现的是对债权人的绝对保护而无视债务人的

---

〔1〕韩中节：《破产若干立法原则比较研究》，载《经济法论坛》2005年第1期。

〔2〕[美]查尔斯·J.泰步：《美国破产法新论》（下册），韩长印、何欢、王之洲译，中国政法大学出版社2017年版，第1035页。

〔3〕韩中节、高丽：《破产免责制度立法模式的比较考察及借鉴》，载《法学杂志》2010年第10期。

〔4〕桑爱英：《浅议破产免责制度》，载《云南大学学报（法学版）》2010年第1期。

〔5〕[美]查尔斯·J.泰步：《美国破产法新论》（下册），韩长印、何欢、王之洲译，中国政法大学出版社2017年版，第1045页。

〔6〕刘陆民：《评破产法草案初稿》，载《法学丛刊》1935年第5、6期合刊，第25页。

〔7〕韩中节、高丽：《破产免责制度立法模式的比较考察及借鉴》，载《法学杂志》2010年第10期。

"更生"。[1]

1994年修改后的《德国破产法》明确其立法目的就是免除诚实的债务人在破产程序中尚未清偿的债务，从而确立了许可免责制度。[2]直到1999年，德国才开始采取了免责主义。[3]但许可免责并不意味着立即获得免责，在宣告破产后，还要经过为期6年的托管阶段，只有在此期间严格遵守各项法定义务，没有出现隐匿、转移财产等不诚实行为的方可经过法院裁定免除尚未清偿的债务。[4]按照规定，符合余债免除条件的债务人，在向法院申请免除剩余债务并获得法院许可之后，方可豁免对剩余债务的清偿责任。[5]需要说明的是，法院在作出宣告余债免除或者驳回的裁定前，要充分听取破产债权人和破产管理人的意见。[6]

《日本破产法》传统上采取的亦是不免责主义。由于其破产程序与免责程序是不同的程序，《日本破产法》第248条第1项规定"有必要申请免责许可"，第366条进一步规定免责的申请由破产人向法院提出，申请的时间原则上为破产宣告终结之前，法院在受理申请后要确定询问期间，并开展调查，最后依据有无不许可免责的事由作出裁定。[7]修改后的《日本破产法》第248条第4项规定，个人债务人在破产程序启动后，即视为已经提出免责申请，实现破产程序与免责程序的无缝对接。[8]

---

〔1〕 秦守勤：《对我国个人破产的法哲学思考》，载《江西省团校学报》2003年第2期；文秀峰：《个人破产法律制度研究——兼论我国个人破产制度的构建》，中国政法大学2004年博士学位论文，第104页。

〔2〕 《德国破产法》第286条规定："债务人为自然人的，免除其对破产债权人承担的在破产程序中没有得到清偿的债务"。

〔3〕 李永军：《论破产法上的免责制度》，载《政法论坛》2000年第1期。

〔4〕 《德国破产法》第287条规定："剩余债务的免除以债务人的申请为要件。申请至迟应于报告期日以书面方式交给不能支付法院、或以由书记科作成笔录的方式表示。此项申请可以与开始支付不能程序的申请合并"。

〔5〕 卢林主编：《深圳经济特区个人破产条例草案建议稿附理由》，法律出版社2016年版，第288页。

〔6〕 [德]莱茵哈德·波克：《德国破产法导论》（第6版），王艳柯译，北京大学出版社2014年版，第202页；《德国支付不能法》，杜景林、卢堪译，法律出版社2002年版，第140-141页。

〔7〕 [日]石川明：《日本破产法》，何勤华、周桂秋译，中国法制出版社2000年版，第245页。

〔8〕 [日]谷口安平主编：《日本倒产法概述》，佐藤孝弘、田言译，中国政法大学出版社2017年版，第247页。

（3）混合模式——英国、澳大利亚。英国《1705年破产法》开始规定破产免责制度，[1]但立法之初的目的并不是宽恕不能还债的债务人，而是通过免责督促债务人予以合作，自愿交出全部财产，从而减少借破产逃避债务、隐匿财产等问题的发生，最大限度地实现债权。[2]1732年，法律进一步规定在4/5的债权人同意，其所代表的债权额达到4/5的情形下，可以免除债务人的剩余债务。[3]1861年《英国破产法》有了很大的突破，商人和非商人都可以适用破产法，后经过多次修改1914年最终确立，规定了破产人可于破产宣告后的任何时候向法院申请免责。但该法规定了较为严格的免责程序，[4]实际操作中难度很大，直到《支付不能法》免责的条件才得以放开，规定了债务人符合一定条件后可以得到自动免责。[5]该法同时规定，破产人具备法律规定的情形时，采取许可免责。[6]时至今日，英国施行的是自动免责与许可免责相结合的方式。[7]

澳大利亚破产法采取的是自动免责为主、许可免责为辅的原则。破产

〔1〕《英国破产法》，丁昌业译，法律出版社2003年版，第3页。

〔2〕［英］费奥娜·托米：《英国公司和个人破产法》（第2版），汤维建、刘静译，北京大学出版社2010年版，第8页。

〔3〕许德风：《论个人破产免责制度》，载《中外法学》2011年第4期。

〔4〕凡是债务人具有下列情形之一的，法庭可以作出不予免责的判决：（1）破产人的财产不足以清偿所有债务的50%的；（2）破产开始的前三年内，破产人始终未对其账目作适当记录或保存的；（3）破产人在明知自己无力清偿后仍继续经营的；（4）破产人在明知毫无清偿希望，仍订立合同，设立合同债务的；（5）破产人没有对其财产损失或者减少作出圆满解释，有未尽情节的；（6）因破产人的草率，投机冒险，生活过度挥霍，赌博，或者对业务有应受处罚的疏忽大意情况而导致破产的；（7）破产人因挑起毫无意义的诉讼或因无理拖延以致造成不必要的开支，导致破产的；（8）在接管令发布后3个月内，破产人明知无力清偿全部债务，却对某些债权人不当地特惠支付；（9）在接管令发布前3个月内，破产人有意对无担保的债权支付了50%以上的；（10）破产人过去曾经有过被宣告破产的经历，或者曾经经历过和解程序或重整程序的；（11）破产人曾经有欺诈罪，或者违反信托得不法行为的；（12）破产人曾有过与破产有关的其他罪行的。参见董安生等编译：《英国商法》，法律出版社1991年版，第557页。

〔5〕邹海林：《破产程序和破产法实体体制比较研究》，法律出版社1995年版，第37-38页。

〔6〕英国1986年《支付不能法》第279条、第280条规定："破产人由于破产犯罪或宣告破产后15年内再次破产的，须在破产程序开始经过五年之后向法院申请，经法院裁定许可免责。法院有权拒绝或许可免责并附条件，在任何其他情况下，破产人与破产程序开始后经过一定期间自动免责，这一期间一般为三年，如果对破产人财产采取简易破产程序则为两年。"

〔7〕解玉娟：《试论我国破产免责制度的构建》，载《河北法学》2009年第2期。

人自被宣告破产之日起满3年，即可自动获得免责。[1]但破产人如果想得到提前免责，可以自破产宣告之日起满6个月，并符合法律规定的条件[2]可以向破产注册官提出免责申请。[3]

（4）《个破条例》规定的免责模式。从《个破条例》的规定看，采取的是许可免责的模式。条例规定债务人可以在考察期届满时，依照规定申请免除其未清偿的债务。[4]对于何为“考察期满”，条例采取了列举的方式进行规定。[5]考察期与清偿率相结合的方式，主要的目的就在于激发债务人主动履行债务的积极性，用时间成本换取对债权人债权利益的保护。

（5）比较法视野下的个人破产免责模式思辨。以1705年英国免责制度的引入为分水岭，可以将个人破产立法理念的演变分为两个不同的阶段。[6]免责制度产生之前，破产的唯一目的就是最大限度地实现对债权的绝对保护，破产制度仅作为债权人实现这一目的的工具和手段而存在，[7]但是不能因为没有确立破产免责制度就否认个人破产制度的价值。[8]从欧洲大陆各国个人破产立法的发展历史看，在破产免责的态度上都比较保

---

〔1〕 张卫：《澳大利亚自然人破产法律制度研究》，载《海南大学学报（人文社会科学版）》2002年第2期。

〔2〕 这里的条件包括积极条件：破产人没有财产或其财产不够支付财产受托人的报酬、清算费用和债权利息的，破产人于破产前后未从事过任何足以被财产受托人认定无效的交易，自破产人提出提前免责申请之日起后的1年内，破产人可能获得的税后收入达不到26399澳元的；以及消极条件：破产人没有破产史，或者近10年内未曾有过因避免破产而与他人达成任何破产外之和解协议的记录，破产人未向财产受托人披露其在国内外财产中潜在的收益，破产人隐瞒破产事实向他人借款超过3000澳元的，破产人于破产后未经法院允许继续从事公司管理工作的。参见张卫：《澳大利亚自然人破产法律制度研究》，载《海南大学学报（人文社会科学版）》2002年第2期。

〔3〕 刘静：《个人破产制度研究——以中国的制度构建为中心》，中国检察出版社2010年版，第231页。

〔4〕 《个破条例》第100条第1款。

〔5〕 《个破条例》第100条第2款规定：“债务人符合下列情形之一的，视为考察期届满：（一）债务人清偿剩余债务或者债权人免除债务人全部清偿责任的；（二）债务人清偿剩余债务达到三分之二以上，且考察期经过一年的；（三）债务人清偿剩余债务达到三分之一以上不足三分之二，且考察期经过二年的。”

〔6〕 韩长印：《破产理念的立法演变与破产程序的驱动机制》，载《法律科学》2002年第4期。

〔7〕 韩长印：《破产理念的立法演变与破产程序的驱动机制》，载《法律科学》2002年第4期。

〔8〕 徐阳光、武诗敏：《个人破产立法的理论逻辑与现实进路》，载《中国人民大学学报》2021年第5期。

守。彼时，“个人破产制度最根本的功能在于集体清偿与按比例分配”[1]，强调对破产财产的清理处置，并按照债权比例在债权人之间进行公平的分配，而不是对债务人的免责。[2]

从英国个人破产制度的不断发展变化可以看出，英国立法理念逐步从对债权人的保护到衡平保护债权人和债务人的利益。英国的个人破产免责是以其长期贯彻实施的“全新开始”理念以及对欺诈破产行为的高压打击为基础发展建立起来，并通过“破产限制令和破产限制承诺”两项制度作为保障。[3]申请免责主要是破产债务人因刑事破产被法院判决宣告破产人免责或者在15年内再次破产，有权在破产开始的5年后的任何时间内向法院提出申请。法院裁定拒绝给予破产人免责、完全给予破产人免责、裁定给予免责，同时限制破产人的收入、财产转移等。自动免责主要是法院采取简易程序审理的，破产开始2年后可自动免责；其他情况自破产开始3年后可自动免责。[4]2002年英国又进一步将自动免责的时间减为1年。

从各国或地区的规定看，自动免责即破产程序终结，破产人无须申请自动获得免责，采取此种模式的国家或地区对于免责是积极鼓励的态度，积极促进破产人的重生。与此不同的许可免责则要求破产人必须提出申请，由法院审查后，决定是否对破产人予以免责，采取该模式的国家对于免责采取严格审慎的态度，从立法上看只是允许破产人重生。[5]无论采取何种免责的模式，主要具有如下特点：一是适用于“诚实而不幸的”自然人；二是对符合条件的债务人施以免责救济已经成为各国或地区的共同发

---

〔1〕 徐阳光、武诗敏：《个人破产立法的理论逻辑与现实进路》，载《中国人民大学学报》2021年第5期。

〔2〕 [美]查尔斯·J.泰步：《美国破产法新论》（下册），韩长印、何欢、王之洲译，中国政法大学出版社2017年版，第1044页。

〔3〕 徐阳光：《个人破产立法的英国经验与启示》，载《法学杂志》2020年第7期。

〔4〕 《英国破产法》，丁昌业译，法律出版社2003年版，第209-210页。

〔5〕 马哲：《论个人破产余债免除制度在我国的适应性及其构建》，载《中国政法大学学报》2019年第4期。

展趋势；三是破产免责为有限免责，对于不予免责的债务以及不予免责的情形各国均有明确的规定。[1]此外，债务人已经获得的免责也可能在一定条件下被撤销。[2]

此外，域外对于重整计划执行完毕后的免责规定略有不同。《美国破产法》第1328条规定，当债务人在履行完毕破产计划所规定的全部付款之后，法庭应该尽快向债务人颁发免责令，除不可免责债务外，免除债务人的清偿责任。由此可见，债务人清偿责任的免除需要法院的免责令加以确认。但日本对于重整计划的免责规定又有不同，根据《日本民事再生法》第178条的规定，在再生计划批准的裁定生效之后，除再生计划规定或者法律认可的权利外，再生债务人对所有再生债权免除其责任。因此，在日本的民事再生程序中，再生计划一旦经法院批准，再生计划外的债务即可被免除。

分析各国或地区的免责制度，自动免责和许可免责的根本区别在于，由法院还是债权人来监督债务人的行为。在自动免责制度下，参照美国破产法的规定，设置一个异议期，在此期间内允许债权人或破产管理人提出免责异议；否则，债务人自动获得免责。如此，更加符合私法的本旨。[3]实践中，自动免责无法发挥债权人、管理人以及法院的监督职责，也难以有效预防破产制度被滥用。在自动免责模式下，债务人脱离法院的监督，只要经过法定期间债务人自动获得免责，难以激发债务人的偿债动力，且容易诱发道德风险。[4]实行自动免责或许可免责的差异还体现在债务人获得免责的条件方面，若侧重免责条件的实质正义，实行自动免责制度更加合适；若注重免责条件的程序正当性，则有必要实行许可免责制度。破产法

---

〔1〕 韩中节：《破产若干立法原则比较研究》，载《经济法论坛》2005年第1期。

〔2〕 韩中节、高丽：《破产免责制度立法模式的比较考察及借鉴》，载《法学杂志》2010年第10期。

〔3〕 李永军：《破产法——理论与规范研究》，中国政法大学出版社2013年版，第437页。

〔4〕 邹海林：《破产程序和破产法实体制度比较研究》，法律出版社1995年版，第387页。

的核心是程序问题，免责制度作为破产制度的重要组成部分，许可免责制度更加符合破产制度的程序理念。[1]

依照《个破条例》规定，重整计划执行完毕后，对于依重整计划减免的债务，债务人需要向法院申请免除。该规定与我国《企业破产法》第94条规定的当然免责存在差异。第一，将债务人执行重整计划情况置于法院监督之下。个人重整进入门槛并不高，且对债务人影响较小，因此部分民众担心个人重整制度异化为债务人逃避债务的工具。要求债务人在重整计划执行完毕后向法院申请免除未清偿债务有利于法院对债务人行为进行审查，判断债务人诚实守信，是否真正具备重整免责的条件。第二，有利于帮助债务人证明其对剩余债务已无须承担清偿责任。在我国的社会文化背景下，大众普遍更相信公权力机关出具的相关文书。重整计划执行完毕是一种客观状态，当前我国信息公示机制尚不够健全，如果没有相关文书对这种状态加以确定，债务人可能无法向他人证明其已履行完毕重整计划。这既容易引发债务人与债权人之间关于重整计划是否执行完毕、剩余债务是否需要偿还的争议，也不利于债务人在未来生活中向交易相对人证明其信用。要求债务人向法院申请免除剩余债务，法院相应会出具法律文书对债务人执行完毕重整计划、免除剩余债务加以确认，避免日后不必要的纠纷。第三，有利于更好地防范债务人在重整过程中的欺诈、逃避债务等行为风险。在自动免责之下，债务人执行完毕重整计划后即免除对剩余债务的清偿责任，若日后发现债务人在重整计划执行过程中有不宜免责的行为，将难以采取补救纠正措施。而在许可免责之下，法院会出具文书对债务人能否免除未清偿债务的状态加以确认。若此后发现债务人以不诚信的方式获得免责，还能予以撤销。在我国个人信用体系尚不健全的背景下，有必要对个人重整中的欺诈免责行为予以高度重视和严厉打击。

---

〔1〕 邹海林：《破产法——程序理念与制度结构解析》，中国社会科学出版社2016年版，第537页。

综合分析各国或地区个人破产免责的规定，本无对错之分，只是基于各地情况不同采取的不同模式而已。同时，不同国家或地区的规定又有诸多共同点，通常都包含以下方面：符合法律规定的债务人最终可获得某种形式的债务减免，债务人一般须贡献一部分未来收入，作为债务减免的交换条件，债务人有希望获得一些自身所有的流动资产和未来工资的豁免，债务人积极与债权人谈判和妥协，这往往是债务人获得正式债务减免的先决条件。[1]通过破产免责程序，债务人的积极性与主观能动性一般能够被充分调动起来，从而提高了其事业重生的可能性。

2. 比较法视野下的个人破产免责条件。免责的条件一般可以分为积极条件和消极条件。积极条件是指破产免责必须具备的条件；消极条件是指各国或地区规定的不允许免责的情形。[2]

（1）积极条件——诚实的债务人。从各国或地区的规定看，个人要适用破产免责，必须具备诚实的条件，也即"只有在财务上诚实可信的债务人才有资格获得全新开始的待遇"[3]。免责不仅赋予债务人重生的机会，更使其通过接受专业性的信用咨询与服务，养成良好的消费行为与理财习惯，不致再次陷入债务困境。[4]

在美国，债务人只有符合诚信的要求，才能够通过破产清算程序免除未清偿的债务。根据《美国破产法》第707条（b）的规定，若债务人有欺诈债权人或其他滥用破产程序的行为，则其破产申请不会被批准。[5]

在英国，破产人必须是诚实的债务人，并且已经偿还了50%以上的债

---

〔1〕 See Charles J. Tabb, *Lessons from the Globalization of Consumer Bankruptcy*, Law and Social Inquiry. Vol. 30, Issue 4 (Fall 2005), p.776.

〔2〕 桑爱英：《浅议破产免责制度》，载《云南大学学报（法学版）》2010年第1期。

〔3〕［美］查尔斯·J.泰步：《美国破产法新论》（下册），韩长印、何欢、王之洲译，中国政法大学出版社2017年版，第1098页。

〔4〕 卜璐：《消费者破产法律制度比较研究》，武汉大学2010年博士学位论文，第115页。

〔5〕 许德风：《论个人破产免责制度》，载《中外法学》2011年第4期。

务才可以获得免责。[1]

《德国破产法》规定，对善意的债务人给予免除剩余债务的机会，但对于免责规定了严格的限制条件，要求债务人在破产程序开始前不得有任何损害债权人利益的行为，在破产程序中要积极地进行协作，确保提交的有关财产、收入、债权等文件中不得作出不完整和不真实的说明，此外还规定了必须进行"妥善行为期"考察。[2]在妥善行为期内，对于债务人的约束条件主要包括：积极寻找并从事任何适当的工作，不得拒绝合理的工作安排；应当将因死亡而继承或因将来继承权所取得的财产之半数交付给受托人；在住所、职业、薪酬等情况发生变化时及时通知法院及受托人；不得向受托人以外的任意单一债权人进行债务清偿或给付。[3]

在日本，为了保障破产程序的顺利进行，便于法院、破产管理人收集、掌握债务人的相关重要信息，《日本破产法》第40条规定了破产人的说明义务，承担该义务的主体包括：破产人、破产人的代理人、破产人的雇员（需法院作出许可）等。[4]《日本破产法》第41条规定了破产人的重要财产披露义务。[5]此外，根据该法第268条、第269条的规定，债务人违反说明义务或重要财产披露义务的，构成犯罪；根据该法第252条第1项第11号的规定，破产人作为自然人的，构成不得免责事由。[6]

香港《破产条例》第26条规定了破产人在披露经济状况及将财产变现方面的责任，包括须出席债权人第一次会议，但因患病或其他充分理由而

[1] 吴文琦：《破产免责制度之考察及我国破产免责制度的构想》，载《宁夏大学学报（人文社会科学版）》2007年第5期。

[2] 李飞主编：《当代外国破产法》，中国法制出版社2006年版，第6页。

[3] 2004年《德国破产法》第295条第1款。

[4] 王欣新、丁燕：《论破产法上信息披露制度的构建与完善》，载《政治与法律》2012年第2期；宋炜：《浅议我国破产法上信息披露制度》，载《传播与版权》2016年第7期。

[5] 《日本破产法》第41条规定："在作出破产程序开始的裁定后，破产人必须立即将记载有其所具有的不动产、现金、有价证券、存款以及其他法院所指定的财产的文件提交法院。"

[6] [日]谷口安平主编：《日本倒产法概述》，佐藤孝弘、田言等译，中国政法大学出版社2017年版，第45页。

不能出席者除外，该债务人须按会议上提出的要求接受询问及提供资料；提供财产清单、债权人及债权列表；协助将债务人财产变现并将收益在债权人之间分配。

（2）消极条件——不予免责的情形。各国或地区个人破产制度规定只有诚实的债务人可以获得免责，而不诚实的债务人无法享受到这种制度优惠。〔1〕《美国破产法》对于债务人属于规定的10种情形的，不能被免除剩余债务的清偿责任。〔2〕英国破产法列举了法院可以裁判不予免责的12种情形。〔3〕《德国破产法》规定了6种不予免责的情形。〔4〕此外，《德国破产法》规定如果不是自然人，债务人是不能得到免责的。〔5〕《日本破产法》规定了5种不予免责的情形。〔6〕《葡萄牙破产法》则规定了7种不予免责的情

〔1〕 徐阳光：《个人破产免责的理论基础与规范构建》，载《中国法学》2021年第4期。

〔2〕 《美国破产法》第727条（a）规定："如果债务人具有下列10种情形，不能免除债务人的剩余债务：（1）债务人非为个人；（2）破产人在申请破产前一年内有欺诈转让行为；（3）隐匿、毁损、伪造或丢失关于债务人财产情况的各种凭证；（4）实施了破产犯罪；（5）未充分说明破产原因；（6）拒绝作证或拒绝遵守法庭秩序；（7）在过去一年内在本案或与本案有关的其他案件中从事过上述行为；（8）在过去8年内曾被免除过剩余债务；（9）债务人自愿放弃剩余债务的免除；（10）债务人没有完成理财课程的培训等。"参见许德风：《破产法论——解释与功能比较的视角》，北京大学出版社2015年版，第525页。

〔3〕 《英国破产法》规定不予免责的情形包括：（1）债务人的财产不足清偿所有债务的50%；（2）破产开始前3年内，债务人一直无法记录和保留其经营账目；（3）债务人明知自己已经无力清偿债务仍然继续经营；（4）债务人清偿无望的情况下仍然订立合同并设立合同债务；（5）破产人无法对资产损失作出合理解释；（6）债务人破产原因是债务人自身的草率、投机冒险、生活挥霍无度或者赌博；（7）债务人因无谓诉讼或无理拖延诉讼而产生的开支而破产；（8）在接管令发布三个月后，债务人明知无法清偿全部债务，仍然向部分债权人作出不当的特惠支付；（9）债务人无法清偿的原因是在接管令发布前3个月，债务人向没有担保的债务人作出超过50%的清偿；（10）债务人经历过宣告破产，或者经历过破产和解或重整程序；（11）债务人曾经犯有欺诈罪或者有过违反信托的违法行为；（12）债务人有过其他和破产有关的罪行。

〔4〕 《德国破产法》第290条第1款规定："（1）债务人因破产犯罪而受到判决且判决发生既判力；（2）债务人在破产申请前3年内有债务欺诈或公共义务欺诈的行为；（3）在过去10年内曾被免除过剩余债务；（4）在破产申请前的1年内有过度举债和挥霍财产的行为；（5）在破产程序中有违反告知、协助义务的行为；（6）在消费者破产程序中就其财产状况、负债情况故意或因重大过失作出不正确或不完整的陈述。"

〔5〕 《德国支付不能法》，杜景林、卢谌译，法律出版社2002年版，第141页。

〔6〕 《日本破产法》第366条之9规定："（1）债务人犯有诈欺破产罪、过怠破产罪、监守违反罪、说明义务违反罪等；（2）债务人在破产宣告前的一年内已经存在支付不能等破产原因，但采取欺诈的方式骗取债权人的信任而进行交易，并取得财物；（3）债务人提出虚假的债权人名册，就财产状态作出虚伪的陈述；（4）债务人违反保全处分中禁止清偿、处分的命令，或者在债券调查期日不到场等；（5）债权人在十年以内曾经接受过免责的事实。"

形。[1]我国台湾地区关于消费者债务清理的相关规定列举了4种不予免责的情形。

（3）《个破条例》规定的免责条件。《个破条例》在总则部分就明确是“为促进诚信债务人经济重生”而设定相关规则，并在第98条规定了6种不予免责的情形。[2]

（4）比较法视野下破产免责条件思辨。从各国或地区的规定看，债务人要获得免责，必须是诚实的，并且不得有法律或文件规定的不予免责的情形。对于债务人诚实的要求，通过各国或地区的规定看，主要包括必须履行下列义务：

一是合作与协助义务。以《个破条例》为例，破产司法与破产行政事务分属于破产法院与破产事务管理部门负责，个人破产程序作为司法程序由法院主导，管理人全面负责管理各项破产事务，破产事务管理部门承担着相应的管理服务工作。因此，债务人须予以合作与协助的对象即为法院、破产事务管理部门与破产管理人。由于法院在破产受理审查阶段所掌握的材料与信息有限，在破产程序中三者均涉及诸多债务人的财务与经营情况的调查工作内容，需要管理人进一步配合调查询问，补充提供相关材料。而破产管理人进行财产清查、接管和分配工作均针对的是债务人财产，债务人最为了解该财产的详细情况，能够获得债务人的支持将推动管

---

〔1〕《葡萄牙企业破产及重整法典》第237条第1款规定：“（1）该申请非在规定的期限内提出；（2）在3年内故意或因重大过失书面提供了错误或不完整的财务信息，以期从公共机构处取得信贷或津贴或避免向该等机构作支付；（3）在10年内曾被免除过剩余债务；（4）违反了提出破产申请的义务；（5）债务人对破产原因的出现或加重负有责任；（6）在10年内实施了破产犯罪并被判处刑事责任且该判决已转为确定；（7）违反了在破产程序中负有的提供信息、合作等义务。”

〔2〕《个破条例》第98条规定：“债务人存在下列情形之一的，不得免除未清偿债务：（一）故意违反本条例第二十三条、第八十六条关于债务人行为限制的规定；（二）故意违反本条例第二十一条关于债务人应当遵守的义务，以及第三十三条至第三十五条关于债务人财产申报义务的规定；（三）因奢侈消费、赌博等行为应当承担重大债务或者引起财产显著减少；（四）隐匿、毁弃、伪造或者编造财务凭证、印章、信函文书、电子文档等资料物件；（五）隐匿、转移、毁损财产，不当处分财产权益或者不当减少财产价值；（六）法律规定不得免除的其他情形。”

理人工作效率的极大提升。此外，债权人会议作为破产债权人集体行使权利、表达意志的机构，保障债权人的实体与程序权利是破产法的重要价值目标，为保证债权人集体决策建立在充分、完整的信息基础上，债务人须列席债权人会议并如实回答债权人询问。

二是信息提供义务。为便于透彻、独立地评估债务人的经营与财务情况，法院一般需要有关于债务人的相关资料，此即债务人提供信息的义务。《贸易法委员会破产法立法指南》指出，一些国家的破产法还要求债务人提供关于债权人的资料，且债务人通常与破产管理人合作拟定一份债权人名单用以核查债权，还可能要求债务人根据对债权的核实情况，随时协助管理人修订债权清单。虽然破产立法列明的债务人应提供的资料事项无法避免遗漏，但无疑将提供重要参考。在实践中，针对债务人需要提供的资料与陈述的内容，法院可制定标准化的信息表，由债务人填写，并按资料清单逐一向法院提供。需要强调的是，债务人提供的资料必须是最新、完整、精确和可靠的，债务人须及时提供，不得拖沓。债务人的协助义务中也牵涉到在提供债务人与财产信息方面的配合内容，而这里的债务人提供信息的义务主要指债务人主动提供，而不考虑法院、破产事务管理部门、管理人是否需要或已掌握这些信息。

《个破条例》规定了债务人的该项义务，具体包括债务人个人相关信息变动或者离开居住地的及时报告义务，按时向法院、破产事务管理部门登记申报个人破产重大事项的义务，向借款或授信人声明本人破产状况的义务。债务人向借款人或授信人披露本人破产状况，有利于交易相对人妥当预见并评估交易风险，有利于维护市场交易安全。此外，债务人已声明本人破产状况，出借人或授信人仍借款1000元以上或者授予等额信用额度的，超过1000元以上的部分可能在破产程序出现无法被管理人认定为破产债权的风险。同时，伴随着破产程序的进程所发生的个人信息变动与个人破产相关重大事项，如破产申请、财产以及债务状况、重整计划或者和解协议、破产期间的收入消费情况等，债务人均应及时向人民法院、破产事务管理部门申报登记，这有助于法院、破产事务管理部门随时掌握最新、最全的债务人破产信息及其破产事项的变动情况，及时调整破产工作方案。债务人不仅要报告本人的财产及财产权益，配偶、未成年子女以及其他共同生活的近亲属名下财产的情况都在报告范围内，防止通过家庭共有、变更登记或隐匿、转移的方式规避清偿债务。这与我国伦理社会的国情相符，亲情致使家庭以及近亲属之间极易成为个人债务人转移财产、逃废债务的工具，且由于债务人与近亲属关系密切、共同生活、相互间的财产关系存在一定程度的混同等因素，法院、管理人等从外部很难调查清楚其中的财产关系，个人债务人借助家庭所为的欺诈行为具有极强的隐蔽性。因此，要求债务人负担主动申报近亲属财产情况的义务，不仅可以为法院、管理人提供全面掌握债务人财产状况降低调查成本，还可以结合事后的监督与严格的法律责任追究机制，提高债务人申报的诚信程度，以优化债务人申报财产的效果，进一步打击破产欺诈行为。

我国《民事诉讼法》规定了债务人的财产申报义务。[1]执行中的债务人申报财产义务的适用实践为个人破产程序中债务人财产申报义务的设定与适用积累了经验。《最高人民法院关于民事执行中财产调查若干问题的规定》第8条第1款规定，“对被执行人报告的财产情况，人民法院应当及时调查核实，必要时可以组织当事人进行听证”，同理，破产法院针对债务人申报的财产内容除了备案，还必须及时调查核实，对财产性质、范围、权属等有争议的或者财产过于复杂的，可以组织当事人进行听证。针对财产权属不清或存在争议的，债务人可先行向法院就该财产进行申报，法院接受债务人申报的财产及财产权益，并不意味着法院认可债务人在该财产上

〔1〕《民事诉讼法》第248条规定：“被执行人未按执行通知履行法律文书确定的义务，应当报告当前以及收到执行通知之日前一年的财产情况。被执行人拒绝报告或者虚假报告的，人民法院可以根据情节轻重对被执行人或者其法定代理人、有关单位的主要负责人或者直接责任人员予以罚款、拘留。”

享有的相应权益，申报不涉及财产的权利归属的法律效力。在法院处予以备案，主要便于法院主导的破产程序的顺利推进。

此外，债务人申报财产的方式应以书面报告为主，并将相关证明材料一并提交，在破产受理审查阶段已向法院提交的材料，须在书面报告中予以说明。书面报告也是民事执行程序中债务人财产申报的法定方式，在书面报告中，债务人应附有签字确认的承诺书，保证其所申请内容无虚假、恶意、欺诈等情形。书面申报的意义在于可以引起债务人的充分重视，提升其申报的认真程度，便于法院对债务人的申报内容予以审核，书面申报的内容也是法院事后向不如实申报的债务人进行追责的有力依据。

三是债务人的附属义务。包括债务人未经法院或破产管理人许可不得离开其经常居住地，向破产管理人或法院披露通信内容，以及其他一些个人自由方面的限制，这些附属义务有助于避免因破产程序启动后债务人的迁徙等行为造成程序的中断。《个破条例》规定包括离开居住地的报告义务，未经人民法院许可不得出境，以及其他配合义务，以全面保障破产程序的顺利推进。

对于不予免责的情形，各国或地区进行了列举式的规定，虽然规定的内容有所区别，但主要是债务人基于不诚实的事实，如存在欺诈行为、不如实申报财产、不按照规定履行义务等。个人破产制度本质上是债务人救济制度，社会普遍关注该制度会不会被债务人通过破产欺诈等手段滥用为逃废债的工具。个人破产欺诈行为是债务人通过隐瞒事实真相，采取隐匿转移毁损财产等形式，使债权人利益受到严重损害的行为。[1]如何识别诚信的债务人是个人破产制度建立的首要难题。破产人必须是在一定期限内没有连续破产，不是由于赌博、挥霍、犯罪等行为引发的破产，不存在其

---

〔1〕 王卫国：《破产法》，人民法院出版社1999年版，第288页；黄伟：《破产欺诈的成因分析及对策》，载《新学术》2007年第5期；白田甜：《个人破产立法中的争议与抉择——以〈深圳经济特区个人破产条例〉为例》，载《中国人民大学学报》2021年第5期。

他不诚信的行为，才可以享受免责优惠。[1]因此，在个人破产程序启动条件上要严格审查，对于试图借破产程序逃债的不诚实债务人，应当不予受理；已受理破产申请的，也应当驳回申请。

《个破条例》为了避免不予免责的情形出现，在破产程序开始之前就对债务人是否诚信作出审查，并要求债务人提交诚信承诺书、财产清册、债权清册等相关资料，由法院进行审查。受理后要求债务人如实履行财产申报，确保只有诚实信用的债务人才能获得免责。为了确保债权人受到公平的对待，需要对于债务人的个人诚信作出客观的评价。[2]

3. 比较法视野下的个人破产免责期限。目前，世界各国或地区对于个人破产免责的期限均作出了明确的规定，只有在被宣告破产后达到法律规定的期限，方可免除经过破产程序尚未清偿的债务。

（1）英美法系国家规定的免责期限。《英国破产法》第279条规定，如果破产法院已经出具简易管理破产人证书，并且在获得免责前没有被撤销，那么债务人在破产程序结束后2年就可以获得破产免责，否则免责期限就是3年。同时，第280条规定，如果债务人被法院作出刑事破产令，债务人必须在破产程序终结后5年才能得到免责，摆脱偿债责任。[3]但是，英国2002年通过的《企业法》对《1986年破产法》和《破产规则》进行了修改，其中最为重要的修改莫过于将妥善行为期从3年缩减为12个月。[4]

（2）大陆法系国家规定的免责期限。《德国破产法》第295条规定，破产债务人必须经过自破产开始之日起6年的考察期才能免除剩余的债务。[5]在该6年内，必须履行法律规定的义务，包括：①进行工作，在找不到合适工作时，应当至少为找工作而付出合理努力并不得拒绝一项对其而言

[1] 王欣新：《用市场经济的理念评价和指引个人破产法立法》，载《法律适用》2019年第11期。

[2] 刘冰：《论我国个人破产制度的构建》，载《中国法学》2019年第4期。

[3] 《英国破产法》，丁昌业译，法律出版社2003年版，第209-210页。

[4] 卜璐：《消费者破产法律制度比较研究》，武汉大学2010年博士学位论文，第113页。

[5] 许德凤：《论个人破产免责制度》，载《中外法学》2011年第4期。

并不苛刻的工作；②将因他人死亡或其他原因而继承的遗产的一半交给破产受托管理人；③将地址变更毫不迟延地告知破产信托管理人，并将自己的收入状况（在找不到工作时，将为找工作所付出的努力）告知破产信托管理人；④如果想向债权人偿付债权，只能向破产信托管理人履行而不能向某个特定的债务人履行；⑤根据《德国破产法》第303条的规定，如果在个人破产免责裁定作出1年内，发现债务人违反其所负担的任何上述义务，经一名破产债权人申请，破产法院即应撤回剩余债务的免除。

《葡萄牙企业破产及重整法典》规定，债务人必须履行了法定义务，并经过5年的考察期才可以获得免责。〔1〕

（3）我国香港和台湾地区规定的免责期限。香港《破产条例》规定，对于未被宣告过破产的破产人，需要经过4年方可免责；对曾被宣告过破产的破产人则需要5年。期间届满如果有债权人或其他相关人员提出异议的，法院需要对异议进行审查并决定是否作出破产解除令。〔2〕

我国台湾地区关于破产的规定明确破产免责的期限为自破产终结之日起满3年。

（4）《个破条例》规定的免责期限。《个破条例》规定对于债务人的免责考察期为宣告破产之日起3年。〔3〕同时，该条例还规定，免责考察期内债务人必须严格遵守相关规定，否则人民法院有权决定延长考察期，但延长期限不超过两年。〔4〕

（5）比较法视野下的破产免责期限思辨。纵观免责制度的发展可以看出，其宽与严与一国或地区的法律传统密切相关。要找到二者的最佳平衡

〔1〕 马哲：《论个人破产余债免除制度在我国的适应性及其构建》，载《中国政法大学学报》2019年第4期。

〔2〕 代策：《个人破产制度的构建——以中国香港个人破产制度为例》，载《中国经济报告》2018年第9期。

〔3〕《个破条例》第95条。

〔4〕《个破条例》第96条。

点，既发挥该制度保护债务人重生之目的，又能有效避免债务人滥用该制度以逃避债务的履行，从而最大限度地实现债权。[1]

从各国或地区对免责期限的规定看，英美法系国家或地区规定的期限相对短一些，而大陆法系国家规定的期限更长，表明大陆法系国家或地区在相当长的时间内，更倾向于采取较为严格的不予免责。但20世纪80年代末，随着信贷市场的发展，英美法系国家或地区特别是美国对于免责的态度有所转变，美国2005年后对于免责采取了较为严格的限制，而英国以及大陆法系国家或地区则借鉴美国之前的做法，也采取了较为宽松的免责。[2]

世界各国或地区普遍规定了自然人破产免责的申请期限，即符合免责条件的债务人在清偿债务一定时间后才可以得到免责。撤销免责的事由主要是债务人通过不当手段获得免责权益，但是撤销免责一般都要求债权人或者其他利害关系人向法院提出申请。申请的提出也有一定时限，一般是在1年内提出。这项限制也约束着申请余债免除的债务人，使其无论在破产之前还是在破产之后相当长的一段时间内，都要依照善意规则行事。[3]

4.比较法视野下的个人破产免责效力。个人破产免责的效力主要体现在破产免责对债权人的效力、对第三人的效力以及免责的效力范围等几个方面。

(1)对债权人的效力。个人破产免责后，对于债权人而言，其没有实现的债权效力有债权消灭说与自然债务说之分。

美国破产法对破产免责的效力采取的是债务消灭说。《美国破产法》第727条(b)规定："除本编第523条另有规定外，根据本条第(a)款作出的

[1] 卜璐：《消费者破产法律制度比较研究》，武汉大学2010年博士学位论文，第116-117页。

[2] 卜璐：《消费者破产法律制度比较研究》，武汉大学2010年博士学位论文，第119页。

[3] 马哲：《论个人破产余债免除制度在我国的适应性及其构建》，载《中国政法大学学报》2019年第4期。

破产免责将免除债务人负担的、本章规定的救济令下达日之前的所有债务，以及属于本编第502条项下的债务，如同该债务是在案件开始之前产生的一样，无论是否根据本编第501条提交基于任何此类债务或责任的债权证明，以及是否根据本编第502条允许基于任何此类债务或责任的请求权。”即债权人和债务人之间在破产程序终结后已经没有了债权债务关系，无论是程序意义上的诉权还是实体意义上的诉权，债权人都已经不再拥有，再接受债务人的任何清偿都是不允许的，如果接受了，那么就会被认为是不当得利。〔1〕在这种情况下，破产中已经被免除清偿责任的债务不应再次生效或重新承认，或者完全或部分基于此债务达成新债务的协议。〔2〕

《英国破产法》对破产免责的效力范围及其例外作了详细具体的规定。〔3〕

《德国破产法》关于破产免责的效力采取的是自然债务说。该法第301条第3款规定：“尽管一名债权人依据剩余债务免除不应当请求清偿，但其仍然受清偿的，此举不设定返还取得物的义务。”也就是说，债权人的债权

---

〔1〕 林晓霞：《论破产免责》，载《法律适用》1997年第10期。

〔2〕 ［美］大卫·G.爱泼斯坦、史蒂夫·H.尼克勒斯、詹姆斯·J.怀特：《美国破产法》，韩长印等译，中国政法大学出版社2003年版，第551－552页。

〔3〕 参见《英国破产法》第281条规定：“（1）受下列规定的限制，当破产人被免责，该免责将免除他的所有破产债务，但在以下情况下无效：（a）对他的财产受托人的职能不产生效力（只要该职能仍需履行）；或者（b）对为执行那些职能的目的对本部分规定的运用不产生效力。并且尤其，免责不影响破产人的任何债权人在破产中申报破产人被免除的任何债务的权利。（2）免责不影响破产人的任何担保债权人为追偿破产人被免除的债务而执行担保的权利。（3）免责不免除破产人以任何欺诈或者欺诈性地违反他是一方当事人的信托的方式发生的或者担保其延期偿还的任何破产债务。（4）免责不免除破产人关于因犯罪而对其施加的罚款债务或者保证书规定的任何责任。但是在根据关于财政收入的法令因犯罪施加的惩罚或者在保证书的情况下，有财政部门同意的除外。（4A）第（4）款中所指对一项罪行处以的罚款，包括：（a）根据第1985条第21A条（刑事法院指控）罪名所责令支付的，不论是否定罪；（b）根据《犯罪收益法》第2002条第2，3或4部分的没收命令所处以的。（5）除法院指示的范围和条件之外，免责不免除破产人的如下破产债务：（a）包括因过失，妨害或者违反法定、合同或其他职责而支付的赔偿金或因1987年《消费者保护法》第1部分的规定而支付赔偿金的责任，在任一情况下，该赔偿金是关于对任何人的个人侵害；或者（b）在家庭诉讼中作出的任何命令而产生的债务或者根据1991年《儿童抚养法》作出的生活费计算。（6）免责不免除破产人在破产中不能申报的规定的其他债务。（7）免责不免除除破产人之外的任何人因破产人经免责而被免除的任何责任（无论担任破产人的合伙人或联合受托人或其他），或者任何担任破产人的保证人或性质上是保证人的任何责任。”

只要未能在破产程序和良好表现期内获得满足，就将变成不完全债权，它们仍可被偿还，但不得再强制追偿。[1]

我国台湾地区的相关规定与德国的规定类似。破产程序终结后，对于债权未受清偿的部分，债权人的请求权消灭，但是债权本身仍然存在，并不因破产终结而消灭。虽然债权人不能强制要求债务人清偿剩余债务，但是如果债务人不拒绝债权人的请求，对债权人进行清偿，债权人受领给付并不构成不当得利。[2]

（2）对第三人的效力。个人破产免责对第三人的效力主要指对保证人以及债务的连带责任人的效力。破产免责制度设立的目的是给予债务人以重新开始的机会，对保证人以及连带债务人并不提供保护。

《德国破产法》第301条第2款规定，余债免除并不影响连带债权人和保证人的责任请求权以及物上担保。[3]

《日本破产法》第366条之13规定，免责的效力不及于与破产人一起对破产债权人有债务的保证人。此外破产债权人对物上保证人拥有的权利也不因免责而受到影响。[4]

我国台湾地区破产法规定明确，破产债权人依调协或破产程序已受清偿者，其债权未能清偿部分，请求权视为消灭。但破产人因犯诈欺破产罪而受刑之宣告者，不在此限。可见，破产免责的效力仅适用于破产人本人，其他任何个人都不能主张免除自身责任。

《个破条例》第102条第3款规定，免除未清偿债务裁定的效力及于已申报和未申报的全体债权人。债务人的保证人和其他连带债务人尚未承担保证责任或者连带责任的，在人民法院依照该条例裁定免除债务人未清偿债

---

〔1〕《德国支付不能法》，杜景林、卢谌译，法律出版社2002年版，第146页。

〔2〕陈荣宗：《破产法》，台北，三民书局1986年版，第379页。

〔3〕［德］莱茵哈德·波克：《德国破产法导论》，王艳柯译，北京大学出版社2014年版，第205页。

〔4〕［日］伊藤真：《破产法》，刘荣军、鲍荣振译，中国社会科学出版社1995年版，第310页。

务后对债权人依照破产清算程序未受清偿的债权，依法继续承担清偿责任。

从各国或地区的规定可以看出，进入破产程序后，免责只针对债务人，该债务上的其他责任人并不能得到同样的待遇。但在消费者破产的情形中，保证人往往是债务人的亲属、朋友，如果免责对这些人不发生效力，会间接地形成对债务人的压力，所以有必要在立法上对该问题进行讨论。〔1〕

(3)免责效力的范围(不予免责债务)。一般来说，破产免责并不是所有债务都可以得到豁免。根据《美国破产法》第523条(a)的规定，特定类型的债务〔2〕可能会被排除在概括免责的范围之外，其所对应的债权人在破产程序终结后可以继续向债务人主张债权。〔3〕

英国《1986年破产法》第25条以及第281条〔4〕对于不予免责的债务进行了明确规定。

《德国支付不能法》第302条规定，因债务人故意侵权而产生的债务、罚金和同类债权及用于通融程序费用的贷款不在免责的范围内。〔5〕

1923年《日本破产法》第366条第12款规定，得以免责的破产人，除依破产程序实行的分配外，对破产债权人的债务全部免除责任，但是部

---

〔1〕［日］伊藤真:《破产法》，刘荣军、鲍荣振译，中国社会科学出版社1995年版，第310页。

〔2〕主要包括以下债务：一定期间内的税款、关税；基于错误陈述而获得财产或者服务的返还义务；受托人基于欺诈、贪污或盗窃而获得财产的返还义务；家庭扶养义务；基于故意毁损他人人身或财产而产生的债务；基于破产申请日前三年内的行为而发生的罚款、罚金或罚没；因获得奖学金或者助学贷款等而产生的债务，除非这种债务的清偿会给债务人或受其扶养的人的生活带来重大困难；因债务人醉酒或使用其他麻醉药品而发生的车船、飞机等交通事故而发生的人身损害赔偿义务等。参见许德风:《论个人破产免责制度》，载《中外法学》2011年第4期。

〔3〕［美］查尔斯·J.泰步:《美国破产法新论》(下册)，韩长印、何欢、王之洲等译，中国政法大学出版社2017年版，第1061页。

〔4〕英国《1986年破产法》第25条规定:"下列债务不在免除之列:(1)破产人对国家的债务;(2)破产人因欺诈而负担的债务;(3)法庭裁判确定的父亲对私生子女的债务。"第281条规定:"以下债务不受免除效力的影响：一是债务人因欺诈或欺诈性的违反信托或者担保而产生的债务；二是因犯罪而对其施加的罚款债务或者保证书规定的任何责任；三是过失、妨害或违反法定、合同或其他职责而支付的赔偿金；四是人身伤害的赔偿金；五是在家庭诉讼中作出的任何命令而产生的债务；六是债务人在破产中不能申报的债务。"

〔5〕《德国支付不能法》，杜景林、卢谌译，法律出版社2002年版，第146页。

分请求权不在此限；[1]后于2004年修改破产法，又增加了两类不可免责债务。[2]

香港《破产条例》第32条规定："（一）破产人不得以复权令而解除下开债务责任——（甲）破产人对法庭具结之债务，或任何债务在政府或任何人因破产人违反税则之犯罪行为可以诉追者，或因具保在外候审可以由公务人员诉追者，破产人不能免除前项债务责任，但由库务司给予证书，准许解除者不在此限。（乙）破产人以诈欺行为或诈欺背信所生债务责任。（二）破产人对于业已证明之其他破产债权，得以复权令而解除一切责任。"然而，对于未予免除的债务是按执行程序继续追偿还是由债务人与债权人达成协议，自己按期偿还的问题，目前尚无明确规定。

我国台湾地区关于消费者债务清理的相关规定明确在重整程序中、和解程序中以及在清算程序中不得免责的债务种类。适用重整程序之所以没有将债务人因重大过失产生的损害赔偿之债纳入其中，是出于鼓励债务人适用重整程序的考量，尽量避免清算，因此免责债务的范围应比清算程序更为宽泛，不必作出一样的规定。而按照相关文件的规定，享有优先权的税收债权在重整程序中权利不受影响，无再纳入免责债务规定之必要。和解是债权人与债务人协商一致的结果，体现的是债权人对债务人的让步，债务人按照和解履行完毕后，债权人不得再就让步的部分主张债权。同时，为了促使债权人在和解程序中及时申报债权，以利于实现对债务人债务的统一清理，未及时申报的债权自应视为消灭。罚金等属于财政收入，涉及社会公共利益的维护，而扶养费是特定亲属间的法定义务，不能

---

〔1〕［日］石川明：《日本破产法》，何勤华、周桂秋译，中国法制出版社2000年版，第302页。

〔2〕具体包括：（1）租税；（2）因破产人的恶意侵权行为而产生的损害赔偿；（3）受雇人的报酬，但以有一般先取特权者为限；（4）受雇人的预付金及身份保证金；（5）破产人知悉而未记载于债权人名册的请求权，但债权人知有破产宣告情形除外；（6）罚金、罚款、刑事诉讼费用、追征金；（7）破产人因故意或重大过失损害他人生命及身体的侵权行为的损害赔偿请求权；（8）抚养费及婚姻费用的分担请求。参见［日］山本和彦：《日本倒产处理法入门》，金春等译，法律出版社2016年版，第115页。

免除债务人的清偿责任。

（4）《个破条例》关于免责效力的规定。《个破条例》第97条规定了不予免责的债务。

（5）比较法视野下的破产免责效力思辨。比较各国或地区关于免责效力的规定，“免责之于破产，属于一种具有调整意义的次生工具，”[1]但“破产并非天然地与免债绑定，破产更不等同于免责”[2]。二者具有实质差异，主要表现在：一是前提条件不同。无法清偿到期债务是申请破产的前提条件，而只有“诚实且不幸”的债务人才会免除余债清偿责任。对于采取欺诈手段，试图通过破产逃避债务履行的不诚实债务人不仅不能免责，还要受到相应的处罚。二是结果不同。破产宣告后，破产人要受到失权的限制。对于免除清偿责任的破产人来说是法律赋予了其重新开始的机会。[3]

比较考察各国或地区的规定，一些特定类型的债务被法律排除在免责之外。如德国规定因故意侵权和罚金产生的债务均不属于可免责的债务类型。英国则规定因欺诈、人身伤害、违反法定或约定的合同义务以及罚款产生的债务不予免责许可。这些规定充分反映无论是从债权保护、债务救济还是社会公益的角度来制定免责制度，其核心是保护值得被保护的诚实且善良的人。日本和美国还规定了上缴国家的税款不得给予免责，对此特定类型的债权予以限制，则在一定程度上反映出各国或地区在免责制度中对社会稳定和经济发展的考虑。尽管规定略有差异，但总体上看，各国或地区对于下列债务均规定不得纳入被不予免除的债务之中：一是基于公权力而作出的税收、罚款类债务。该类债务由公权力对债务人的行为进行

〔1〕 欧元捷：《论个人破产建构的中国逻辑——以破产与免债的界分为起点》，载《山东社会科学》2020年第3期。

〔2〕 欧元捷：《论个人破产建构的中国逻辑——议破产与免债的界分为起点》，载《山东社会科学》2020年第3期。

〔3〕 欧元捷：《论个人破产建构的中国逻辑——以破产与免债的界分为起点》，载《山东社会科学》2020年第3期。

的审查核实并依法作出的处罚，如果免除必会影响公权力的权威。此外，税收是财政收入的重要来源，如果予以免除不仅会影响各项公共职能的履行，也会给正常纳税者带来不好的示范作用。二是故意侵权类赔偿。侵权往往带有很强的主观恶意，会给被侵权人及其家庭带去严重的伤害，赔偿可以一定程度上缓解因此造成的伤害。如果允许此类赔偿免除清偿责任，不仅被侵权人无法接受，还会对其形成二次伤害，同时也会损及社会的公平正义价值。三是维持正常家庭生活所需的费用。家庭作为社会的一个最基本的单位，对社会的发展稳定发挥着尤为重要的作用。如果债务人连自己赡养、扶养人的义务都可以免除，不仅会影响家庭成员最基本的生活，亦有违最基本的伦理道德。〔1〕

随着商品经济的发展，特别是英国1705年免责制度的引入，破产法的立法理念发生了重大的转变，破产法由债权的绝对保护逐步向债务人的拯救方向发展，由破产不惩戒代替了破产惩戒，由破产无罪代替了破产有罪，由破产免责代替了破产不免责。〔2〕但实际上，英国1705年免责制度的建立不是对诚实而不幸的债务人施以救济，而是借此尽力挖掘债务人的财产以充分实现债权。〔3〕真正实现对债务人救济的是19世纪自愿破产制度〔4〕的确立，此时，免责的观念已经被人们接受，而和解制度也已经开始实施。〔5〕

此外，在对债权人的效力方面，就债务人对债权人负有的责任解释上，存在两种观点。一是自然债务说，即债务本身是不会消灭的，消灭的仅是债务人偿债的责任而已，债权人虽然不能再通过强制执行要求债务人清偿债务，但是债权人还是可以接受债务人的自愿清偿。也就是说，债权人丧

---

〔1〕 郭靖祎：《个人破产立法中的制度规则衔接问题研究》，法律出版社2022年版，第148-149页。

〔2〕 汤维建：《谈破产救济》，载《法律科学》1994年第6期。

〔3〕 韩长印：《破产理念的立法演变与破产程序的驱动机制》，载《法律科学》2002年第4期。

〔4〕 英国1844年正式确立自愿破产制度，美国1867年破产法确立了自愿破产制度。

〔5〕 韩长印：《破产理念的立法演变与破产程序的驱动机制》，载《法律科学》2002年第4期。

失的只是程序意义上的诉权即司法请求权。[1]二是债务消灭说，即债权人和债务人之间在破产程序终结后已经没有了债权债务关系，无论是程序意义上的诉权还是实体意义上的诉权，债权人都已经不再拥有，再接受债务人的任何清偿都是不允许的，如果接受了，那么就会被认为是不当得利。[2]

对于没有参加破产程序的债权人，即未参与债权申报的债权人，在破产程序后是否还能继续要求债务人进行清偿，有些学者认为是不可以的。如果债务人在破产程序终结之后得到免责，那么没有参加破产程序的债权人的债权请求权也应当视为已经消灭。因为如果没有参与破产程序的债权人在债务人得到免责后还可以向债务人进行追偿，那么对于已经参与破产程序的债权人是非常不公平的。对于参与破产程序的债权人，其未受清偿的债权请求权归于消灭，而没有参与破产程序的债权人，其全部债权请求权仍然存在。这意味着如果不参加破产程序，债权人可以向债务人追讨所有的债务，而参加破产程序的债权人只能得到部分清偿，这相当于鼓励债权人不参加破产程序，与破产制度公平清偿全部债权的立法目的相背离。[3]如《德国破产法》第301条第1款就作了如此规定，“剩余债务被免除的，其对全体支付不能债权人发生效力。对于未申报自己债权的债权人，亦同”。[4]

《个破条例》虽然规定了债务人由于丧失或者部分丧失劳动能力的情况，但没有考虑债务人由于意外事故或不可抗力（如地震、雪灾、旱灾）等情形导致丧失或者部分丧失劳动能力的是否可以参照执行。笔者认为，应当参照执行。

5. 比较法视野下的个人破产免责撤销。个人破产免责的获得是需要

---

〔1〕［日］石川明：《日本破产法》，何勤华译，上海社会科学院出版社1995年版，第246页。

〔2〕林晓霞：《论破产免责》，载《法律适用》1997年第10期。

〔3〕陈荣宗：《破产法》，台北，三民书局1986年版，第380-381页。

〔4〕《德国支付不能法》，杜景林、卢谌译，法律出版社2002年版，第146页。

满足一定条件的，诚实便是债务人获得免责的基础性条件和免责的正当性前提。在许可免责之下，债务人获得免责的同时即获得了诚实自然人的司法认定，但此种认定也可能被推翻。破产免责属于特许给予债务人的利益，债务人能否保持已经取得的免责利益，取决于其事实上是否具备法律所规定的不能免责的情形，即便在法院作出免除债务人未清偿债务的裁定之时并未发现债务人存在破产欺诈等情形，其后也可以撤销上述免责裁定，债务人本来因免责而获得的免责利益也随裁定的撤销而丧失。

（1）撤销的事由。《美国破产法》第727条（c）规定，如果要撤销债务人的免责权益，必须由有利害关系的当事人向法院提出申请，破产法院可以命令托管人对债务人的行为进行检查。第727条（d）则规定，在当事人的请求下，法院应当举行听证会，决定是否撤销免责。破产法规定的撤销免责的事由有：第一，债务人使用欺诈手段获得免责，请求撤销的当事人在债务人得以免责之前对此并不知情；第二，债务人欺诈性地隐藏了取得的属于破产财团的财产；第三，债务人不服从法院的命令。

《日本破产法》第366条之15规定，可以撤销免责的情形有两种：一种是债务人被确定裁判犯有欺诈破产罪，这必须由刑事法院确定有罪判决；另一种是债务人的免责是其通过不正当的方法获得的，如债务人对债权人或管财人采取了欺诈、威胁、行贿、提供特别利益等方式。〔1〕

我国台湾地区有关消费者债务清理的相关规定明确，可以撤销免责的情形包括：债务人由于债权人债权被判有罪未满1年；或债务人以不正当的方法获得免责未满1年。

（2）撤销的时间。美国破产法规定，撤销免责的申请必须在债务人被批准获得破产免责之后的一年内提出。美国法院在限定的期间内（第11章案件为180日，其他案件为1年）也有权撤销余债免除，但通常仅在“免责是

〔1〕［日］石川明：《日本破产法》，何勤华译，上海社会科学院出版社1995年版，第302页。

债务人通过欺诈获得的”时才会运用这一影响力巨大的手段，即第727(d)(1)中规定的撤销事由。[1]

《德国破产法》第303条规定，如果事后查明债务人故意违反义务，并且导致对债权人清偿的严重受损，只要一名破产债权人申请，破产法院就应撤销余债免除。而且债权人的申请也有限制，债权人必须在免责裁判生效后的一年内提出撤销申请，并且要确保自己对债务人违反义务的事由不知情。[2]

《日本破产法》规定，债权人知道债务人是由于破产欺诈并被判有罪以及采取不正当方式获得的免责，必须在免责决定确立后的一年内提出撤销申请。[3]该法第366条之16规定，撤销程序应根据债权人的申请或法院依职权开始，撤销裁判时必须听取债务人或申请人即债权人的意见。[4]

《葡萄牙企业破产及重整法典》第246条也规定了余债免除的废止，如果事后证明存在可将免除请求初端驳回的情形（第238条），或者债务人在5年内没有履行其义务，因此对债权人获清偿造成严重损害的，可以将余债免除废止。[5]

(3)《个破条例》关于免责撤销的规定。《个破条例》第103条规定，债权人或者其他利害关系人发现债务人通过欺诈手段获得免除未清偿债务的，可以申请人民法院撤销免除未清偿债务的裁定。但条例只规定了因债

---

〔1〕［美］查尔斯·J.泰步：《美国破产法新论》（下册），韩长印、何欢、王之洲等译，中国政法大学出版社2017年版，第1116页。

〔2〕“事后，发现债务人故意违反其所负义务之一并因此对向破产债权人作出清偿造成重大损害的，经一名破产债权人申请，破产法院即撤回所给予的剩余债务免除。只在申请系于对剩余债务免除的裁判产生既判力之前一年内提出，并且证明本条第一款的前提存在且债权人在裁判产生既判力之前对此尚不知情为可信时，方准许债权人申请。在作出裁判之前，应当听取债务人和受托人的意见。申请人和债务人有权对裁判提出即时抗告。撤回剩余债务免除的裁判应当公开公告。”［德］莱茵哈德·波克：《德国破产法导论》（第6版），王艳柯译，北京大学出版社2014年版，第205页。

〔3〕［日］石川明：《日本破产法》，何勤华译，上海社会科学院出版社1995年版，第302页。

〔4〕［日］伊藤真：《破产法》，刘荣军、鲍荣振译，中国社会科学出版社1995年版，第309-310页。

〔5〕马哲：《论个人破产余债免除制度在我国的适应性及其构建》，载《中国政法大学学报》2019年第4期。

务人通过欺诈获得免责的可以提出撤销，但没有规定撤销的时间。

(4)比较法视野下的破产免责撤销思辨。各国或地区破产制度规定的撤销免责的事由主要是债务人通过欺诈等不当手段获得免责权益，违背了免责制度设立的初衷。由于免责受到影响最大的就是债权人，因此各国或地区规定债权人或者利害关系人有权提出撤销免责申请。此外，申请的提出有一定时限规定，一般规定是在一年内提出。这项限制也约束着申请余债免除的债务人，使其无论在破产之前还是在破产之后相当长的一段时间内，都要遵守诚信规则，切实依照规定履行自己的义务。[1]除英国外，德国、日本、美国均规定了个人破产免责的撤销条款。其中，主要对以欺诈手段获得的免责予以撤销，维护信用交易。但由于德国和日本以许可免责为主要立法理念，故对于个人免责的撤销，还需要债权人在免除剩余破产债务的裁决作出后一年内提出。

《个破条例》虽然规定债权人可以提出免责撤销申请，但没有规定具体的提出时间。这就意味着，在人民法院作出免除债务人未清偿债务的裁定生效后的任何时间，只要发现债务人存在通过欺诈手段获得免除未清偿债务的情形，债权人或其他利害关系人都可以申请人民法院撤销免除债务人未清偿债务的裁定，以弥补债权人或其他利害关系人因债务人的不当行为所失去的利益。如此规定，主要是考虑深圳先行先试的个人破产制度在内地尚属首次，对于破产免责的条件应当严格把握。实践中，容易引起不必要的争议，如果经过的时间太长再提出申请，也不利于社会关系的稳定。但是，撤销免责制度作为防范和惩戒破产欺诈行为的最后一道防线更应从严适用，只要债务人存在通过欺诈手段获得免责的情形，一经发现，便允许债权人或者其他利害关系人申请人民法院撤销免除未清偿债务的裁定。规定债务人通过欺诈手段获得的免责裁定终身可撤销，既能凝聚制度引入

---

〔1〕 马哲：《论个人破产余债免除制度在我国的适应性及其构建》，载《中国政法大学学报》2019年第4期。

的共识，降低立法阻力，也有助于遏制破产欺诈行为，在全社会范围内培育良好的偿债文化。

此外，《个破条例》第103条规定有权申请撤销免责的主体为债权人和利害关系人。破产免责在一定程度上意味着剥夺债权人的利益，来为债务人创造重生的机会，当债务人通过欺诈手段获得免责时，允许债权人通过申请撤销免责的方式维护自己的利益应无疑义，这是一种对债权人因债务人的不当行为所失利益的事后积极补救措施。[1]但条例规定的有权申请人民法院撤销免责裁定的“其他利害关系人”的范围还有待进一步明确。从文义上理解，“利害关系人”应当指债权人以外，其权益也受到免除未清偿债务裁定影响的公民、法人或非法人组织。例如，《民法典》第535条规定的代位权人。需要注意的是，我国现有法律规范虽有多处使用“利害关系人”这一术语，但并未对其内涵和外延作出明确界定。考虑到我国当前逃废债问题较为严重，在司法实践中对于《个破条例》第103条规定的利害关系人的范围限制不应过于严格，可考虑通过适当扩大利害关系人的范围，鼓励更多的人对债务人的行为进行监督，以加强对债务人通过欺诈手段获得免责的事后救济。

最后，《个破条例》规定撤销免责事由为“通过欺诈手段获得免除未清偿债务”，即债务人存在条例第98条规定的不能免责的情形，但通过欺诈手段获得免责。判断债务人的行为是否构成“通过欺诈手段获得免除未清偿债务”时，除考虑债务人的行为和债权人利益是否受损这两个客观条件外，还需考虑债务人主观上是否存在欺诈意图。例如，在涉及对债务人的财产处分行为的判断时，债务人的财产处分行为是否构成不当处分，以及债权人的利益是否因此受到损害相对容易判断，并可由此推定债务人主观上具有欺诈的意图，但应当允许债务人对其行为的合理性进行解释，能够

---

〔1〕 邹海林：《破产法——程序理念与制度结构解析》，中国社会科学出版社2016年版，第544页。

证明其行为具有合理性的，不构成《个破条例》第103条规定的“通过欺诈手段获得免除未清偿债务”。这也是规定的欺诈手段与《个破条例》第40条和第41条所规定的不当处分行为和偏颇交易之间的区别，后者并不考虑债务人的主观意图。

（五）比较法视野下的失权复权选择

债务人未能按照约定履行债务，在执行程序中即可以通过限制高消费、纳入失信名单等措施，利用执行威慑机制给债务人施加压力迫使其履行债务。[1]但进入破产程序后对于债务人采取的限制高消费措施，已经不再是迫使债务人履行债务的手段，更多的是换取债权人谅解的一种惩戒，通过这种惩戒可以确认和确保债务人不存在转移或者隐匿财产逃避债务履行的情形。[2]

1. 失权。失权是指破产人被宣告破产后，其公法、私法上的权利资格行为等所受到的限制。[3]随着社会的发展进步，破产制度中的人身惩戒已经消失，对破产人的惩罚逐步被对破产人的权利资格以及行为等的限制取代。[4]破产失权在发挥对破产人惩戒功能的同时，最大限度地预防试图通过破产恶意逃避债务履行行为的发生。[5]人格破产最早见诸法国破产法，其目的主要在于限制破产人的某些权利或者相应职业的任职资格。[6]在个人破产制度中，破产的惩戒功能通过人格破产得以实现。破产人可以事先

---

〔1〕 谭秋桂：《论限制债务人高消费的法理基础及其制度完善》，载《时代法学》2011年第6期。

〔2〕 郭靖祎：《个人破产立法中的制度规则衔接问题研究》，法律出版社2022年版，第71-72页。

〔3〕 郭兴利：《建立个人破产制度：化解个人债务纠纷的新路径》，载《山东师范大学学报（人文社会科学版）》2010年第2期；陈文姣：《个人破产失权制度的规范路径研究》，载《湖南广播电视大学学报》2021年第2期。

〔4〕 刘静：《起源与词源的双重困境——解析破产制度的历史误读》，载《西南民族大学学报（人文社会科学版）》2010年第3期。

〔5〕 陈文姣：《个人破产失权制度的规范路径研究》，载《湖南广播电视大学学报》2021年第2期。

〔6〕 邱柳：《我国个人破产法律制度构建之人格破产与复权制度研究》，载《吉林省教育学院学报》2009年第11期。

直观预测到破产的成本，当自身陷于破产困境时会审慎作出选择。[1]

（1）英美法系国家关于失权的规定。按照英国法律的规定，法院在依据申请颁布限制令后，破产人在规定的期限内相应的权利资格受到限制。如不得担任公司董事，不得从事与公司生产经营相关的行为；[2]不得参与国会活动，不能被选任为下议院议员；[3]不得担任地方政府官员；[4]不得从事律师行业。[5]此外，破产人从事一定的行为也会受到限制。如破产人要获得超过250英镑以上的信用贷款，必须如实说明自己尚未破产免责的情况。[6]

按照《澳大利亚破产法》及其修正案的规定，被宣告破产后破产人相应的权利资格行为等同样会受到一定的限制。如宣告破产后，破产人的护照需要及时上交，只有在得到法院许可后方可出国。还如，破产人的破产记录会被记载于政府的数据平台，供需要了解破产人信用情况的社会公众进行查询；破产人的信用在免责前受到极大的限制，超过500澳元的信用贷款被禁止。此外，破产人要担任公司的经理、发起人或者公司的任何管理工作，都必须事先得到法院的许可。[7]

（2）大陆法系国家关于失权的规定。按照《德国破产法》《德国法院组织法》等法律的规定，破产人在复权前的权利资格等受到诸多限制。如不得担任参审员[8]、不得成为荣誉法官。

---

〔1〕 陈文姣：《个人破产失权制度的规范路径研究》，载《湖南广播电视大学学报》2021年第2期。

〔2〕 参见英国1986年《撤销公司董事资格法》第11条规定：“未经签发破产令的法院许可，未免责的破产人担任公司董事，或直接、间接参与公司的发起、设立及经营都是犯罪行为。”

〔3〕 参见英国《1986年破产法》第427条规定：“禁止未免责的破产人参与国会的活动，他或她不能被选任为下议院议员。”

〔4〕 参见英国1972年《地方政府法》第80条规定：“未免责的破产人不能担任地方政府官员。”

〔5〕 参见英国1974年《律师法》规定：“未免责的破产人不能从事律师业务。”

〔6〕 参见英国《1986年破产法》第360条规定：“破产人在未告知自己是未免责破产人的情况下取得250英镑以上的信用就构成犯罪。”

〔7〕 张卫：《澳大利亚自然人破产法律制度研究》，载《海南大学学报（人文社会科学版）》2002年第2版。

〔8〕 《德国法院组织法》第32条第3款规定：“破产人在复权前不得担任法院的参审员。”第109条第3项规定：“复权前的破产人不得成为商事法庭的荣誉法官。”《德国劳工法院法》第21条规定：“因法院命令限制就自己的财产实行处分的人，不得被聘为劳工法院的荣誉法官。”

日本法律关于破产失权的规定散见于各类法律之中，破产人在未被免责前担任某种职务的资格受到严格的限制。如不得担任律师〔1〕、监护人〔2〕、遗嘱执行人〔3〕、公证人〔4〕、公安委员〔5〕等。

（3）我国港澳台地区关于失权的规定。我国台湾地区关于个人破产失权的规定主要包括：不得担任律师；不得担任会计师；不得担任建筑师；不得担任技师；不得担任证券商的董事、监察人、经理或业务人员；不得担任公司经理、股份有限公司的董事或者监察人；不得担任私立学校的董事；不得担任合伙人。

香港特别行政区法律规定的失权表现在：①资格限制。主要是限制破产人从事部分职业，如不得担任律师、证券交易商、公司董事等，担任“太平绅士”也被明确禁止。〔6〕②权利限制。不得购买房产；不得拥有超过一定价值的物品，否则会被变卖；不准乘坐出租车等。③行为限制。严禁自费出境旅行；出入境要向法院通报行程、住处及联络方法，并限期返回等。〔7〕

澳门特别行政区法院规定了破产人不得从事商业活动，如果确因生活必需则需要得到法院的许可。〔8〕

（4）《个破条例》规定的失权。《个破条例》在充分借鉴各国或地区失权规定的基础上，规定了失权主要包括：①权利限制。未经人民法院同意，

---

〔1〕 参见《日本律师法》第7条第5号。

〔2〕 参见《日本民法》第847条第3号。

〔3〕 参见《日本民法》第1090条。

〔4〕 参见《日本公证人法》第14条。

〔5〕 参见《日本警察法》第7条。

〔6〕 韩冰：《香港关于个人破产制度的法律规定》，载《人民法院报》2013年5月10日，第8版。

〔7〕 殷慧芬：《消费者破产制度研究》，上海交通大学2008年博士学位论文，第112页。

〔8〕《澳门民事诉讼法典》第1097条规定了破产人从事商业活动的限制与维持基本生活需要的豁免事项，以兼顾债权人利益与债务人基本权利保障的需求：“一、破产一经宣告，破产人即不得从事商业活动，而破产人为法人时，其行政管理机关成员即不得从事商业活动，且破产人及该等成员均不得担任合伙或公司之机关据位人之职务。二、然而，如从事上款所指活动对破产人或其行政管理机关成员获取维持生活所需之资源属必要，且不妨碍对破产财产作清算，则法官得应破产人或该等成员请求或经破产管理人建议，许可破产人或该等成员从事上述活动。”

不得出境；[1]在破产免责前借款达到一定的额度，需要如实说明自己的情况；[2]担任公司的董事、监事等高级管理人员受到限制。[3]②行为限制。《个破条例》第23条对破产债务人的8种高消费行为进行了明确禁止。

2.复权。复权是指债务人在人格破产后经过法律规定的时间，依照法律规定或经由法院裁定，解除资格权利等限制，恢复应有的人格权利。[4]由于失权更多的是对破产人的一种惩戒，因此复权就要充分考虑破产人的过错程度、危害后果等因素，决定复权的期限长短，实现惩罚与预防相结合的目的。[5]就其本质而言，复权是对破产人采取失权惩戒后的一种再平衡，"它是失权的终点，又是人权的回归"[6]。从各国或地区的规定看，复权主要有当然复权、许可复权以及混合复权三种模式。[7]

（1）当然复权。其是指破产程序终结后破产人只要具备法律规定的条件，当然解除相应的资格权利限制，不必向法院提出申请。[8]英美法系国家多采此立法模式。但也有学者提出英美法系国家不存在复权制度。[9]

（2）许可复权。其是指破产人满足复权条件后，不能当然实现复权，需要按照规定向法院提出申请，并由法院审查决定是否批准其复权。[10]法

---

〔1〕《个破条例》第21条第4款。

〔2〕《个破条例》第21条第6款。

〔3〕《个破条例》第86条。

〔4〕陈计男：《破产法论》，三民书局2017年版，第248页；邹海林：《破产程序和破产法实体制度比较研究》，法律出版社1995年版，第401页。

〔5〕邱柳：《我国个人破产法律制度构建之人格破产与复权制度研究》，载《吉林省教育学院学报》2009年第11期。

〔6〕汤维建：《论破产法上的复权制度》，载《法学家》1996年第5期。

〔7〕刘静：《个人破产制度研究——以中国的制度构建为中心》，中国检察出版社2010年版，第246页。

〔8〕其主要理由在于英国《1883年破产法》第32条和《1890年破产法》第1条规定的关于破产人不得担任议员、市长等职务的限制不能因免责而解除，除非破产人获准免责已满5年或者已经获得《不幸证书》。参见葛现琴：《我国破产复权立法模式之选择》，载《当代法学》2003年第12期。

〔9〕谢怀栻：《资本主义破产法简介》，载本书编辑组编：《企业破产法讲座》，人民法院出版社1990年版，第190页。

〔10〕葛现琴：《我国破产复权立法模式之选择》，载《当代法学》2003年第12期。

国[1]、我国台湾地区采此模式，该模式的优势在于便于债权人对破产复权提出异议，有利于强化债权人的监督。

（3）混合复权。破产程序终结后，对于法律明确规定了复权期限的采当然复权，没有明确规定复权期限的，需要向法院提出申请并得到法院许可方能恢复权利。[2]日本采用此立法模式。[3]

此外，关于复权的期限。日本规定的是10年；法国规定的是5年；我国台湾地区规定的是3年；香港《破产条例》规定之前没有破产经历的，失权后经过4年复权，有过破产经历的经过5年复权。

（4）《个破条例》规定的复权。从《个破条例》第101条的规定看，采取的是申请复权的方式，并且明确规定了提出复权申请必须符合“免责考察期满”的条件。因此，《个破条例》对于破产复权的内容规定仅体现为破产人未清偿的剩余债务是否能够得到免除，重整计划是否能够得到批准，对于破产人的权利资格限制是否能够及时解除。这一规定的方式和范围显得过于笼统，不利于实践中的操作。[4]

3.比较法视野下的个人破产失权与复权思辨。债权人的公平受偿始终是个人破产立法追求的目标。[5]为维持债权人利益与债务人权利保障价值的平衡，破产债务人应当在特定领域让渡自己的一些自由和权利，即通过限制债务人的某些权利资格，实现个人破产法律关系中利益博弈的均

---

〔1〕《法国破产法》第171条规定：“破产人全额清偿对破产债权人的所有债务本息以及费用或者通过其他方式消灭了债务时，可以向法院申请复权。”

〔2〕骆紫月：《“个人破产复权”在个人破产案件中的适用与限制》，载《人民法院报》2021年6月3日，第8版。

〔3〕《日本破产法》第366条规定：“破产人于下列情形当然复权：1.免责决定确定时；2.强制和议认可决定确定时；3.依第347条规定的申请，破产废止的决定确定时；4.破产人在破产宣告后，未受诈欺破产之有罪确定判决且已经过十年时。此外，该法第367条规定：不能依前条规定当然复权的破产人，以清偿或其他方法对破产债权人免除了全部债务的责任时，破产法院因破产人的申请，应作出复权裁定。”

〔4〕骆紫月：《“个人破产复权”在个人破产案件中的适用与限制》，载《人民法院报》2021年6月3日，第8版。

〔5〕殷慧芬：《个人破产立法的现实基础和基本理念》，载《法律适用》2019年第11期。

衡，防止个人破产制度对债务人权益进行过度倾斜性的保护，增强债务人偿债的效率与守约的诚信度。

在失权方面，尽管各国或地区对破产人的失权限制有所不同，但不可否认的是，失权具有惩戒破产人的性质。在确定个人破产失权的适用范围时，必须充分考虑破产人的主观恶意程度、债务清偿比例、对于债权人造成的影响等因素，既实现充分的惩戒又不影响其重生。[1]因此，在失权范围的设定上应当更多地考量破产人的权利限制，放宽对破产人从业资格的限制，在权利受限的情形下，保障其拥有更多选择的创业创新渠道，尽快恢复生产经营，为社会创造更多财富从而实现重生。[2]

从英、德两国的规定看，其立法中主要对于个人破产债务人的信誉型职业资格施加限制，这一类职业资格的特点是以专业服务为主，对从业者的信誉水平要求高。个人进入破产程序本身意味着其信誉方面出现重大缺陷，为保障被服务对象的利益，应当对其专业资格施加一定期限的限制。

《个破条例》规定的经营性职业资格的限制范围包括上市公司、非上市公众公司和金融机构的董事、监事和高级管理人员。有两点需要注意：一是破产人资格限制的范围仅限于担任董事、监事和高级管理人员，担任其他职务的资格不受破产宣告的影响。二是禁止破产人担任高管职务的企业类型仅限于上市公司、非上市公众公司和金融机构，债务人在其他类型企业的任职资格不受影响。债务人被宣告破产后，其信用难免遭受质疑。对于上市公司等涉及公共利益的企业类型，基于公共利益的考量，确有必要禁止被宣告破产后的债务人担任其高管职务。但对于没有规定的企业类型，债务人的任职资格不受影响。理由在于，只要破产信息公示足够完善，债务人的破产事实能够为用人单位所了解，此时企业仍聘用债务人担任高管职务的，应当尊重其选择。如此，也有利于加强企业家的培育和保护。

---

〔1〕 汤维建：《论破产法上的复权制度》，载《法学家》1996年第5期。

〔2〕 刘敏溪：《论个人破产中的失权制度》，载《商品与质量》2011年第8期。

《个破条例》在限制消费行为方面，主要参考了《最高人民法院关于限制被执行人高消费的若干规定》的相关规定，目的是限制债务人高消费行为，并根据经济社会发展情况进行调整。考虑到“在星级以上宾馆、酒店、夜总会、高尔夫球场等场所进行高消费”的认定标准不甚明确，且深圳特区的星级以上宾馆、酒店占比较大，《个破条例》采取了特定场所消费的认定方式，将该项修改为“在夜总会、高尔夫球场以及三星级以上宾馆、酒店等场所进行消费”。《最高人民法院关于限制被执行人高消费的若干规定》中的“高档装修房屋”同样存在标准模糊的问题，高度依赖法官的自由裁量，《个破条例》将“高档”二字予以删除。对债务人乘坐交通工具的限制，考虑到债务人基本权利保障的需求和我国基础设施建设的发展与升级，对于债务人选择飞机经济舱、列车硬卧或硬座、轮船二等以下舱位、高铁以及其他动车组列车二等座位等未进行限制。为充分保护利害关系人的合法权益，《个破条例》所限制的是债务人供子女就读高收费私立学校的消费行为，不禁止就读于普通的私立学校。此外，我国现有的法律规定中，亦有关于失权的规定。〔1〕

在复权方面，复权期限的设定不宜过宽亦不宜过严，过宽不利于破产人自我反省，自我约束，达不到惩戒的效果；过严容易消减破产人的积极

〔1〕　参见《商业银行法》第27条规定：“有下列情形之一的，不得担任商业银行的董事、高级管理人员：(一)因犯有贪污、贿赂、侵占财产、挪用财产罪或者破坏社会经济秩序罪，被判处刑罚，或者因犯罪被剥夺政治权利的；(二)担任因经营不善破产清算的公司、企业的董事或者厂长、经理，并对该公司、企业的破产负有个人责任的；(三)担任因违法被吊销营业执照的公司、企业的法定代表人，并负有个人责任的；(四)个人所负数额较大的债务到期未清偿的。”再如，《公司法》第146条规定：“有下列情形之一的，不得担任公司的董事、监事、高级管理人员：(一)无民事行为能力或者限制民事行为能力；(二)因贪污、贿赂、侵占财产、挪用财产或者破坏社会主义市场经济秩序，被判处刑罚，执行期满未逾五年，或者因犯罪被剥夺政治权利，执行期满未逾五年；(三)担任破产清算的公司、企业的董事或者厂长、经理，对该公司、企业的破产负有个人责任的，自该公司、企业破产清算完结之日起未逾三年；(四)担任因违法被吊销营业执照、责令关闭的公司、企业的法定代表人，并负有个人责任的，自该公司、企业被吊销营业执照之日起未逾三年；(五)个人所负数额较大的债务到期未清偿。公司违反前款规定选举、委派董事、监事或者聘任高级管理人员的，该选举、委派或者聘任无效。董事、监事、高级管理人员在任职期间出现本条第一款所列情形的，公司应当解除其职务。”

性，在失权过程中产生懈怠。因此，复权期限的设定应充分考量破产人主观上的诚信、善意、勤勉以及有无社会危险性等因素。[1]鉴于此，有学者提出申请复权可以作为未来我国个人破产立法的优先选择，最大限度地发挥破产失权对于破产人的惩戒以及威慑作用。[2]

个人破产制度通过免责帮助债务人摆脱债务困境，使其回归正常的生产生活。同时通过失权制度对债务人进行一定的权利资格的限制，避免债权人的心理失衡以及程序被滥用。各国或地区对于失权的规定主要体现在限制债务人参与和信用有关的公共事务的管理，担任具有社会公共职能的职务，同时为了避免再次陷入资不抵债的情况，对其参与商业活动也作了一定的限制。对于复权目前存在当然复权、许可复权与混合复权三种模式，主要是基于个人信用发展的实际，以及对债务人保护程度不同的考量。

域外国家或地区的个人执行不能案件退出机制对我国执行不能案件退出机制有着十分重要的借鉴意义。尽管英国、美国与德国、日本等发达国家在制度设计方面存在差异，但都经过多次修改已经相对完善，遭遇债务危机的个人可以根据实际，随时选择通过个人破产程序解决自身债务负担，摆脱债务枷锁实现重生。我国目前执行程序并不完善，同时尽管建立个人破产制度的呼声一浪高过一浪，但立法者基于个人信用制度不健全、个人财产登记制度不完善等因素的考量，至今仅有“半部破产法”。导致大量个人在资不抵债的情况下，无法通过破产寻求制度保护，只能终身背负沉重债务负担而无法实现重生。在现有法律框架下，此类案件大多会进入执行程序，被作终本程序处理，并且在终本后根据申请执行人的申请不断恢复执行，不仅债权无法实现，也极大地浪费了司法资源。因此，对于现行执行不能案件的退出，应着眼于个人破产制度的构建，并逐步规范执

〔1〕 刘博：《复权制度中国化的路径刍议》，载《学习论坛》2017年第12期。

〔2〕 汤维建：《制定我国〈个人破产法〉的利弊分析及立法对策》，载《甘肃政法大学学报》2021年第6期。

行与破产程序之间的衔接，畅通执行不能案件的退出途径。

需要说明的是，由于本书系从解决个人执行不能案件退出的视角来进行比较，并不是对于个人破产制度的完整构建，因此，尚有许多制度没有提及或深入论及。后文笔者将对照比较的思路，就如何解决个人执行不能案件的退出问题，更多按照“执转破”的思路对个人破产相关制度构建进行论述。

第五章　个人执行不能案件退出的路径选择

在执行语境下，民事执行替代性地实现了破产程序的部分功能，但却远没有达到破产的法律效果。特别是在“切实解决执行难”的当下，大量退而不出终本案件的积压，已经严重影响了法律的权威和司法的公信力。2018年10月，时任最高人民法院院长周强在向十三届全国人大常委会第六次会议报告时指出，要“推动建立个人破产制度，畅通‘执行不能’案件依法退出路径”。〔1〕2019年2月27日，最高人民法院在《关于深化人民法院司法体制综合配套改革的意见——人民法院第五个五年改革纲要（2019—2023）》中提出，“研究推动建立个人破产制度及相关配套机制，着力解决针对个人的执行不能案件”。2019年7月16日，由国家发改委、最高人民法院等13部门联合发布的《加快完善市场主体退出制度改革方案》中提出，要“研究建立个人破产制度，重点解决企业破产产生的自然人连带责任担保债务问题。明确自然人因担保等原因而承担与生产经营活动相关的负债可依法合理免责。逐步推进建立自然人符合条件的消费负债可依法合理免责，最终建立全面的个人破产制度”。〔2〕2020年，中共中央、国务院发布《关于新时代加快完善社会主义市场经济体制的意见》，提出“推动个人

---

〔1〕 周强：《最高人民法院关于人民法院解决“执行难”工作情况的报告》，载《人民法院报》，2018年10月25日，第1版。

〔2〕《加快完善市场主体退出制度改革方案》，载中国政府网，https://www.gov.cn/xinwen/2019-07/16/content_5410058.htm。

破产立法，建立健全金融机构市场化退出法规，实现市场主体有序退出”。近年来，全国人大代表、政协委员先后通过提案或议案的方式，呼吁尽快制定个人破产法。理论界以及实务界从不同的角度分析论证个人破产制度在我国构建的条件已经具备，时机已经成熟。〔1〕2020年8月26日，深圳市人大常委会通过了《个破条例》，并于2021年3月1日开始正式实施。因此，在充分借鉴域外成熟制度经验的基础上，畅通“执转破”渠道，研究建立包括豁免财产、免责、失权复权等制度在内的，符合我国国情的个人破产制度，从根本上解决个人执行不能案件的彻底有序退出，已经成为时代的呼唤和历史的选择。〔2〕

然而，作为一名一线的执行法官，特别是随着本书的撰写，在进行实证调研的过程中，笔者深深地感悟到尽管个人破产立法的呼声日益强烈，破产试点如火如荼，大量执行不能案件长年累积无法退出的现实需求日益迫切，但个人破产制度从立项到起草到审议通过，再到真正落地实施还需要经历很长一段时间。研究解决个人执行不能案件退出，必须跳出执行看执行。本书研究的最终目的是构建个人执行不能案件的退出机制，以实现有序消解执行积案，提升执行效率，促使当事人权利义务恢复稳定状态，从而有效维护市场交易秩序安全。基于个人破产立法尚无明确日期的当下现实，个人执行不能案件退出机制的构建面临两个问题：其一，对于个人破产制度建立前相当长的时间内，如何解决个人执行不能案件的退出问题？其二，构建怎样的个人破产制度才能够契合个人执行不能案件退出的制度需要？

〔1〕 汤维建：《制定我国〈个人破产法〉的利弊分析及立法对策》，载《甘肃政法大学学报》2021年第6期；江苏省高级人民法院课题组：《我国个人破产制度立法模式的选择》，载《中国应用法学》2021年第5期；韩长印：《建立自然人破产制度正当其时》，载《人民法院报》2021年10月15日，第2版。

〔2〕 史锐、吴水兰、张旭川：《破产法视野下个人执行不能的解决路径分析》，载马世忠主编：《司法体制综合配套改革中重大风险的防范与化解——全国法院第31届学术讨论会获奖论文集》（下），人民法院出版社2020年版，第1422页。

因此，从制度构建现实性出发，笔者认为关于个人执行不能案件退出的路径选择，应当借鉴域外程序性退出机制与实体性退出机制相结合的思路，分为个人破产制度落地前后两个阶段进行设计。

本章第一部分，主要论述个人破产制度建立前的阶段，应立足于对现有制度机制的优化完善，力图在最大限度内解决个人执行不能案件的退出。在前文对终本程序的实证分析中，数据显示进入执行程序的案件数量猛增，恢复执行的消化能力远远低于未实结案件的增长速度。同时，由于财产保全制度未能被充分运用，使审执衔接不畅，执行机关未能有效掌控并处置相应资产，导致案件陷入执行不能困境。现有个人执行不能案件的临时退出机制无法解决案件的彻底退出问题，并且随着时间的推移，大量案件的积聚增加了申请执行人对法院工作的不满，影响了法律的尊严和权威，对社会的和谐稳定形成冲击，与“切实解决执行难”的愿景相背离。因此，必须对现有退出机制进行程序性改造。但这种改造并不是一蹴而就的，笔者认为，在个人破产制度落地前，应对现有机制进行完善并同时建立执行时限制度。一方面综合考虑，强化执行案件源头治理工作，把好案件入口关，做好立案、审判、执行三个环节的协调配合，从源头减少个人执行不能案件。另一方面做好末端疏导退出，建立个人执行不能案件退出的时限制度，促使符合条件的案件有序退出执行程序。

第二部分主要论述个人破产制度落地阶段，个人执行不能案件转入个人破产的程序性机制与个人破产制度的实体构建，明确退出路径，同时厘清个人破产的程序适用、豁免财产、免责以及失权复权的制度界分，建立适应个人执行不能案件退出的个人破产制度。前文对现行试点的个人破产制度以及个人债务集中清理制度运行情况做了实证分析。通过试点，部分个人执行不能案件得到了妥善化解，有序退出了执行程序，债务人也由此获得重生，执行程序与破产、债务清理程序衔接处理实现了有章可循，一些创新的制度设计也取得了良好的效果。但是从案件适用的数量上看，制度作用发挥仍然十分有限。关于个人财产范围界定不明晰、申报不实情况突出，程序启动与选择适用受限，债权人观念难以转变等问题亟待进一步完善解决。因此，在借鉴域外个人执行不能案件退出的经验基础上，结合我国实际，对个人执行不能案件退出的路径提出了体系化的设计构想。

第三部分主要从个人破产制度运行保障的视角，提出相关配套制度的构建与完善。

一、个人执行不能案件退出的路径选择之一：相关制度的建立与完善

（一）完善诉讼保全制度

“财产保全对于金钱债权的强制执行具有重要意义。若保全及时，将在源头上减少无财产可供执行案件的发生。但长期以来，由于审执衔接不畅、财产保全的实际应用并不理想。这是很多案件进入执行程序后陷入困境的重要原因。”〔1〕2016年11月7日，最高人民法院发布《关于人民法院办理财产保全案件若干问题的规定》。主要从裁执分离、引入保险担保、明确保全与查控衔接、细化救济渠道等四个方面对财产保全制度作出明确细致的规定。但实践中，诉前保全措施的适用情况并未得到实质性的改变。“据不完全统计，人民法院受理的执行案件中，60%～70%是没有财产保全的。”〔2〕

因此，诉讼立案时应当提示当事人做好诉前财产保全，着重说明不予保全可能的后果。向债权人释明不进行诉前保全可能发生债务人转移、隐匿、不当处置财产逃避执行的可能，一旦进入执行程序，待调查核实后确

〔1〕　百晓峰：《中国民事执行年度观察报告（2016）》，载《当代法学》2017年第3期。
〔2〕　刘贵祥：《人民法院执行工作现状与分析》，载《中国应用法学》2018年第1期。

认案件执行不能将无法有效保障债权的实现。正确引导当事人在立案时就提交保全裁定，并可以根据申请人的不同情况采取保险担保的形式，尽量减少当事人的诉讼成本，努力实现其利益最大化。

对于没有作出诉前保全的，在诉讼过程中，应当再次提示当事人做好诉中财产保全工作。如果当事人在诉讼中未提出保全申请的，在文书生效后，特别是调解类案件达成履行协议，但履行期间较长、具有转移财产风险的案件，也可根据具体情况适用诉后保全制度。根据《民事诉讼法司法解释》第163条的规定，对文书生效后、进入执行程序前，如发生可能转移财产风险的，可以申请采取财产保全，以确保生效文书确定的权益能够得到保障。切实做到应保尽保，能保尽保，从源头上减少个人执行不能案件形成的概率。

（二）实行执行立案审查制度

大量的客观个人执行不能案件，如果不能有效、合法、令人信服地退出执行程序，不仅不能真实反映法院执行工作的实际情况，也会形成大范围的执行积案，有限的执行资源被无谓地占用甚至浪费，导致社会信任危机，对社会稳定和司法权威构成威胁，使执行程序拥堵不畅，难以形成良性循环局面。最高人民法院发布的《关于人民法院解决“执行难”工作情况的报告》中提出：“从世界各国通例来看，‘执行不能’案件都属于当事人应当承担的商业风险、法律风险、社会风险，并非法院执行不力所致，需要通过个人破产、社会救助等制度机制予以解决，不属于申请执行的范围，不能进入执行程序。”〔1〕执行不能案件不属于申请执行的范围，不能进入执行程序，与现行的立案登记制相矛盾、相冲突。但从解决执行不能案件的角度出发，改变现有的执行立案登记制度不仅是可行的，而且是必要的，

---

〔1〕 周强：《最高人民法院关于人民法院解决“执行难”工作情况的报告》，载中国法院网，https://www.court.gov.cn/zixun-xiangqing-124841.html。

也可以与世界各国或地区对于执行案件严进宽出的制度规定相吻合。[1]域外国家或地区同样存在个人执行不能案件，但之所以没有出现大规模的"执行难"问题，根本原因在于这些国家或地区的强制执行是一个注重程序性处理的开放性体制，申请执行人只有履行完相应的程序性规定，案件才能进入执行程序。[2]

最高人民法院发布的《关于深化执行改革健全解决执行难长效机制的意见——人民法院执行工作纲要（2019—2023）》明确指出，要建立立案阶段提示执行不能风险制度，使当事人对诉讼结果及执行结果有合理预期，做好案件立案审核。按照立案登记制的规定，不能对当事人的申请作实质审查，只要案件申请符合立案形式条件的，就应当予以登记立案。但是，执行工作与案件审理存在很大的不同。在案件审理阶段，法院作为裁判者，应当保持中立。根据双方所提交的证据，依法作出公正裁判，胜败的风险自然由当事人自行承担。在此过程中，需要发挥法官的主观能动性，对相关的证据、事实认定、法律适用作出自己的判断。而执行阶段则不同，只需要法官依据财产线索，采取相应的强制措施实现债权即可。在执行立案登记制下，大量无财产可供执行案件进入执行程序，造成客观执行不能案件积压，且无法实现有效退出。

为解决这一难题，笔者建议对金钱给付类执行案件建立立案审查制度，不仅要求申请执行人提供执行依据，还要提供被执行人的财产线索。具体操作层面，可以分不同情况处理：一是申请执行人提供了财产线索并且经法院系统查询可以满足债权的，进入执行程序。这种情况，可以确保生效债权及时快速得以实现。二是申请执行人提供了财产线索，但法院经

---

〔1〕 解树森：《从源头减少"执行不能"案件——2022年全市法院执行工作会议召开》，载《深圳特区报》2022年6月8日，第A02版。

〔2〕 王亚新、百晓锋：《无财产可供执行案件的退出机制及相关争议的处理》，载《法律适用》2011年第12期。

网络系统查询其提供的财产线索不属实或部分不属实，法院向其释明执行不能的风险，可以予以立案。在现有法律框架下，该类案件进入执行程序后，法院按照规定需要对申请执行人提供的财产线索、被执行人申报的财产进行核实，还需要依职权对被执行人的财产进行系统查询、线下调查、必要的搜查，并对发现的被执行人财产采取查封、扣押、冻结、拍卖、变卖等执行措施，且对妨碍执行的被执行人采取限制高消费、列入失信被执行人名单、拘留、罚款等强制执行措施。如果这些程序履行完毕案件债权仍然无法实现或者全部实现，而被执行人确无可供执行财产，就需要终本程序。这类案件可以待发现被执行人的财产后及时恢复执行。如果建立了个人破产制度，这类案件则可以申请转入破产程序。三是对于申请立案时不能提供被执行人财产线索，法院经系统查询也未发现的，告知申请执行人由于没有发现被执行人的财产线索，立案后无法有效执行，因此暂不予立案，作登记备案处理，案件进入执行不能案件池。但此时应当告知申请人，发现被执行人的财产线索可以随时立案进入强制执行程序，且不受执行申请时限的限制。

（三）建立健全执行时限制度

由最高人民法院负责起草的《强制执行法（草案）》已经提请十三届全国人大常委会第三十五次会议审议，并面向社会公众公开征求意见。可以加快强制执行立法，建立执行时限制度，对执行设置一定的法定期限。在法院穷尽执行措施，仍然执行不能而适用终本程序的，从终本之日起计算，如在规定期限内没有实现申请执行人债权的，期限经过强制永久性退出执行程序。[1]在传统“欠债还钱，天经地义”的债务观念影响下，债权人为了最大限度地实现债权，往往会出现滥用该制度的可能。为避免类似情况的

〔1〕 霍利民主编：《强制执行的现代理念》，人民法院出版社2005年版，第246页。

发生，可以给予债权一定的有效期限。一旦期限超过则未实现债权转变为自然债权，无法再申请强制执行。在现有法律框架下，个人执行不能案件终本程序后，对于债权人提供的财产线索，一般先由法院进行核实，核实后再分情况作出是否恢复执行的不同处理。根据《终本规定》第9条关于"在终本结案后的5年内，每6个月通过网络执行查控系统查找被执行人财产"的规定，法院需要在5年内通过网络执行查控系统自动查询。如果有财产则恢复执行以实现债权，而如果一直没有发现被执行人有可供执行财产，不仅债权无法实现，也可以从另一个侧面反映出被执行人确实已经没有偿债能力。但5年后该如何操作，目前尚没有明确的规定。在个人破产制度缺失情况下，对于执行不能案件的退出应当建立执行时限制度加以解决已经达成共识，但在时限的具体设定上尚存在较大的分歧，形成三种不同的意见：（1）10年说。现行的《终本规定》明确了法院要在案件终本后的5年内履行财产核查的职责，可以再赋予债权人5年的时间，如果其发现被执行人有可供执行财产则恢复执行，如果没有则债权经过10年自动失效，债权人不得再申请执行，案件彻底终结并退出执行程序。〔1〕（2）20年说。可以将彻底终结的期限与我国最长诉讼时效保持一致，确定为20年。〔2〕（3）5年说。按照《强制执行法（草案）》第83条的规定，一旦案件由于被执行人无可供执行财产，导致案件终结本次执行程序的，终本后经过5年，案件应当裁定终结执行，彻底退出执行程序。〔3〕

执行时限制度的建立，也就是附期限的终局性退出，其法律后果是执行案件彻底退出执行程序，不得再恢复执行。同时当事人之间的债权债务关系变终身债务为附期限债务，债权转变为自然债权，申请执行人对其

---

〔1〕张法能：《执行退出机制：公正与效率的博弈——以再执行程序的"W"与"H"为角度》，载《法治论坛》2014年第3期。

〔2〕张美欣：《终结本次执行程序案件的彻底终结制度研究》，载《法律适用》2016年第4期。

〔3〕参见《强制执行法（草案）》第83条："有下列情形之一的，人民法院应当裁定终结执行：……（八）自终结本次执行程序之日起满五年且未发现被执行人可供执行财产。"

债权只享有法律上的受领权与道德上的请求权，无法再借助公权力强制执行。如果规定的时间太短，极易被债务人利用，成为逃避债务履行的工具；同时很难得到债权人以及社会公众的认可，有违法律保护的初衷。如果规定的时间过长，对债权人的债权实现没有实质的帮助，对于确无财产可供执行的债务人而言，也看不到希望。目前的《个破条例》规定适用破产清算程序的债务人，良好行为考察期是3年，特殊情况可以延长2年，最多不超过5年。但是考虑到破产对于执行而言，债务人受到失权的影响更多更重，相应地应当对于执行时限的规定长于良好行为考察期为宜。如瑞士规定对于执行不能案件出具无结果证明后，经过20年债权仍未实现的，债权失去法律保护的效力。根据我国《民法典》第188条的规定，关于债权保护的最长期间是20年，自权利受到损害之日起计算。因此，可以在借鉴域外国家或地区经验的基础上，既要最大限度地维护债权人的合法权益，保持法律对于权利保护的一致性原则，更要从我国的国情出发，充分考虑政治经济文化观念传统等实际。基于此，笔者认为可以将我国的执行时限制度规定为10年，即案件终本程序后，经过10年仍然执行不能的彻底退出执行程序。

综上所述，在个人破产制度建立前，可以采取加大财产保全力度，最大限度地减少执行不能案件的发生。对金钱给付类执行案件实行立案审查制，提供了财产线索的及时立案快速执行，对于立案时无法提供被执行人财产线索的案件采取登记备案的方式暂不予立案，待发现财产时随时立案。同时，借鉴域外程序性退出机制经验，结合我国的实际，在“强制执行法”中设立执行时限制度，案件终本程序后，经过10年仍无财产可供执行的，裁定终结执行，个人执行不能案件彻底退出执行程序。

二、个人执行不能案件退出的路径选择之二：构建个人破产制度

在世界范围内，对于个人执行不能案件的退出主要有两种路径可供选

择，其一，在执行过程中已经被确认为属于个人执行不能案件，但债务人不愿意提起执行转破产程序，则案件经过一定的期限，自动终结执行，彻底退出执行程序。其二，案件被确认为个人执行不能后，债权人或债务人主动申请执行转破产程序，则案件通过个人破产程序对债权债务进行清算或重整，最终实现债务的免除，案件退出执行程序。个人破产制度既要对诚实债务人进行债务减免，使其得到免责救济实现重生，又要最大限度地保证债权得到公平受偿，如何衡平这种利益博弈成为个人破产制度构建的关键。

（一）个人破产程序的启动与准入规制

对于个人执行不能案件如何从执行程序进入个人破产程序，是个人破产制度构建过程中首先要面对和必须解决的问题。

1.准入把控。个人执行不能案件从执行程序转入个人破产程序，必须解决好三个问题：一是具备怎样的条件方能转入？解决的是破产原因的问题。二是谁有资格转入？解决的是破产能力问题。三是如何转入？解决的是执行与破产的衔接问题。

关于第一个问题。破产原因是破产程序得以启动的必要条件，也是终结或变更破产程序的依据。[1]因此，有必要对破产原因进行厘定。首先，破产原因有狭义与广义之分。狭义上的破产原因是指法院受理和宣告债务人破产的依据；[2]广义上的破产原因是指适用破产程序或法院得以对债务人适用破产程序所依据的法律事实。[3]广义上的破产原因不仅包括破产宣告的原因，还包括破产和解以及破产重整的原因。[4]实践中，破产申请

---

〔1〕 邹海林、周泽新：《破产法学的新发展》，中国社会科学出版社2013年版，第58-59页。
〔2〕 王卫国：《破产法精义》，法律出版社2007年版，第5页。
〔3〕 齐树洁主编：《破产法研究》，厦门大学出版社2004年版，第121页。
〔4〕 王欣新：《破产法》（第3版），中国人民大学出版社2011年版，第31页。

的提出往往会滞后于破产原因的形成。[1]因此，与广义的内涵相对应，可以将破产宣告所适用的界限称为狭义上的破产原因。[2]

其次，破产原因的法律构造主要包括：第一，不能清偿到期债务。(1)债务人缺乏清偿能力，但清偿能力并非仅指债务人的财产而言，还要综合考虑其信用、劳动技能等方面的因素。在市场经济条件下，信用虽非资产，但也是一笔无形财富。[3](2)不能清偿表现为一种客观状态，并非债务人主观不愿意清偿。(3)不能清偿是一种持续状态，债务人出现暂时的不能清偿应当排除之外。(4)不能清偿的必须是已到清偿期的债务，不包括债务尚未到期或虽已到期但债权人并未主张的。[4]第二，不能清偿全部债务。债务人不是就个别债权人的特定债务不履行或拒绝履行，而是其资产无法清偿全部到期债务。资产不足以清偿全部债务又称债务超过或资不抵债。[5]对于清算中的债务人，“资不抵债”是申请债务人破产的原因；对于经营中的债务人，当认定其发生破产原因时，需要综合考虑“资不抵债”与“不能清偿债务”的具体情况。[6]第三，明显缺乏清偿能力。缺乏清偿能力是指债务人客观上已经不具备清偿债务的能力，与债务人主观上不愿清偿或由于某种不可抗力的原因暂时不能清偿有显著的区别。债务人是否缺乏清偿债务的能力，不能仅依据其现实拥有的财产数额来认定，而应综合考虑债务人的财产现有状况、信用高低程度、知识财产拥有程度等各种可以用来抵偿债务的手段或因素综合予以确定。[7]明显缺乏清偿能力是指债务人的资产状况表明其已不具有清偿全部债务的能力，表现为多次

---

〔1〕 邹海林、周泽新：《破产法学的新发展》，中国社会科学出版社2013年版，第55页。

〔2〕 韩长印：《破产界限之于破产程序的法律意义》，载《华东政法学院学报》2006年第6期。

〔3〕 汤维建：《新企业破产法解读与适用》，中国法制出版社2006年版，第14页。

〔4〕 李永军：《破产法律制度》，中国法制出版社2000年版，第44-45页。

〔5〕 邹海林、周泽新：《破产法学的新发展》，中国社会科学出版社2013年版，第64页。

〔6〕 邹海林、周泽新：《破产法学的新发展》，中国社会科学出版社2013年版，第65页。

〔7〕 邹海林：《破产程序和破产法实体制度比较研究》，法律出版社1995年版，第58页；邹海林：《我国企业再生程序的制度分析和适用》，载《政法论坛》2007年第1期。

拖欠他人债务长期无力清偿，或只能以物品抵偿债务等。[1]“明显缺乏清偿能力”作为一种客观状态，属于一种授权性规定，其价值在于赋予法院认定债务人是否存在破产原因时享有的一定的自由裁量权。[2]第四，有明显丧失清偿能力的可能。债务人虽然尚未具备破产原因，但是根据其经营状况和财务信息，可以明确地预见不能清偿到期债务的情况必将在未来某一时刻出现。此时赋予债务人及时启动重整程序的机会，可以有效实现对债务人的拯救，使其尽早摆脱困境。[3]

最后，破产原因在实践中的控制问题。按照《个破条例》和温州中院《关于个人债务集中清理的实施意见（试行）》等的规定，进入个人破产程序应当符合“诚实而不幸”的条件。“诚实的”是贯穿个人破产法始终的对于债务人的形式要求，“不幸”则是对于债务人是否具备破产原因的实质考量。对于债务人诚实的认定，要求其必须如实申报财产及债务，如实说明破产的原因，自觉接受法院、管理人的监督。[4]温州中院《关于个人债务集中清理的实施意见（试行）》第6条将个人破产原因概括为三个方面：债务人不能履行的债务仅限定为金钱给付义务；债务人所有的财产不足以清偿全部债务；债务人明显缺乏清偿能力。

笔者认为，由于个人执行不能案件已经经过了债务人财产报告、债权人财产线索提供以及法院的网络查控、审查核实并经法定程序确认其属于“确无财产可供执行”，完全符合个人破产关于破产原因的实质性规定，只要是诚信的债务人，均可以转入个人破产程序中。

关于第二个问题。首先，破产能力的法律内涵。破产能力是指民事主体适用破产法的资格，法院只能依法对具备破产能力的主体宣告破产。相

---

〔1〕 徐永前主编：《企业破产法讲话》，法律出版社2006年版，第82页。

〔2〕 邹海林、周泽新：《破产法学的新发展》，中国社会科学出版社2013年版，第67页。

〔3〕 王卫国：《破产法精义》，法律出版社2007年版，第8页。

〔4〕 参见《深圳经济特区个人破产条例》第33、34、35条。

反，如果法律没有明确赋予某类民事主体破产能力，法院也就无权对该类主体作出破产宣告。[1]破产能力有广义和狭义之分。广义上的破产能力是指具备破产原因的债务人得以被法院宣告破产的资格，既包括被宣告破产的能力，也包括和解和重整的能力。[2]狭义上的破产能力仅指民事主体被法院依法宣告破产的资格。[3]其次，破产能力的法理基础。在破产法理论上，破产能力的法理基础有权利能力基础说和特别规定说之分。权利能力基础说强调权利能力对破产能力取得的意义，有权利能力才有破产能力，但有权利能力不一定具有破产能力。特别规定说只强调法律的特别规定才是民事主体取得破产能力的基础，没有法律的特别规定，民事主体即便有民事权利能力也不能拥有破产能力。目前国内只有适用于企业法人的“半部破产法”，虽然法律规定个人具有民事权利能力，但却没有破产能力。[4]最后，破产能力在立法中的把控问题。通过第四章的比较可知，从世界范围内的个人破产适用主体发展看，主要有以法国、意大利为代表的商个人破产模式；以及以德国、美国等为代表的一般个人破产模式。有学者认为，结合我国经济发展的实际应当借鉴英国的个人破产发展演变的历史采取商个人破产模式。[5]对于农民是否应当纳入个人破产的适用主体范围，目前尚存在较大分歧。有学者认为法律对于农民的特殊权利保护制度不会对个人破产制度的构建产生实质性的影响，不必区分农村居民和城镇居民。[6]与此观点相反的学者，基于农村居民的生产经营所得以及个人收入很难计算和区分，财产处置与现有政策存在冲突等原因，认为暂不宜

---

〔1〕 韩长印：《破产法学》，中国政法大学出版社2007年版，第22页；张艳艳：《论我国自然人破产能力的确立》，载《职业时空》2011年第3期。

〔2〕 齐树洁主编：《破产法》，厦门大学出版社2009年版，第24页。

〔3〕 范健、王建文：《破产法》，法律出版社2009年版，第40页。

〔4〕 邹海林、周泽新：《破产法学的新发展》，中国社会科学出版社2013年版，第25页。

〔5〕 孙宏友：《论英国破产法制度发展及其对我国个人破产立法的启示》，载《河北法学》2010年第3期。

〔6〕 王雪丹：《关于二元经济体制对个人破产制度影响的思考——兼与朱涛博士商榷》，载《前沿》2010年第12期。

将农村居民纳入其中。[1]在推进个人破产法的试点过程中,《个破条例》以地方立法的形式赋予了所有个人债务人的破产能力,浙江、江苏、山东、四川等省法院则以出台“类个人破产”文件的形式赋予个人债务人的破产能力,并且都没有区分商个人以及消费者、城市居民以及农村居民,采取的是一般破产主义模式。截至2019年末,全国人均个人消费贷款余额为3.14万元,同比增长15.96%。[2]截至2023年第一季度末,全国信用卡发卡数量7.91亿张,信用卡逾期半年未偿信贷总额990.04亿元。[3]笔者前期的调研数据显示,在个人为被执行人的终本案件中,其中由于生产经营导致执行不能的案件占比为60.17%,由于生活消费导致执行不能的案件占比为16.57%。[4]

随着社会主义市场经济的飞速发展,消费经济特别是消费信贷对于扩大消费、拉动经济内需增长方面,发挥着越来越重要的作用,而这些在经济社会中扮演重要角色的市场主体已经越来越难以进行身份的界定。“人的普遍商化使得商事主体与一般法律主体相融合,无法将‘商人’与民法规定的公民和法人相区别。”[5]特别是随着个人破产法拯救功能的日益凸显,主体范围不断宽泛也符合其平等保护的价值追求。因此,采取一般破产主义的模式,赋予个人债务人破产能力已经是历史的必然。

关于第三个问题。前文已对域外及国内“执转破”启动模式进行比较分析,以当事人申请主义为主、职权主义为辅的折中模式已经成为近现代各国或地区采用的主要模式。综合国内个人债务集中清理试点情况看,从

---

〔1〕 赵万一、高达:《论我国个人破产制度的构建》,载《法商研究》2014年第3期;朱涛:《论构建自然人破产制度的现实障碍——关于破产法在农村的适用性思考》,载《农村经济》2010年第1期。

〔2〕 范新妍等:《基于整合治愈率模型的信贷违约时点预测》,载《统计研究》2021年第2期。

〔3〕 数据来源中国人民银行网,https://www.pbc.gov.cn/zhifujiesuansi/128525/128545/128643/4966699/index.html,访问时间:2023年8月28日。

〔4〕 笔者调研样本数为688件,其中涉及为生产经营融资借款导致执行不能案件为414件,为维持生活消费导致执行不能案件为114件。

〔5〕 史际春、陈岳琴:《论商法》,载《中国法学》2001年第4期。

公共利益层面考量，国家公权力适度介入也具有合理性、公正性与必要性。因此，笔者建议强化职权主义，采取以当事人主义为主、职权主义为辅的模式，从而畅通个人执行不能案件与破产程序间的衔接。我国目前的企业“执转破”规则以及台州《执行程序转个人债务清理程序审理规程（暂行）》对于个人“执转破”衔接进行了明确的规定，可以作为制定个人执行不能案件转破产程序的参考依据，同时还需借鉴域外国家或地区的有益做法，进一步强化职权主义作用。即除债权人、债务人可自行申请转入破产外，法院在执行过程中认为必要时可以裁定转入破产程序，同时赋予检察院在履行监督职能时建议启动破产程序的权利，推动“执转破”程序实质化运转。具体启动条件为：（1）执行不能案件的债务人认为自己具备破产原因时，可以向法院提出转入破产程序的申请；（2）个人执行不能案件的债权人认为债务人符合个人破产的条件，且其持有的债权达到一定的数额时，[1]可以向法院提出转入破产程序的申请；（3）人民法院在必要时（主要是指案件被确认为执行不能，已经裁定终本程序，但债权人和债务人均未提出申请的情形），可以依职权启动执行转破产程序；（4）检察院在履行监督职能过程中，发现个人执行不能案件符合进入破产的条件，可以依检察监督职权建议法院启动执行转破产程序。在个人执行与破产程序的衔接问题上，赋予债权人的破产能力，让债权人和债务人都愿意去申请破产，使制度的功能得以最大限度的释放。债权人可以通过破产威慑躲债的债务人，使其意识到可能遭受各种失权限制，甚至会面临刑事惩罚；诚实的债务人可以通过破产免除责任实现重生。[2]

2.简易程序设置的考量。个人破产制度的构建应最大限度地减少社

---

〔1〕 英国破产法规定债权人提出破产申请其无担保债权额必须达到750镑，美国破产法规定债权人申请债务人破产其所代表的债权额不低于5000美元，澳大利亚破产法规定债权数额需要达到2000澳元，个破条例规定债权人持有的债权数额达到20万元人民币。待立法时，可以结合当时的国民经济发展的综合情况予以确定。

〔2〕 张永红：《英国个人破产案件的处理及启示》，载《人民司法》2020年第10期。

会成本，包括确定债务的有效性、偿付水平的误差以及债权人、债务人和第三方的成本。[1]“投入较小的司法成本获得最大的司法收益，是司法工作在经济学上的永恒追求。”[2]因此，有必要遵循民事诉讼程序划分的法理逻辑，将个人破产的程序适用划分为普通程序与简易程序。[3]简易程序不仅可以及时快速，节省时间成本，还可以有效避免普通程序周转所需要花费的管理成本，极大地降低个人破产的费用支出，从而有效维护债权人的利益。[4]但需要解决的问题包括：第一，是否清算、和解与重整三种程序都需要设置简易程序？和解程序本身的适用需要债务人与债权人在债务清偿、债务免责、清偿期限等实质内容上进行充分的协商，因此没有区分普通与简易之必要。而清算与重整则不同，二者无论在案件的难易繁简程度，还是在案件的标的以及债权债务关系方面都存在很大的差异，需要通过不同的程序加以解决，因此，在清算以及重整程序内都应当有简易程序存在的价值与必要。[5]

第二，简易程序的适用条件。设立简易程序的目的是在最短的时间内，使债权债务关系得到有效的处理。《个破条例》已经为简易程序的最终设立提供了参照。按照《个破条例》第148条的规定，适用简易程序的条件是“债权债务关系明确、债务人财产状况清楚、案情简单的”。按照这样的规定，执行程序中个人执行不能案件绝大多数都符合适用简易程序审理的条件。在个人破产的立法中，可以在参照《个破条例》规定的基础上，

---

〔1〕 自然人破产处理工作小组起草：《世界银行自然人破产问题处理报告》，殷慧芬、张达译，中国政法大学出版社2016年版，第66页。

〔2〕 潘慧斌、郑丛华：《重获新生：自然人执行不能案件的出路与利益衡平——以构建个人破产制度为思路》，载上海市法学会：《上海法学研究》2021年第9卷。

〔3〕 汤维建：《我国个人破产立法的制度框架构想》，载《上海政法学院学报（法治论丛）》2023年第1期。

〔4〕 刘静：《试论当代个人破产程序的结构性变迁》，载《西南民族大学学报（人文社会科学版）》2011年第4期。

〔5〕 汤维建：《我国个人破产立法的制度框架构想》，载《上海政法学院学报（法治论丛）》2023年第1期。

考虑以下几个方面的条件:(1)债务人必须是诚实的。如案件在执行程序中,债务人如实报告财产、积极配合财产处置、遵守限制高消费规定等。(2)设置一定的债务数额受理上限。如《美国破产法》规定,适用第13章时无担保债务数额不得超过383,175美元,有担保债务数额不得超过1,149,525美元。[1]有学者基于中国城镇居民家庭资产负债情况的调查分析,提出适用个人债务调整程序的无担保债务不得超过500万元。[2]尽管《个破条例》没有设定债务数额上限,仅规定"债务人债务不超过二十万元的,可以由法官一人独任审理"。[3]但实践中,超过20万元债务的案件数量尚且占有一定的比例。一般情况下,债务数额较大往往债权人数众多,其债权债务关系以及债务人的财产状况相对复杂。因此,确定一个简易程序适用的债务上限,有利于简易程序目的的实现。从深圳《个破条例》2021年3月1日实施到2022年2月28日申请破产的统计数据看,"申请人申报的债务规模,最小的1.8万元,最大约16亿元,债务人负债中位数为91.31万元。负债100万元以下546人,占全部申请数的53.0%;负债100万元至500万元371人,占36.0%;负债500万元至1000万元46人,占4.5%;负债1000万元以上68人,占6.6%,其中8人负债过亿元,主要因为公司经营承担连带担保责任"。[4]此外,最高人民法院的调研数据显示,浙江省遂昌县人民法院个人债务数额平均不超过100万元。[5]笔者前期开展的实证调研中个人执行不能案件的标的分布显示,大标的案件较少,100万元以上1000万元以下案件约占1/7,1000万元以上案件约占1/10。100万元以下的案件占比高,

---

〔1〕[美]查尔斯·J.泰步:《美国破产法新论》(上册),韩长印、何欢、王之洲译,中国政法大学出版社2017年版,第113页。

〔2〕贺丹:《个人破产程序设计:一个新思路》,载《法律适用》2021年第9期。

〔3〕《个破条例》第148条。

〔4〕曹启选、景晓晶、叶浪花:《个人破产制度先行先试中的实践示范与体系构建》,载《人民司法》2022年第22期。

〔5〕最高人民法院民二庭课题组:《司法实践视野下的自然人债务庭外重整程序》,载《法律适用》2022年第2期。

占比共计72.14%，其中1万～10万元和10万～100万元案件各占1/3，1万元以下案件较少，仅占1/13。综合分析，笔者认为可以将简易程序适用的债务数额上限确定为100万元。（3）债务本身没有争议。执行不能案件经过了诉讼程序，对当事人之间的债权债务进行了明确，不存在债务存在与否的争议。因此，对于个人执行不能案件而言，只要符合其他条件，原则上均可进入简易程序进行解决。个人破产立法时，可以参考现行《民事诉讼法》规定的简易程序设置条件规则等。

（二）个人破产的程序规则设置构想

《个破条例》规定了清算、和解与重整三种程序，并没有对债务人的程序选择作出明确的限制性规定，这样的好处在于充分保护了债务人的程序选择权。尽管对于有未来可预期收入的债务人规定了可以选择重整程序，然而，对于未来可预期的收入标准，以及达到多少未来可预期收入的标准只能选择重整程序并未作出明确。破产和解是指双方当事人在法院的指导下，自愿达成债权债务清偿协议，债务人按约履行协议并免于破产宣告的破产程序。[1]和解的实质在于双方的合意，既可以是财产的即时分配，也可以是一定期限内的清偿。[2]鉴于和解程序需要债权人和债务人双方就和解协议的达成进行充分的沟通协商，取得一致意见后方可执行，特别是基于《个破条例》实施以来，对于该程序的适用主要被重整程序所替代的实际，笔者认为，未来个人破产立法可以不设置和解程序，但可以将其置于破产前的庭外调解程序中予以考虑，故本部分不作论述。

个人债务人按照其偿债能力可以进一步区分为四种类型：第一种类型为有劳动能力且有可预期收入的债务人；第二种类型为有劳动能力但没有可预期收入的债务人；第三种类型为丧失劳动能力但有可预期收入的债务

---

〔1〕 陶乾、张世君：《意大利破产和解制度的发展及经验借鉴》，载《社会科学战线》2016年第10期。

〔2〕 刘静：《个人重整程序与个人破产和解程序的识别》，载《法制与经济（下旬刊）》2010年第1期。

人；第四种类型为丧失劳动能力且没有可预期收入的债务人。偿债能力决定着债权的实现，对于具备不同偿债能力的债务人规定不同的破产程序，最大限度地实现债权的保护与债务人重生的平衡。〔1〕对于第一种以及第三种债务人，在执行程序中可以采取执行和解的方式，确定分期执行方案逐步执行，不属于执行不能的范畴，因而不在本书的论述范围之内。个人执行不能案件的债务人主要是指第二种以及第四种类型，对于有劳动能力但没有可预期收入的债务人可以适用重整程序，对于丧失劳动能力且没有可预期收入的债务人可以适用清算程序。

1.个人破产清算程序。清算程序原则上只适用于债务人丧失劳动能力且没有可预期收入来源的情形，对于此类债务人通过清算程序对其财产进行清理分配，设置一定的免责考察期，只要其严格遵守规定，履行相应的义务，期满后即可免除其剩余债务的清偿。

（1）清算与重整的实践悖论。"在个破条例实施首月法院收到的260件个人破产申请中，申请清算235宗，重整17宗、和解8宗。在个破条例实施1周年内收到的1031件个人破产申请中，申请清算789宗、申请重整175宗、申请和解67宗。"〔2〕从《个破条例》运行的实践看，申请清算程序的比例首月与一周年时分别为90.4%与76.5%。可见，债务人为了尽快享受免责优惠，更多地选择破产清算程序。之所以作出这样的选择，是因为经过清算程序的财产处置、变价分配，在法定的考察期内没有违反相关的规定，债务人提出免责申请后，对于尚未清偿的债务不管债权人是否同意，法院都可能作出免责的裁定。

但法院审查受理的程序类型却与申请人的预期出现了逆转。"截至2022年2月28日，深圳中院共启动破产申请审查74宗。在法院立案审查的

〔1〕 毛琳：《个人破产程序中债务人权利的限制与恢复》，载《山东法官培训学院学报》2019年第4期。

〔2〕 曹启选、景晓晶、叶浪花：《个人破产制度先行先试中的实践示范与体系构建》，载《人民司法》2022年第22期。

74宗申请中，破产清算申请19宗，占立案审查数的25.7%；重整申请44宗，占59.4%；和解申请11宗，占14.9%。在法院裁定受理的31宗案件中，破产清算程序6宗，占比19.3%；重整程序20宗，占比64.5%；和解程序5宗，占比16.1%。”〔1〕之所以出现这种情况，主要原因在于当初《个破条例》制定时，没有设定不同程序的准入条件。为了及时弥补这一漏洞，2022年5月17日深圳破产法庭制定了《加强个人破产申请与审查工作的实施意见》，其第9条明确规定只有丧失清偿能力且清偿能力不可恢复的债务人才可以申请个人破产清算。

因此，在个人破产立法时，必须明确细化个人破产程序的准入条件，有效化解这一矛盾，正确引导不同的债务人根据自身的实际作出不同的选择。此外，笔者认为可以采取单轨制，即符合申请转入破产程序的个人执行不能案件的债务人（包括其他有权提出申请的主体），应当先提出申请转入重整程序，经法院审查核实，只有无法重整或重整方案未通过或由于不可抗力致使重整计划无法推进的方可转入清算程序。

（2）良好行为考察期的设置。各国关于失权期限的规定，德国是6年；我国香港地区规定有过破产记录的是5年，没有破产记录的是4年；〔2〕英国将自动免责的期限由5年缩短为3年并最终确定为1年。〔3〕有学者建议我国未来制定个人破产法时可以将考察期限限定为3年。〔4〕《公司法》对于资格与权利的限制期限为3年。〔5〕失权是对破产人设定的各种限制，更多是起到预防和惩戒的作用，时间过长不仅不利于破产人偿债积极性的调动，也有违人道主义的立法初衷。但时间过短，惩戒的效果难以发挥亦极易被

〔1〕 曹启选、景晓晶、叶浪花：《个人破产制度先行先试中的实践示范与体系构建》，载《人民司法》2022年第22期。

〔2〕 汤维建：《〈个人破产法〉的立法研究》，载《山东警察学院学报》2010年第5期。

〔3〕 徐阳光：《英国个人破产与债务清理制度》，法律出版社2020年版，第15页。

〔4〕 邱柳：《我国个人破产法律制度构建之人格破产与复权制度研究》，载《吉林省教育学院学报》2009年第11期。

〔5〕 参见《公司法》第146条第3款。

滥用。[1]

对于进入清算程序的案件，经过破产清算对破产财产进行处置分配后，要设定一定期限的良好行为考察期。目前，《个破条例》规定的考察期限是3年，特殊情况可以延长，但最长不超过5年。[2]温州中院《关于个人债务集中清理的实施意见（试行）》采取清偿期限与不同债务数额的清偿比例相关联的形式，设定了最高6年的浮动考察期限。[3]《企业破产法（草案）》将免责考察期按照债务人的清偿比例分为若干层次加以区别对待的做法，[4]同样值得借鉴。

综合试点情况，借鉴域外经验，考虑债务人的实际清偿能力以及债权人的心理承受能力，笔者认为，应当采取浮动比例的方式，期限与清偿比例挂钩，使绝大部分债务人都可以在 3～5 年的时间得到免责为宜。因此，可以在立法时考虑对于债务的清偿比率不足10%的，考察期可以设定为5年；已经达到了10%不足20%的，考察期可以设定为4年；已经达到20%不足30%的，考察期可以设定为3年；已经达到30%不足40%的，考察期可以设定为2年；已经达到40%不足50%的，考察期可以设定为1年；已经达到50%及以上的，可以视情况不再设立免责考察期。之所以选择将清偿比率与考察期限进行关联，主要是以此来调动债务人清偿债务的积极性，提高

---

〔1〕 刘博：《复权制度中国化的路径刍议》，载《学习论坛》2017年第12期。

〔2〕 参见《深圳经济特区个人破产条例》第95条、第96条。

〔3〕 温州中院《关于个人债务集中清理的实施意见（试行）》第34条。

〔4〕 2002年《企业破产法（草案）》第150条规定："破产案件终结后，具备下列情形之一的，对于普通破产债权的未受清偿部分，除故意侵犯人身权的损害赔偿外，免除破产人的清偿责任：（一）在破产案件终结时，全部破产债权的百分之四十以上已经获得清偿的，自破产案件终结之日起满三年；（二）在破产案件终结时，全部破产债权中已获得清偿的部分达到百分之三十以上，但不足百分之四十的，自破产案件终结之日起满四年；（三）在破产案件终结时，全部破产债权中已获得清偿的部分达到百分之二十以上，但不足百分之三十的，自破产案件终结之日起满五年；（四）在破产案件终结时，全部破产债权中已获得清偿的部分达到百分之十以上，但不足百分之二十的，自破产案件终结之日起满七年；（五）在破产案件终结时，全部破产债权中已获得清偿的部分不足百分之十的，自破产案件终结之日起满十年。有本法第一百四十九条第二款、第一百五十二条、第一百五十三条、第一百五十四条、第一百五十五条、第一百五十六条、第一百五十八条、第一百六十条规定的行为之一的，不予免责。破产人获得免责后，自愿对已免责债务予以清偿的，债权人所得的清偿利益，受法律保护。"

清偿比率，使债权人得到最大限度的清偿，更好地平衡债权人与债务人之间的利益关系。此外，对于破产人在考察期间违反法律规定的禁止性义务，经查证属实需要区分不同情况作出处理：对于情节轻微且影响不大的，可以由法院酌情延长免责考察期；对于情节较重或者虽然情节轻微但影响较大的，应当裁定不予免责，破产人对于尚未清偿的债务继续清偿；对于情节严重构成犯罪的，依法追究破产人的刑事责任。[1]

2. 个人破产重整程序。破产重整是指债务人在一定期限内履行经债权人同意或法院批准的债务清偿计划，免于破产清算的程序。[2]重整的实质在于债务清偿的重新规划，因此重整否定对财产进行即时分配。[3]

（1）"有未来可预期收入"标准的界定。《个破条例》出于对债务人程序选择权保护的考虑，没有明确每个程序适用的具体条件，仅在第106条对重整程序的适用作出"有未来可预期收入"[4]的限定。但对这一规定在实践中如何把握并未作出进一步的明确。美国2005年通过的《破产滥用防止及消费者保护法》确立了"收入测评"机制以防止破产清算程序被滥用，但其适用于主要负债为消费债务的个人。收入测评机制在对债务人的月收入进行充分的评估后，将债务人用于生活以及负担担保债务开支等必要费用扣除后，如果债务人的剩余收入超过法律规定的标准，则认定其为滥用破产程序。[5]法院会依法驳回债务人适用清算程序的申请或将其转换为适用重整程序。[6]有观点认为，适用重整程序的债务人应当仅限于"从

[1] 汤维建：《制定我国〈个人破产法〉的利弊分析及立法对策》，载《甘肃政法大学学报》2021年第6期。

[2] 刘静：《个人重整程序与个人破产和解程序的识别》，载《法制与经济（下旬刊）》2010年第1期。

[3] 刘静：《个人重整程序与个人破产和解程序的识别》，载《法制与经济（下旬刊）》2010年第1期。

[4] 参见《深圳经济特区个人破产条例》第106条。

[5] [美]查尔斯·J.泰步：《美国破产法新论》（上册），韩长印、何欢、王之洲译，中国政法大学出版社2017年版，第192-196页。

[6] [美]查尔斯·J.泰步：《美国破产法新论》（上册），韩长印、何欢、王之洲译，中国政法大学出版社2017年版，第228页。

事了生产经营活动的债务人（如个体工商户）”〔1〕，适用对象的范围未免太过狭窄。生活中，有未来可预期收入的既包括从事生产经营活动的，也包括具有固定职业的人员（如各类公职人员）。可以借鉴美国的“收入测评机制”的规定，明确“未来可预期收入”的标准，既可以解决个人滥用清算程序，又可以统一法律的适用标准，解决实际操作中法官自由裁量权过大的问题。

（2）债权人表决权的限制。《美国破产法》第13章个人重整程序中，无担保债权人对于重整计划没有表决权。〔2〕《日本民事再生法》对于小规模民事再生程序和工薪所得者再生程序的规定中，均对债权人的表决权进行了一定的限制。在小规模民事再生程序中，当不同意再生计划的债权人在人数及其所代表的债权额没有超过半数时，再生计划则视为通过。在工薪所得者再生程序中，由于工薪者有稳定明确的收入，债权可以通过及时有效的清偿得到保护，因此再生计划无须债权人表决。此外，对于债务人住宅贷款资金的特别条款，债权人同样没有表决权。〔3〕

《个破条例》规定重整计划草案的通过采取多数决与分组决的方式，即“出席债权人会议同一表决组的债权人过半数同意重整计划草案，并且其所代表的债权额占该组债权总额的三分之二以上的，即为该组通过重整计划草案。”“各表决组均通过重整计划草案的，重整计划草案即为通过”。〔4〕如果部分表决组未通过重整计划草案，债务人可以与债权人对草案的相关内容进行协商修改，并进行二次表决。如果仍然未获通过，债务人或管理人可以申请法院批准重整计划草案。〔5〕法院经审查后认为重整计

〔1〕 毛琳：《个人破产程序中债务人权利的限制与恢复》，载《山东法官培训学院学报》2019年第4期。

〔2〕 ［美］查尔斯·J.泰步：《美国破产法新论》（下册），韩长印、何欢、王之洲译，中国政法大学出版社2017年版，第1370页。

〔3〕 ［日］谷口平安主编：《日本倒产法概述》，佐藤孝弘、田言译，中国政法大学出版社2017年版，第299-322页。

〔4〕 《个破条例》第119条第1、2款。

〔5〕 《个破条例》第120条、第121条第1款。

划草案符合规定条件的，有权裁定批准。[1]个人债务重整式清偿制度是以债务人未来收入、收益对债权人进行清偿的司法救济制度，相较于清算式清偿，其有利于债权人利益的最大化。《个破条例》关于重整计划草案通过的规定，可以最大限度地保护债权人的利益，但又不会由于个别债权人的冷漠不配合导致重整计划草案无法通过。[2]今后的个人破产立法中，可以借鉴参照这一规定模式。

（3）建立公职破产管理人制度。我国的破产管理人制度脱胎于《美国破产法》的破产托管人（trustee）。按照《美国破产法》的规定，破产托管人分为政府托管人（U.S. trustee）与私人托管人（private trustee）。政府托管人主要负责履行与破产案件有关的行政性职责，保证破产程序的有效运行及其公正性，包括监督破产各方当事人以及私人托管人的行为、报告破产事务进展等。私人托管人的职责根据程序不同有所区别，主要包括调查债务人的财产状况，清理、变卖、分配破产财产等，一般由律师担任，根据提供的服务收取报酬。[3]《个破条例》规定经破产事务管理部门任命后，管理人负责调查核实债务人的基本情况、制作债务人财产报告、提出对债务人的豁免财产、拟定破产财产分配方案、监督管理重整计划以及和解协议的执行、监督管理债务人在考察期的行为等。[4]管理人履行个人破产案件管理职责，由人民法院按照有关规定确定其报酬。同时，强调管理人应当为破产财产不足以支付破产费用的案件提供破产事务公益服务。[5]浙江在个人债务集中清理（类个人破产）的试点过程中，主要由收取报酬的律师以及不收取报酬的公职管理人负责破产管理人的相关工作。[6]今后的立法

〔1〕《个破条例》第121条第2款。

〔2〕贺丹：《个人破产程序设计：一个新思路》，载《法律适用》2021年第9期。

〔3〕李曙光：《我国破产重整制度的多维解构及其改进》，载《法学评论》2022年第3期。

〔4〕《个破条例》第161条。

〔5〕《个破条例》第166条。

〔6〕2020年4月24日，温州中院印发《在个人债务集中清理工作中探索建立公职管理人制度的府院联席会议纪要》，开始了在个人债务清理过程中公职管理人制度的尝试。

中，可以在进一步总结试点经验的基础上，考虑个人破产不同于企业破产，具有案件规模小、财产少、一般管理人不愿参与等特点，拓宽管理人的选用范围和渠道，将有意愿、有能力承担个人破产事务管理的个人或者组织，通过一定程序吸收到破产管理人的队伍之中。特别是要通过政府的行政力量介入，建立完善公职管理人制度。同时，借鉴《个破条例》的规定，设立个人破产事务管理的专门机构，加强对破产管理人的监督管理。〔1〕

（4）适时引入重整贷制度。目前，浙江省遂昌县人民法院在实践中探索形成“重整贷”，极大地提高了案件重整成功的可能。〔2〕可以由央行牵头，在充分调研的基础上，制定统一的“重整贷”的适用对象、审核标准等规范，为个人破产重整程序的实施提供切实可行的制度保障。

（5）设定合理的清偿期限。有学者提出，个人债务调整计划中的债务偿付方案不超过10年，住房抵押贷款偿付方案执行期不超过15年。〔3〕《个破条例》第115条第1款第1项规定除家庭住宅抵押贷款方案外，重整计划执行期限不超过5年，〔4〕并没有对和解协议的执行期限作出明确的限定。笔者在实证分析中发现一般通过的重整计划执行多为5年。清偿期限太短不利于实现对债权人权益的保护，也容易被债务人利用，借机逃避债务的履行；时间过长对债权人债权可以形成有效的保护，但债务人会因为看不到重生的希望形成懈怠。建议立法时可以考虑以5年为宜。

（三）个人破产的实体规则设置构想

个人破产的实体性规则主要包括豁免财产的设置、免责以及失权复权

〔1〕 最高人民法院民二庭课题组：《司法实践视野下的自然人债务庭外重整程序》，载《法律适用》2022年第2期。

〔2〕 余建华、庄啸、阮素静：《三个“一点儿”化解个人债务僵局》，载中国法院网，https://www.chinacourt.org/article/detail/2021/09/id/6292418.shtml。

〔3〕 贺丹：《个人破产程序设计：一个新思路》，载《法律适用》2021年第9期。

〔4〕《个破条例》第115条。

等内容,是确保个人破产制度正常运转以及个人破产目的得以最终实现的保障。

1.豁免财产的制度考量。个人破产制度的主要目的之一就是帮助破产债务人实现经济重生,而豁免财产制度恰恰为债务人的经济重生提供了制度保障。[1]豁免财产是个人破产程序中用于维持破产人及其扶养人必需的生产生活费用以及必要的财产,不得纳入个人破产财产的范围。豁免财产制度是生存权、发展权在个人破产制度中的具体化和法律确认。[2]

豁免财产的范围要在衡平考量债务人的生存发展、债权人债权的公平受偿以及社会公共利益需要的基础上加以确定。[3]在目前法治环境下,考虑到个人破产的相关配套制度尚需完善健全,以及社会保障制度的不断发展及破产人的基本生活水平不断得到保障的现实,对于豁免财产的设立应采取相对从严的原则。[4]笔者同意这种观点,即在规定豁免财产的种类并设定最高数额的前提下,允许各地根据地区实际(以各省每年发布的最低生活保障标准为基础)确定豁免财产的范围。主要基于以下几点考量:一是我国的司法体制改革一直在进行,员额法官制也已经推行几年的时间,但整体而言,法官的综合能力水平存在地区差异,在地区内部也存在个体差异。如果赋予法官过大的豁免裁量权,极易造成豁免财产标准不统一,同等条件下的债务人出现差别待遇,最终影响制度的运行及司法权威。二是执行程序追求的是债权的最大化实现,尽管也规定了不予查封扣押的财产范围,但相对比较严格,如果债务人意识到通过豁免财产制度可以得到更多的优惠,必然会有选择地进入个人破产程序,从而增加执行的难度。

---

〔1〕 陈本寒、罗琳:《个人破产制度中豁免财产范围规则的本土化构建》,载《湖北大学学报(哲学社会科学版)》2021年第1期。

〔2〕 付承晨:《个人破产领域豁免财产制度的立法倾向——以利益衡量论为视角》,载《北方金融》2022年第5期。

〔3〕 张华泽:《个人破产豁免财产范围构想》,载《黑龙江工业学院学报》2022年第3期。

〔4〕 刘圳:《论个人破产制度的缺失与构建——以执行不能为视角》,载《河南广播电视大学学报》2020年第2期。

豁免财产可以按实现功能分为三类。一是生存类财产。(1)必要的居住房屋(或者唯一住房)。尽管理论界还在就应否作为豁免财产这一问题探讨争议,但最高人民法院已经给出明确的答复。因此,在破产程序中其不得作为豁免财产,但对于确无居住房屋的,可以给予债务人5～8年的房租。农村宅基地上的房屋争议更大,笔者认为随着乡村振兴战略的不断推进,农村必将大有可为,农村房屋价值值得期待。但按照目前的法律规定,购买农村房屋需要具有本集体经济组织的成员身份,同时又有一户一宅的限制性规定。如果仅从房屋使用的角度出发,可以采取拍卖使用权的方式处理,或者以使用权抵顶部分债权的方式进行。目前的执行实践中尚没有类似的做法,需要解决的是土地的集体所有权与房屋个体所有权之间的矛盾。笔者认为,在这一矛盾彻底解决之前以暂不处置为宜。(2)生活必需品。要充分考虑我国各地以及各民族不同的生活习惯,可以采取列举的方式明确生活必需品的种类(如手机稀有号码的可以拍卖后换成普通号,必备的衣物、家具、电器等),但同时要设定一定的价值最高数额。如美国有的州规定必要的家庭物品包括纯银餐具,有的州规定录像机、割草机不包括在必要的家庭物品之内,但珠宝首饰却属于豁免财产的义务范围。〔1〕美国作为移民国家,各地文化存在很大差别,各州立法出现差异有其历史文化的原因。相较之下,我国幅员辽阔,民族众多,风俗文化经济发展水平等同样存在差异,因而不宜规定全国统一的豁免财产的具体标准。通过多年的执行实践,笔者深刻地感受到查找被执行人财产之艰辛。(3)生活必需的费用。考虑各地经济发展水平的差异,不宜全国范围统一标准,可以参照各省上一年度的最低生活标准确定。〔2〕对于养老金应否纳入豁免财

〔1〕［美］查尔斯·J.泰步:《美国破产法新论》(下册),韩长印、何欢、王之洲译,中国政法大学出版社2017年版,第968页。

〔2〕《查封、扣押、冻结规定》第3条第2项规定:"……当地有最低生活保障标准的,必需的生活费用依照该标准确定。"

产，笔者认为，随着社会保障制度的日益完善，养老金可以纳入破产财产。如果破产人确无其他财产，可以由法院根据情况确定保留的数额，超出部分进行破产处置。

《个破条例》对于豁免财产的规定中，以“合理的”费用标准界定债务人及其扶养人维持生活的费用，具体的费用上限标准由深圳中院根据实际情况制定。[1]如此赋予了法官极大的自由裁量权，可以实现对个案的有效保护，但如何把握合理的范围标准缺乏明确的规定，容易造成债权人与债务人保护的利益失衡。同时，《个破条例》规定了豁免财产累计价值不得超过20万元。如此高的豁免财产标准与深圳的经济发展在全国位于前列密切相关，这样的标准放到全国范围内去作为参照，显然是不适当的。但如果结合各地经济发展的差异制定一个统一的标准，又难免会顾此失彼。因此，笔者建议立法不作统一的规定，借鉴美国各州的做法，授权由各省、自治区、直辖市根据实际情况确定。

对于必需费用的保护时间标准上，发达国家一般限定在1～3个月。[2]在必需的生活费用保障标准方面，发达国家往往规定相当于或者超过居民平均生活水平的50%的标准。[3]而我国目前各地居民人均消费支出通常为最低生活保障标准的数倍。[4]因此，如果仅为破产人提供1～3个月的最低生活费用，势必影响其生存更遑论发展，但如果时间过长不仅会影响债权

---

〔1〕 截至2023年12月，深圳市中级人民法院尚未制定具体的标准。

〔2〕 陈本寒、罗琳：《个人破产制度中豁免财产范围规则的本土化构建》，载《湖北大学学报（哲学社会科学版）》2021年第1期。

〔3〕 《日本生活保障法》规定，2018年东京地区（日本根据经济发展和生活水平的不同将全国按区域划分为3大类共6种不同标准）一个标准的三口之家大约可以拿到16万日元的生活保障费用。同时，《日本民事执行法》规定破产债务人可以保留99万日元的现金，并且解释其相当于标准家庭3个月的生活费用。即每月33万日元的标准家庭生活费。

〔4〕 湖北省武汉市2020年的城市户籍人口最低生活保障标准为780元，农村户籍最低生活保障标准为月人均635元；而武汉市2019年城镇居民人均年消费支出是34005元，每月平均约为2833.75元，农村居民人均年消费支出为19150元，每月平均约为1595.83元。参见《武汉市2019年国民经济和社会发展统计公报》，载《长江日报》2020年3月29日，第6版。

实现，也可能助长债务人“躺平”心理的滋生蔓延。笔者建议以6个月的时间为宜。

二是发展类财产。有学者认为，豁免财产仅限于对破产人维持基本生活所需，不包括基于发展目的之财产。[1]但从各国或地区的规定看，对于破产人实现重生所必需的劳动工具均进行了豁免保护，德、日采取的是限制和禁止的方式，[2]而英、美则规定了一定的价值上限。[3]从《个破条例》的规定看，破产人及其扶养人职业发展需要必须保留的物品和合理费用被规定在豁免财产的范围内，予以同样的保护。(1)教育支出。首先，子女接受教育既是其权利也是义务，不能因为债务人破产而受到影响。在确定此部分豁免财产时，需要充分考虑子女在不同阶段的教育支出有所区别，但不包括未成年子女接受学校教育以外产生的费用，以及进入高收费的私立学校的教育支出。[4]此外，子女接受大学教育期间必要的生活支出，如学费住宿费等，有观点认为应当纳入豁免财产的范围。[5]笔者认为，对于债务人扶养的家属应当是没有劳动能力的未成年人以及丧失劳动能力的父母，对于已经成年接受大学教育的子女而言，虽然其没有参加工作或者短期内无法参加工作获取收入，但其可以通过申请助学贷款或者参与一定的兼职活动获取部分收入的方式加以解决。(2)生产经营必需的财产。破产人从事生产经营活动所必需的工具可以进行种类列举，同时考虑设定一定价值的数额上限。在认定是否为生产经营必需的物品时，笔者认为，应当采取区别对待的方式。例如，同样是汽车，如果破产人是作为日常的交

---

〔1〕 李永军：《破产法——理论与规范研究》，中国政法大学出版社2013年版，第594页。

〔2〕《德国民事诉讼法》第811条规定，“在肉体、脑力劳动者或者其他自然人从事生计经营的情况下不可或缺的东西”，属于禁止扣押的财产；《日本民事执行法》第131条规定，职业必需的工具为禁止扣押的财产。

〔3〕《美国联邦破产法典》规定，可保留不超过 1500美元的职业所需器具、专业书籍、工具；《英国破产法》规定，可保留不超过250英镑的业务工具。

〔4〕《最高人民法院关于限制被执行人高消费及有关消费的若干规定》第3条第1款第7项。

〔5〕 张华泽：《个人破产豁免财产范围构想》，载《黑龙江工业学院学报》2022年第3期。

通工具，哪怕是上下班使用，也可以纳入破产财产范围进行处置；但如果能够证明该汽车属于破产人维持生活经营的工具，破产人本人一直在从事出租车司机这一行业，且已经达到一年以上（为了避免有些破产人为了将汽车纳入豁免财产范围提出这一主张），就可以认定为豁免财产，但同时需要其按期申报收入所得或将其收入作为偿还债务的主要来源。如果破产人所有的车辆超出一般营运的标准，属于豪华型轿车的，则可以将其处置后更换成普通型能够实现其基本的价值即可。因此，对于生产经营必需财产的界定可以综合考虑财产的类型、破产人对于该财产的需求程度、使用频率以及替代性辅助工具的价值等因素。

三是专属性财产。（1）具有人身属性的专属财产。例如，结婚戒指，允许债务人保留但同时不能超过统一设置的价值上限。又如，个人获得的勋章、荣誉表彰等物品。关于勋章和荣誉表彰等财产价值较大时是否应当纳入豁免财产的范围，台州中院的规定与深圳《个破条例》出现了分歧，表现在台州中院认为不应纳入豁免财产的范围，但深圳市人大常委会认为该类财产具有较强的人身意义，应当纳入。此外，双方都对豁免财产的总额进行限定，说明设立豁免财产的目的在于保障债务人最基本的生存权方面，大家有着共识。但规定的数额差距较大，之所以出现这样的差异，与两地的经济发展水平有直接的关系。此外，《个破条例》规定专属于债务人的赔偿金、保险金、保障金等均应纳入豁免范围。笔者认为这样的规定略有欠妥。豁免财产制度的确立是人权保障理念在个人破产制度中最直接的体现，可以促使资不抵债的债务人及时申请个人破产，尽快终结债权债务关系，但个人破产在保护债务人生存发展权的同时，还要充分考虑最大限度地保护债权人的权益，维护社会的稳定有序。[1]债务人自身已经丧失清偿能力，应该以其所有的财产最大限度地清偿债务，因此赔偿金、保险金

---

〔1〕 谢可诗、杨福颖：《论个人破产制度中豁免财产的范围》，载《特区经济》2021年第6期。

均应作为破产财产。(2)少数民族的习俗和宗教信仰需要的财产。我国作为多民族国家,不仅历史悠久而且信仰差异很大。对于合法信教公民,宪法以及《宗教事务条例》明确规定其相应权利受法律保护。因此,破产人及其扶养人进行正常宗教活动所需的物品自然应当纳入豁免财产的范围之中加以保护。《个破条例》将其规定为"根据法律规定或者基于公序良俗不应当用于清偿债务的其他财产"。(3)宠物。日常生活中,人们为了缓解工作带来的压力,常常会饲养不同种类的宠物,经过一段时间的豢养,宠物已然成为人们生活中不可或缺的一部分,极大地满足了人们的精神需要。如果将宠物进行处置,势必会对破产人的心理、精神造成一定的影响。但破产在保护债务人基本生存发展权的同时,还应当发挥其破产清偿的功能。北京市朝阳区法院曾经有过拍卖宠物的案例可供借鉴。〔1〕因此,笔者认为,宠物不宜列入豁免财产的范围,但没有处置价值的除外。

《个破条例》规定,豁免财产的最终确定,需要先由债务人根据自身实际制定豁免财产清单并向管理人提交,清单需要列明每项财产对应的价值或者金额;管理人进行初步的审查并提出自己的意见,然后提交债权人会议表决;豁免财产清单未获债权人会议表决通过的,最终由人民法院裁定。这样的规定,既赋予了债权人和债务人充分发表意见的权利,又能保障破产程序顺利进行。

关于未来收入是否纳入豁免财产之考量,域外国家或地区对于破产人

---

〔1〕 2014年12月20日,肖先生将自己的宠物犬登登送到北京宠乐会宠物学校寄养,支付1万元服务费办理了包年续费服务。2015年12月19日,登登的寄养到期,肖先生却一直失联。2017年3月,宠物学校将肖先生诉至法院。经审理,法院缺席审理作出判决,判令肖先生按每日60元的标准支付2015年12月20日后的寄养费、狗粮费。判决生效后,因联系不上肖先生,判决未履行。2018年4月,宠物学校申请强制执行,法院多方联系肖先生无果后,依法启动司法拍卖。登登即将被正式拍卖前,一直身处国外的肖先生主动联系到法院,希望可以协商关于登登的寄养问题。经过协商,肖先生最终向宠物学校承诺,他会履行法院判决,支付之前欠下的所有费用,并在2018年圣诞节前接回登登。登登的第一次拍卖因肖先生的现身被打断。此后肖先生结清了寄养费和狗粮费,但并没有履行接走登登的承诺,之后再次失联。2021年10月18日,登登再次被挂上司法拍卖。最终成交价160,010元。参见薄其雨:《因主人失联被拍卖的登登:竞拍不断延时,成交价16万余元》,载新京报,https://baijiahao.baidu.com/s?id=1715487204144879778&wfr=spider&for=pc。

的未来收入是作为破产财产还是纳入豁免财产的范围，有固定主义与膨胀主义之分。膨胀主义从保护债权人的角度出发，将破产人在破产宣告后通过劳动取得的收入作为破产财产予以分配，代表国家如德国。固定主义则从保护债务人的角度出发，将破产人在破产宣告后通过劳动取得的收入纳入豁免财产的范围，代表国家如日本。然而，随着时间的演进以及经济的不断发展，各国和地区对于两种模式带来的弊端和消极影响分别采取了有针对性的措施予以缓解。[1]《个破条例》以及目前试点运行的个人债务集中清理制度均采取了膨胀主义的模式，将受理破产后裁定免除未清偿债务前债务人所取得的财产规定为破产财产。[2]有观点认为，采取膨胀主义但应当从鼓励债务人积极劳动努力创造更多价值的角度出发，将居民消费支出的标准而不是最低生活标准作为有劳动收入的债务人豁免财产的参考依据，给予债务人更多的保护。[3]这既是基于众多破产债务人“无产可破”的客观实际，也有我国个人破产刚刚开始试点的考量。大众对于“欠债还钱，天经地义”的观念转变，以及破产观念的理解接受尚需一定的时间，此时更加强调对于债权人的保护，可以有效建立一个“缓冲带”。相反，如果采取固定主义模式，债权人的受偿率将无法得到保障，不仅不利于对债权人权利的保护，也会对个人破产的宣传推广形成阻碍。

综上所述，笔者认为，对于豁免财产中的生产、生活必需品可以采取列举式规定的方式，并设定一定数额的上限；对于生产、生活必需的费用，则可以参照各省每年发布的最低生活保障标准，在6个月的期限内执行。

2.免责制度的中国式构建。免责制度设立的初衷并不是为了拯救诚

〔1〕《德国民事诉讼法》第850条对劳动收入作了特殊的保护规定；《日本民事执行法》规定债务人劳动收入的1/4可以扣押和执行，每月保留的薪资最高标准不得超过33万日元。

〔2〕参见《深圳经济特区个人破产条例》第32条；苏州市吴江区人民法院《关于个人债务清理的规定（试行）》第21条。

〔3〕陈本寒、罗琳：《个人破产制度中豁免财产范围规则的本土化构建》，载《湖北大学学报（哲学社会科学版）》2021年第1期。

实而不幸的债务人，而是为了寻求债务人的合作，最大限度地实现债权人的利益。[1]随着消费信贷的发展，各国或地区破产免责制度开始从对债权人的绝对保护向债务人以及债权人利益的衡平保护转变。当出现债务人无力清偿到期债务且永远不能免责的情形，会使其产生消极的心理，不愿采取积极的行动去清偿债务。而破产免责制度通过法定的程序使债务人清偿部分债务，一定程度上有利于债权的实现。[2]

从前文的比较来看，各国或地区免责制度的设置主要采取自动免责、许可免责以及混合免责三种模式。有观点从实务运行的角度提出，我国的免责制度立法应当采取许可免责的模式。[3]有学者从程序便捷的角度考虑，提出应当采取自动免责的模式。[4]笔者认为，每一种模式都有自身存在的制度优势，我们应当在立足本国国情，充分借鉴域外经验的基础上，构建起以许可免责为主、自动免责为辅的具有鲜明中国特色的个人破产免责制度。

(1)许可免责。个人破产免责的决定模式经历了债权人决定到法院决定模式的转变。[5]目前一些试点法院由于缺乏法律的明确规定，只能采取当事人意思自治的方式来处理债务免责问题。[6]如浙江以及江苏的个人债务集中清理试点，采取的就是债权人决定免责的模式。江苏具备个人破产实质功能的“个人破产第一案”，债务清偿计划经全体债权人一致表

---

〔1〕 贺丹:《个人破产免责的中国模式探究—— 一个国际比较的视角》，载《中国法律评论》2021年第6期。

〔2〕 祁晓飞:《论个人破产免责制度滥用的防范》，载《黑龙江生态工程职业学院学报》2020年第4期。

〔3〕 潘慧斌、郑丛华:《重获新生：自然人执行不能案件的出路与利益衡平》，载上海市法学会:《上海法学研究》2021年第9卷。

〔4〕 贺丹:《个人破产免责的中国模式探究—— 一个国际比较的视角》，载《中国法律评论》2021年第6期。

〔5〕 英国1706年破产法规定债务人免责，需要得到人数与所持债权额均超过4/5的债权人的同意，由于债权人无理由的反对，债务人实际上很难得到免责，1883年废除了这一做法。参见贺丹:《个人破产免责的中国模式探究—— 一个国际比较的视角》，载《中国法律评论》2021年第6期。

〔6〕 贺丹:《个人破产免责的中国模式探究—— 一个国际比较的视角》，载《中国法律评论》2021年第6期。

决通过，待债务人按照清偿计划执行完毕后未清偿债务予以免除。[1]根据《浙江法院个人债务集中清理（类个人破产）工作指引（试行）》第57条的规定，所有债权人均同意免除剩余债务并终结执行的，不设行为考察期。如果债权人不同意免除债务人剩余债务或者将设置行为考察期作为同意免除剩余债务的条件，行为考察期为裁定终结个人债务集中清理程序后的5年。深圳《个破条例》属于地方权力机关立法，与法院系统内部的规范在效力方面存在很大的不同，因而采取法院决定免责的模式。[2]即考察期届满债务人向人民法院提出免责申请，管理人需要进行充分的调查并征求债权人是否同意免责的意见，然后向人民法院出具是否同意的书面报告。人民法院依据债务人的申请以及管理人的报告，最终裁定是否免除未清偿债务。[3]债权人或者债务人对人民法院是否免责的裁定不服的，有权申请复议。按照《个破条例》的规定，管理人在债务人免责过程中只负责形式审查，最终的决定权在于人民法院。笔者认为，这样的规定于试点运行未尝不可，但一旦构建个人破产法中的许可免责制度，则尚有商榷之处。一旦个人破产法落地实施，必然会有大量的个人破产案件涌入，成为法院不可承受之重。[4]法国在这方面有成功的经验做法值得借鉴。[5]法国采取的是行政机构决定免责的模式，当债务人资产不足以清偿债务时，由个人过度负债委员会组织债权人和债务人进行庭外和解，法院只负责和解过程中一

---

〔1〕 吴龙章：《江苏首例个人债务清理案件审结》，载中国法院网，https://www.chinacourt.org/article/detail/2020/06/id/52 54694.shtml。

〔2〕《个破条例》第100条。

〔3〕 靳岩岩：《论个人破产法上免责考察制度的法律构造》，载《财经法学》2022年第1期；汪青松、张汉成：《论平衡性个人破产免责制度的构建》，载《湖北社会科学》2023年第1期。

〔4〕 据统计，法院每年大约有终本案件220万件。如果每年进入法院申请个人破产的案件按10%的比例计算也有20多万件。目前全国已设立14个破产法庭、近100个清算与破产审判庭以及专门的合议庭集中办理破产案件，共有从事破产审判工作的员额法官 417 名。参见王东明：《全国人民代表大会常务委员会执法检查组关于检查〈中华人民共和国企业破产法〉实施情况的报告》，载中国人大网，https://www.npc.gov.cn/npc/kgfb/202108/0cf4f41b72fe4ddeb3d536dfe3103eb3.shtml。

〔5〕 孙平编译：《法国消费法典》，中国政法大学出版社2012年版，第149页。

些程序性争议的解决，以及对负债委员会提出的不到30%无法达成庭外和解案件的清偿计划进行确认，赋予其强制执行的效力。[1]管理人作为对债务人良好行为考察期间的监督人，对于债务人是否存在不予免责的情形最为清楚；对于债务人提交的免责清单中是否存在不予免责的债务，可以依照规定直接进行审查。因此，笔者认为，可以将免责的实质决定权赋予管理人，而法院只负责最终的形式审查。具体的流程设计：第一步，债务人在考察期届满时，提出免责申请，列明需要免责的债务清单。第二步，管理人首先对债务人是否存在不予免责的债务进行审查，如果有则直接告知债务人应当剔除；其次对债务人是否存在不予免责的情形作出初步判断，并充分听取债权人的意见，债权人提出确有理由的异议，可以召开债务人参加的听证会；最后由管理人出具明确的是否免除未清偿债务的法律意见书。第三步，法院对意见书进行形式审查，并最终作出是否免责的裁定。第四步，若债务人或债权人对裁定不服，有权申请复议。

（2）自动免责。自动免责是指债务人在法院作出对其破产宣告或良好行为考察期届满，无须提出免责申请，即可获得未清偿债务的免除。[2]可以适用自动免责的情形包括：一是清算程序中，考察期届满债务人清偿了剩余债务，或者债权人免除了债务人全部清偿责任的。这两种情形目前被规定在《个破条例》中作为考察期届满的情形，笔者认为多有不妥。免责之所以要采取许可的模式，主要基于对债权人权益保护的考量，防止债务人利用免责程序逃避债务的履行。这两种情形下，均不存在立法者的顾虑。债务人清偿了剩余债务，债权已经得到有效的保护。而在破产清算过程中，如果债权人自动放弃债权，应当视为其同意免除债务人清偿责任的真实意思表示。因此，没有必要再浪费司法资源对其进行审查认定。

---

〔1〕 贺丹：《个人破产免责的中国模式探究——一个国际比较的视角》，载《中国法律评论》2021年第6期。

〔2〕 徐阳光：《英国个人破产与债务清理制度》，法律出版社2020年版，第111页。

二是重整程序中，债务人已经按照批准的重整计划方案执行完毕；或者由于不可抗力、意外事件等原因，导致经批准的重整计划无法执行，且债务人按照重整计划清偿各类债务均达到3/4以上的。以上两种情形作为债务人申请免责的条件被规定在《个破条例》中。〔1〕重整计划方案是按照规定的程序，由有表决权的债权人过半数且其代表的债权额达到债权总额的2/3以上同意通过的，并且经过了法院的审查批准。方案执行完毕，没有必要再去进行审核决定重整计划草案中已经包括的债权调整以及债务清偿方案的内容。债务人在执行重整计划过程中，由于非主观原因导致无法执行，与债务人自身的原因无法按期执行的属于完全不同的情况。无法按期执行的，债务人申请后法院需要对造成无法按期执行的原因进行审查，如果属于债务人自身的原因将不予批准，如果确属不可归责于债务人自身的原因，则可以批准延长执行期限。此种情形确有申请的必要，但对于因地震、雪灾等不可抗力或者意外事件导致重整计划无法执行的情况，且清偿的债务已经达到3/4以上的，就没有再进行申请审查的必要，可以作为自动免责的情形处理。

（3）不予免责的债务。个人破产免责制度作为破产制度的一项重要内容，“其首要目的和功能在于实现债权和保护债权人的利益，而非免除剩余债务”。〔2〕“免责是一种恩惠，而不是一种权利。”〔3〕因此，并不是所有的债务都可以免除清偿责任，各国或地区基于公正的考虑，对于不能够免责的债务均作出了明确的规定。笔者认为，对于不能免责的债务应当区别不同情形采取列举的方式进行规定：一是违反诚信原则的债务。如破产前隐

---

〔1〕《个破条例》第129条、第128条。

〔2〕 Robert Weisberg, *Commercial Morality, the Merchant Character, and the History of the Voidable Preference*, 39 Stan. L. Rev. 3（1986）.

〔3〕 In re Robert W. McNAMARA, Debtor 310 B.R.664（Bankr. D.Conn.2004），转引自 Elizabeth Warren & Jay Lawrence Westbrook, *The Law of Debtors and Creditors: Text, Cases, and Problems*, Sixth Edition, Aspen Publishers, 2008, p.233.

匿的财产或无偿转让的财产；破产过程中不如实申报的财产或者进行虚假陈述的等。目的在于发挥法律的教育规范引导作用，弘扬诚实守信，将免责优惠给予那些“诚实而不幸（慎）”的破产人。二是违反公平原则的债务不予免责。由于这类债务非因市场交易形成，一旦免除将给债权人生活或正常的社会秩序造成严重影响，且极易诱发道德风险。包括但不限于破产人故意侵权行为造成的损害赔偿金（需要分清的是损害必须是故意行为，过失造成的不纳入其中）；拖欠的工资、医疗、保险、抚恤费等法律规定应当支付的补偿金；赡养费和扶（抚）养费等。家庭以婚姻和血缘关系为纽带，家庭成员之间不是单纯的市场主体间的权利义务关系，更多的是一种道德义务和责任。[1]个人破产案件中（涉及赡养扶养关系的）主要是子女向父母支付赡养费以及丈夫向配偶子女支付扶（抚）养费，与债务人通过免责获得重生相比，老人、妇女、儿童的基本生活需求更应该得到保障。[2]尊老爱幼是中华民族的光荣传统，特别是老人、妇女和儿童的合法权益受法律保护。如果个人破产免除了债务人对于父母的赡养义务以及妻子儿女的扶（抚）养义务，不仅会造成债权人生活的困难，也与我们所倡导的社会主义核心价值观相背离。故而，赡养费、扶（抚）养费应当作为不予免责的债务。三是违反公共政策的债务。例如，税收应否作为不予免责的债务。一方面，税收具有很强的公益性，是政府正常运行的经济基础，如果免除债务人的税收势必减少政府的财政收入，进而影响政府的正常管理支出；[3]另一方面，国家是法律的制定者，既然法律要求普通债权人为了公共利益的需要放弃自己的债权利益，那么国家为何不先作出表率放弃税收债权。[4]否则，如果将税收作为免责的例外，无疑会遭到更多的指

〔1〕 刘彩玲：《浅析家庭责任伦理在构建和谐社会中的作用》，载《理论学习与探索》2005年第2期。

〔2〕 王艳：《论个人破产免责的例外》，载《经济研究导刊》2019年第24期。

〔3〕 王艳：《论个人破产免责的例外》，载《经济研究导刊》2019年第24期。

〔4〕 The World Bank Group, Saving Entrepreneurs, *Saving Enterprises*: *Proposals on the Treatment of MSME Insolvency*, 2018: 5.

责。[1]综合分析，可以采取区别对待的方式，即规定税收原则上不予免责，但对于行政机关没有在规定的期限内履行追缴义务的除外。

又如，助学贷款。我国的助学贷款主要是国家对于贫困学生的一种政策优惠，如果允许免除不仅会对银行等金融机构造成利益损失，影响其放贷积极性，也会在贷款申请者中产生不良的示范效应，最终导致更多不符合条件的人因为可以免责而申请，金融机构却因为无利可图而拒绝放贷或附加更加苛刻的条件，真正需要贷款的人却得不到应有的帮助，违背了助学贷款设立的初衷。[2]《中国学生资助发展报告》显示，2018年全国发放国家助学贷款325.54亿元，由此产生的贴息32.20亿元全部由财政负担，受益学生人数达到446.94万名。[3]但不可思议的是，助学贷款违约率竟然高于普通商业贷款的违约率。[4]为了破解这一难题，面对不断增多的教育贷款违约，各地开展了许多富有成效的探索。[5]尽管《个破条例》并没有明确，但学者建议稿却将教育贷款列入不予免除的债务范围。主要基于教育贷款本身就是国家对于贫困学生的一种帮助，发放时并未考虑其偿还能力，如果免除不仅会影响后续的贷款发放，也可能会使放贷者提高审查标准，对困难学生申请形成掣肘。[6]实际上，随着越来越多的教育贷款无法得到及时清偿，各国分别采取不同的措施防止教育贷款被滥用的情形出现，更多的国家不再将教育贷款纳入免责的债务之中。[7]《美国破产法》第523

---

〔1〕［美］大卫·G.爱泼斯坦、史蒂夫·H.尼克勒斯、詹姆斯·J.怀特:《美国破产法》，韩长印等译，中国政法大学出版社2003年版，第484页。

〔2〕许德凤:《论个人破产免责制度》，载《中外法学》2011年第4期。

〔3〕陈鹏:《〈中国学生资助发展报告（2018）〉发布——2018全国受资助学生1.35亿人次》，载《光明日报》2019年3月1日，第7版。

〔4〕陈宁波、黄寒:《对我国国家助学贷款高违约率问题的博弈分析》，载《海南金融》2004年第4期。

〔5〕福建省于2018年已正式启动国家助学贷款还款救助机制，对于由于“重大疾病或其他客观原因”导致确实无法偿还贷款的学生，由政府部分或全部代偿助学贷款。参见龙超凡:《福建启动助学贷款还款救助机制》，载《中国教育报》2018年9月12日，第1版。

〔6〕See Jason Iuliano, *The Student Loan Bankruptcy Gap*, Duke Law Journal, 2020, p.497-544.

〔7〕See John Patrick Hunt, *Consent to Student Loan Bankruptcy Discharge*, Indiana Law Journal, 2020, p.1137-1190.

(a)(8)规定，除非债务人能够证明其生活“过分艰难”(undue hardship)时，才可以得到免责。[1]但并未对“过分艰难”进行界定，导致适用时债务人必须承担相应的举证责任，法院在作出判断时，通常会考虑债务人的预期经济状况以及债务人的行为是否足以剥夺其通过“过分艰难”这一理由获得免责的机会。[2]为了更好地解决这一问题，法院引入了“延期免责”(suspended discharge)，即将是否给予债务人教育贷款的最终免责裁定予以推迟。[3]鉴于此，笔者认为教育贷款不应列入免责的范围，但债务人确因非主观原因导致无力偿付的除外。

(4)不予免责的情形。鉴于我国目前的诚信现状，应当制定全面、细致、严格的不予免责事由。[4]这些免责事由主要是要求申请破产的债务人要做到诚实，在破产程序中应当做到如实告知自己的财产状况，不能用非法手段损害债权人的利益。如果债务人通过欺诈或者类似手段，隐瞒自己的财产，从而使债权人得到清偿的利益受损，那么债务人就不能被称为诚实善意，就不应当得到免责。具体可以通过列举的方式，对债务人“不诚实”的情形予以明确。

(5)免责的撤销。免责的撤销需要把握好以下几点：一是撤销的事由。只能是基于债务人的不诚实。因为免责制度是给予诚实债务人的一种优惠，如果有证据证明这种免责是由于债务人采取了不诚实的方式而获得的，就应当被撤销。除采取适当的处罚外，恢复对未清偿债务的继续清偿责任。如果债务人的免责是通过欺诈的手段得到的，本来就不应该获得免责，但破产程序过程中由于并不知道撤销事由的存在，导致作出了损害债

---

〔1〕［美］查尔斯·J.泰步：《美国破产法新论》(下册)，韩长印、何欢、王之洲译，中国政法大学出版社2017年版，第1089页。

〔2〕［美］查尔斯·J.泰步：《美国破产法新论》(下册)，韩长印、何欢、王之洲译，中国政法大学出版社2017年版，第1092-1094页。

〔3〕［美］查尔斯·J.泰步：《美国破产法新论》(下册)，韩长印、何欢、王之洲译，中国政法大学出版社2017年版，第1094页。

〔4〕金春：《个人破产立法与企业经营者保证责任问题研究》，载《南大法学》2020年第2期。

权人合法权利的免责。如存在破产犯罪行为的债务人在宣告免责之前并没有被宣告有罪，也不宜将案件中止一直等待判决，但只要债务人被宣判有罪，那么就可以撤销其享有的免责权益。二是撤销的时间。无论对于债权人还是其他机关或个人，应在其知道或应当知道撤销事由之日起1年内提出。关于1年的时间规定主要基于民法相关规定的考量，自债权人知道或者应当知道撤销事由之日起计算，而不应简单从破产免责宣告之日起计算。一方面考虑债权人利益的保护，督促债权人在知道撤销事由存在时及时行使权利，体现法律保护的是谨慎的人；另一方面也是为了维护法院裁决的权威性、稳定性和严肃性。同时，时间过长也不利于正常社会生产生活秩序的稳定。三是撤销的启动。《个破条例》第103条规定债权人或其他利害关系人可以提出免责撤销申请。但对于其他利害关系人并未作出规定。让诚实的债务人免除未清偿债务尽快实现重生，不仅关涉债权人的利益保护，也对社会公共利益的维护产生重要的影响。因此，笔者认为，在撤销权的行使上，应当赋予更宽泛的范围。可以是无利害关系的任何知道撤销事由的第三人。如出于对法律实施监督的角度，检察机关、各级人大代表、政协委员，或基于维护社会公平正义的角度，单位同事、村委会成员等。他们与债务人接触得更多，了解信息更全面。同时，还应赋予法院可以依职权启动。〔1〕此外，提起免责撤销的必须提供相应的证据予以证明，防止不负责任或者打击报复的行为发生。

（6）免责效力。应当关注的一点是债务人免除未清偿债务后，担保责任如何处理的问题。按照《个破条例》第102条第3款的规定，债务人的保证人对于未清偿的债务依法继续承担清偿责任。免责只是针对债务人，对担保人没有效力，但是设定抵押的担保债权如何处理？是否应该得到与被豁免债务等额的豁免？笔者认为，担保的设立是为了确保债权的实现，基

---

〔1〕 桑爱英：《浅议破产免责制度》，载《云南大学学报（法学版）》2010年第1期。

于公平原则考虑，一旦债务人基于破产免除了对主债务的清偿责任，相应地也应该减免此部分债务对于抵押担保人的清偿责任。此外，鉴于我国目前的司法实践，破产人获得免责后，自愿继续清偿剩余债权的，应当受到法律的保护。[1]

3.失权与复权的规制。目前，我国的社会诚信制度建设取得了很大的发展，个人信用体系不断完善，但个人破产制度仍然有被滥用的可能。因此，需要建立严格的失权制度。

（1）失权范围的设定。失权制度的功能价值主要体现在两个方面：一是对破产人的惩戒与预防。债务人因资不抵债导致破产，无论是故意还是过失（除极少数意外情形），更多的是由于其对于经营风险缺乏足够的预判，对可得利益的盲目乐观所致。失权惩戒会给债务人今后的工作生活带来诸多影响与不便，债务人必须在眼前利益与长远利益之间做出权衡与选择。[2]通过失权惩戒功能的发挥，促使债务人正确评估市场风险，对可能形成的债务负担有更加理性的态度。而通过对其权利的限制，督促其更加审慎地制定合理有效的消费与投资方案，从而有效避免陷入再次破产的恶性循环。[3]同时，对于有清偿能力的恶意破产逃债的债务人而言，严格的失权制度将对其工作生活造成极大的限制和影响，其必然会权衡利弊得失，做出清偿债务的选择，充分发挥失权制度的预防与威慑功能。[4]二是平抑债权人的心理失衡。债务人不能清偿到期债务，导致债权人利益受损，对债务人施以破产免责，从法律上剥夺了债权人的追索权，通过失权

---

〔1〕 汤维建：《制定我国〈个人破产法〉的利弊分析及立法对策》，载《甘肃政法大学学报》2021年第6期。

〔2〕 蹇莉：《我国个人破产制度的建构——以债务人失权为视角论》，载《法制与经济》2019年第10期。

〔3〕 权萌：《个人破产失权与复权制度研究——探寻惩戒与保护的平衡点》，载《法制与社会》2018年第6期。

〔4〕 郭兴利：《建立个人破产制度：化解个人债务纠纷的新路径》，载《山东师范大学学报（人文社会科学版）》2010年第2期。

制度中的人格减损、权利资格限制等可以一定程度上平抑债权人的心理失衡。[1]破产失权制度作为对于债务人的一种惩戒手段，主要是为了减少由于破产免责对于债权人以及社会造成的损害，更好地体现破产法平衡保护各方利益的关系准则。[2]

失权应当只适用于清算程序的破产人，对于重整程序的破产人，人民法院批准重整计划方案的同时相应的行为限制即应解除。[3]重整计划执行完毕后的一定期限内，破产人可以申请法院免除剩余债务的清偿。[4]从以上规定来看，《个破条例》没有规定适用重整程序的债务人需要失权；否则，应当在重整计划执行完毕后设置一定时间的考察期限，期限经过破产人方可申请免责。

失权是对破产人的权利加以一定的限制，主要包括权利资格限制、人身自由限制、消费行为限制、财产处置限制等。各国或地区对于破产人的人身自由、消费行为、财产处置的限制进行了不同的规定，但目的均在于对破产人形成有效的限制与威慑，防止破产人逃避履行债务，促使其尽最大可能偿还债务。今后的立法可以借鉴域外国家或地区的经验，参照《民事诉讼法》《最高人民法院关于限制被执行人高消费及有关消费的若干规定》《建立失信被执行人名单的规定》《个破条例》的规定，对债务人的失权限制主要包括出境限制、借贷额度限制、高消费行为限制、董事监事及高管职业资格任职等的限制。

对破产人从业资格采取“加宽限制范围、加长限制时间”[5]的观点，笔者持不同的意见，建议采取区别对待的方式予以规定，将失权对于破产人

---

〔1〕 陈文姣:《个人破产失权制度的规范路径研究》，载《湖南广播电视大学学报》2021年第2期。

〔2〕 赵万一、高达:《论我国个人破产制度的构建》，载《法商研究》2014年第3期。

〔3〕 《个破条例》第124条。

〔4〕 《个破条例》第129条。

〔5〕 潘慧斌、郑丛华:《重获新生：自然人执行不能案件的出路与利益衡平——以构建个人破产制度为思路》，载上海市法学会:《上海法学研究》2021年第9卷。

的影响控制在“足以惩戒其过失，但又不至于妨碍其再生的范围之内”。〔1〕

对于破产人的资格限制，主要包括但不限于：一是政治权利受限。即不享有《宪法》规定的公民应当享有的某些政治权利，如不得参加村委会成员的选举，不得被选为劳动模范、各类先进等。〔2〕这类资格的限制会对债务人的生活产生一定的负面影响，但对其生产经营影响较小，债务人还是可以通过自己的劳动获得收入，用于债务清偿。因此，可以将这类权利资格纳入失权的范畴。二是从业资格受限。不得从事与社会公共利益相关的特定职业，如不得担任律师、公证员、会计师、公司的董事监事等。这样的限制很显然会对债务人的未来可预期收入造成影响，甚至是毁灭性的。假如债务人是律师，由于担保大量负债导致无力偿债的，经核查其确无可供执行财产，在执行程序中会被界定为暂时执行不能的个人。按照笔者的观点，这类债务人属于有劳动能力但没有固定的可预期收入，适用破产程序应当被纳入重整程序的范围。律师具备专业的法律知识，可以通过代理案件获取不菲的收入用于偿债，但律师的收入更多的是通过随时签订案件的代理合同获得。然而，合同的签订又没有规律可循，这个律师可能一天签一个，那个律师可能十天签一个，还有可能是一个月签一个，具有很大的不确定性。如果禁止其执业不仅与律师职业的规则相悖，也致使其可能无法获得未来可预期收入，重整计划无从谈起。鉴于此，笔者建议在个人破产立法中，应当将债务人失权限制的范围，特别是职业资格进行必要的考虑，以不影响其正常的生产经营为限，否则，何谈重整计划的执行？

（2）复权的模式选择。复权是指在破产人良好行为考察期届满，或者按照债务清偿计划完成清偿，或者免除尚未清偿债务的情况下，解除对破

〔1〕 张丽琴：《个人破产制度三论》，载《同济大学学报（社会科学版）》2004年第4期。

〔2〕 湖北省武汉市蔡甸区《在行政管理和公共服务领域使用信用记录和信用报告的实施方案（试行）》第4条第10款规定：“公务员招录、事业单位人员招聘、干部考核任用和奖惩、从业资格认定、国企高管任职资格核准、评优评级等相关工作中，将当事人的个人信用状况作为资格审查、考核、任用的重要依据。”

产人的权利、资格、行为等的限制。[1]就复权的模式而言，世界各国或地区主要有当然复权、许可复权以及混合复权三种模式。当然复权主要是债务人符合复权条件后无须提出申请，自动恢复原有的权利资格的模式。代表国家为英国、美国等。许可复权是指按照规定，债务人符合复权条件后提出复权申请，由法院进行审查决定的复权模式。意大利、法国及我国台湾地区采此模式。目前深圳《个破条例》亦采此模式。混合模式是指兼采当然复权以及许可复权规定的模式。代表国家是日本。日本"二战"后引进美国的免责制度，确立了当然复权主义，但特定情形下仍采许可复权作为制度补充。[2]

笔者认为，个人破产立法可以借鉴日本的模式。考察期内，债务人严格遵守相关义务规定以及行为限制，债权人或者利害关系人没有提出异议的，规定的考察期届满债务人当然复权。但如果在考察期内，债权人或者利害关系人认为债务人违反了规定的义务，提出异议的，则采取许可复权的模式，人民法院在充分听取异议人以及债务人的意见后作出是否复权的决定。如此，大部分案件不用经过许可程序即可得到复权，可以极大地节省司法资源，同时赋予债权人以及利害关系人的异议权，有利于法院有针对性地行使监管权，最大限度地强化破产的惩戒效果。[3]

三、个人破产配套制度的构建与完善

个人破产立法是一项系统工程，有赖于诸多法律制度的配套与协调。[4]在《企业破产法》修改过程中，对于能否赋予个人破产能力学者存在

---

〔1〕 赵万一、高达:《论我国个人破产制度的构建》,载《法商研究》2014年第3期；黄敏:《浅论我国个人破产制度的构建》,载《现代经济信息》2016年第7期。

〔2〕［日］伊藤真:《破产法》,刘荣军、鲍荣振译,中国社会科学院出版社1995年版,第312页。

〔3〕 汤维建:《关于建立我国个人破产制度的构想(上)》,载《政法论坛》1995年第3期。

〔4〕 赵万一、高达:《论我国个人破产制度的构建》,载《法商研究》2014年第3期。

不同的认识。[1]其主要的担心在于个人破产所需要的各项配套措施不健全，会诱发债务人借机逃避债务履行。[2]然而，个人破产制度的建立与否，很大程度上取决于立法者的法政策选择。[3]考虑到我国现有的城乡二元结构以及东中西部经济发展的不平衡，制定统一适用于所有个人的破产制度确实还存在诸多的障碍需要排除，[4]但绝不能因噎废食。配套制度的建立和完善与个人破产制度是相互促进、协调发展的有机统一。

（一）个人财产登记制度的健全

当前，域外国家的财产登记制度较为完备，为查找被执行人财产以及判断财产权属提供了便利条件。执行法院可以从各种财产的登记机构获得相对完备的被执行人财产信息。我国的财产登记制度离全面、准确、及时的目标要求尚存一定差距。目前，不动产登记并没有将农村房屋、违法建筑、小产权房等纳入进来。所以，在法院的查控系统中很难查到被执行人的这些财产。即便法院在调查过程中发现了上述财产，由于现行的法律规定，也很难对这些财产进行处置。例如，在不动产登记方面，还没有全面实现登记信息的完整、准确，有的不动产没有办理登记，有的登记信息与不动产实际情况出入较大且未及时更正，这些都给执行法院查找被执行人的不动产、判断不动产权属和处置不动产等工作带来一些困难，需要通过建立和完善个人财产登记和公示体系，从源头上加以解决。[5]

个人财产登记制度的完善与否，并不是影响个人破产制度建立的决定性因素。个人破产不同于执行制度，其有足够多的制度和机制促使债务人

---

〔1〕 韩长印:《中国破产法的发展状况及法学论题》，载《法学杂志》2004年第5期。

〔2〕 蔡八弟:《“负翁”族大量涌现　个人破产需立法》，载《中国经济周刊》2005年第42期。

〔3〕 李永军:《重申破产法的私法精神》，载《政法论坛》2002年第3期。

〔4〕 赵万一、高达:《论我国个人破产制度的构建》，载《法商研究》2014年第3期；朱涛:《论构建自然人破产制度的现实障碍——关于破产法在农村的适用性思考》，载《农村经济》2010年第1期。

〔5〕 胡志超:《我国被执行人财产发现制度之完善》，载《暨南学报（哲学社会科学版）》2009年第1期。

主动申报自己的财产。例如，只有诚信的债务人才能享受免责的优惠，而诚信的判断标准之一就是债务人必须如实申报自己的财产。同样是债务人的财产申报，与执行不同的一点还在于在破产制度中债务人不仅要申报自己的财产，还要如实申报配偶、未成年子女以及共同居住的近亲属的财产。又如，执行程序中，只有债权人负责监督债务人的财产状况，而破产程序中，有专门的破产管理人负责监督债务人的财产申报、财产变动等情况。此外，也许最令债务人担心也是最有威慑效力的规定就是债务人的配偶、子女、共同生活的近亲属必需履行的配合义务。在执行程序中，债务人的配偶、子女等没有这一义务，往往导致出现转移、隐匿财产到近亲属的名下或归其保管、占有以逃避法院的调查执行。为不断完善个人财产的登记制度，笔者认为可以从以下几个方面着手。

（1）建立个人财产申报制度。可以借鉴目前实施的领导干部财产申报制度，[1]逐步建立、完善个人财产申报制度。规定个人没有重大财产变更的，定期（一年申报一次）申报自己的财产，如果出现财产重大变更的，应当在变更后一个月内报告。管理主体可以明确为个人工作或生活的单位或居住的村委会、居委会。

（2）明确动产权属以占有为原则。随着人们生活水平的不断提高，个人所有的动产无论从形态上还是从数量上都有了显著的提高，如果要求动产与不动产一样采取登记的方式，不仅由于数量庞大不可行而且有些动产价值小也没有必要。因此，《民法典》第224条确定了动产交付生效主义的原则，即“动产物权的设立和转让，自交付时发生效力”，主要是由于与不动产登记相对应的动产占有的权利推定制度的存在，按照该制度，占有动

〔1〕 1995年《关于党政机关县（处）级以上领导干部收入申报的规定》、2006年《关于党员领导干部报告个人有关事项的规定》、2010年《关于领导干部报告个人有关事项的规定》，都明确规定了领导干部应当申报的财产事项。个人申报的财产不仅包括本人，还包括家庭成员的财产情况。此外应当报告的财产包括动产以及不动产。

产的人即被推定为该动产的所有人。

（3）确立不动产登记对抗主义原则。对于实践中大量存在的借名登记一律不予认定，[1]即凡是登记在债务人名下的财产均认定为破产财产予以处置。案外人提出确有理由的异议（如证明自己支付的购买资金等），可以认定双方之间存在债权债务关系但不影响财产的权属与处置。[2]

（4）农村房屋采取限权登记原则。农村房屋主要就是指在农村集体经济下属于农民个人所有的财产。[3]对于这类财产，[4]由于各种原因没有进行登记或无法登记，如果被以没有产权登记而无法处置，允许债务人使用经营管理或自由处置，不仅会影响债权人债权的实现，也会形成非常不好的示范效应。因此，可以在查明确属债务人的财产后，进行财产权属的有限登记，并将其归入破产财产的范围，按照有关规定进行有限处置（如拍卖或租赁使用权）。

（二）个人信用体系的完善

个人信用体系是指为了增强个人信用意识，由依法成立的个人征信机构对个人信用信息进行采集，并在充分分析的基础上形成个人信用报告，对个人信用进行正确的评估，最终建立守信激励、失信惩戒的个人信用制度。[5]我国信用制度经历了计划经济制度中个人信用问题不存在、转型期

---

〔1〕 2010年《北京市高级人民法院关于审理房屋买卖合同纠纷案件适用法律若干问题的指导意见（试行）》第16条规定："借名人违反相关政策、法规的规定，借名购买经济适用住房等政策性保障住房，并登记在他人名下，借名人主张确认房屋归其所有或者依据双方之间的约定要求登记人办理房屋所有权转移登记的，一般不予支持。"2013年《湖北省高级人民法院民事审判工作座谈会会议纪要》第41条规定："因住房限购政策的限制，当事人约定一方以他人名义购买房屋，并将房屋登记在他人名下，借名人以其系实际买受人为由，要求确认房屋归其所有或办理房屋过户登记的，不予支持……"

〔2〕 参见《江苏省高级人民法院执行异议及执行异议之诉案件审理指南（二）》第14条规定："金钱债权执行中，执行法院对案涉房屋采取查封措施后，案外人以其与被执行人存在借名买房关系，且系房屋实际所有权人为由提出异议的，应裁定驳回异议。由此引发的执行异议之诉案件，应驳回其诉讼请求。"

〔3〕 刘刚：《浅谈农村房屋登记存在的问题及处理策略》，载《中国集体经济》2018年第21期。

〔4〕 农民个人在农村的房屋主要包括有审批手续的合法建筑，违章建筑（没有审批手续或超出审批范围）以及只在村委会有相应登记的小产权房三种形式。目前这三种形式的房屋均缺乏相应的登记。

〔5〕 刘肖原等：《我国社会信用体系建设问题研究》，知识产权出版社2016年版，第56页。

经济活动信用混乱以及经济快速发展初期的个人信用缺失三个阶段。[1]应该说，目前我国的个人信用制度和体系为了适应经济社会的发展得到了极大的发展与完善。从2005年7月中国人民银行建成全国统一的个人征信系统，到2007年底已将5.9亿个人信息收录其中。其中有贷款或信用卡记录的近1亿人。[2]到2010年第三季度，中国人民银行为1.27亿农户建立了信用档案，贷款金额近3万亿元。[3]到2021年底，在已收录的11.3亿自然人中，有信贷记录的达到6.5亿人。[4]2022年8月底，个人征信系统收录11.5亿自然人信息，日均提供查询1084.4万次。[5]而作为目前为止仅有的两家市场化个人征信机构，百行征信、朴道征信分别覆盖4.96亿人、1.57亿人，提供服务分别达38.59亿次、10.13亿次，极大地满足了市场的多元征信需求。[6]

北京市统计信息中心的一项调查数据显示，认为个人信用“重要”以及“很重要”的达到91%。[7]具有中国特色的“政府+市场”双轮驱动、“全国+地方”双重发展的个人征信体系已经建成，[8]被认为是目前世界上规模最大、覆盖人口最多、信贷信息最全的个人征信系统。[9]但与国外成熟的征信市场相比，在法律法规、业务规则、数据处理模式及方法、征信机构建设（目前央行征信一家独大）等方面还需要加强与完善。[10]此外，部分公民个人信用观念淡薄，守信激励以及失信惩戒机制不健全等问题亟待解

[1] 任健、姚凯：《个人信用：非正式性约束的理论维度及其现实考察》，载《现代经济探讨》2007年第1期。

[2] 刘萍：《个人破产：立法价值、国际比较及制度解构》，载《西南金融》2009年第6期。

[3] 刘肖原等：《我国社会信用体系建设问题研究》，知识产权出版社2016年版，第101页。

[4] 赵以邗、金波、张斌：《推动中国特色个人征信市场高质量发展的几点思考》，载《武汉金融》2023年第2期。

[5] 中国人民银行征信管理局：《建设覆盖全社会的征信体系》，载《中国金融》2022年第20期。

[6] 中国人民银行征信管理局：《建设覆盖全社会的征信体系》，载《时代金融》2022年第20期。

[7] 李建东：《个人信用制度 百姓认知多少——关于个人信用制度和信用贷款的调查》，载《北京统计》2001年第1期。

[8] 赵以邗、金波、张斌：《推动中国特色个人征信市场高质量发展的几点思考》，载《武汉金融》2023年第2期。

[9] 中国人民银行征信管理局：《建设覆盖全社会的征信体系》，载《中国金融》2022年第20期。

[10] 刘肖原等：《我国社会信用体系建设问题研究》，知识产权出版社2016年版，第130页。

决。[1]在市场经济体制下，完善的法律体系不仅包括市场准入法与市场运行法，还应包括市场退出法。我国法律到目前为止，尚没有赋予个人通过破产实现退出市场的权利，不仅不利于个人信用体系的完善，也会影响市场交易安全和社会秩序的稳定。[2]

（1）加快个人信用立法。加快个人信用立法，将被执行人履行债务的情况纳入个人信用评价体系，激发债务人偿债的内生动力。[3]从个人破产制度的历史发展看，个人破产制度建立之初并没有完善的信用制度，二者在发展的过程中是相互促进互为补充的关系。[4]美国在个人信用的保护方面建立起了相对完善的立法，可供借鉴。[5]一是建立个人信用信息维护方面的立法。立足于当前已经建立的个人信用信息基础数据库的完善，围绕个人信用信息的采集加工使用进行。二是建立个人信用利益保护方面的立法。主要在于加强对个人征信机构的规范管理，实现对于授信行为的平等保护。三是建立个人信用风险管理方面的立法。强化个人信用产品的规范管理，推动个人破产制度的落地实施。

（2）强化个人信用教育。在计划经济体制下，个人所拥有的生产生活资料仅限于维持个人的基本生活，信贷经济发展缓慢且大多发生在熟人之间，对于信用的需求并不高。随着经济特别是消费经济的快速发展，个人信用观念不强、信用教育严重缺失弊端逐步显露出来。为此，应当采取有效措施，强化个人信用教育。一是将信用教育纳入现有的各级各类的教育体系之中。公民从小接受信用教育，树立良好的信用观念。“建立个人信用有利于我国以小农经济为基础的、以道德信用为核心的传统信用观逐步

[1] 刘肖原等：《我国社会信用体系建设问题研究》，知识产权出版社2016年版，第116页。

[2] 杨轶然：《自然人破产制度：个人市场退出的有效机制》，载《现代经济信息》2010年第17期。

[3] 最高人民法院民二庭课题组：《司法实践视野下的自然人债务庭外重整程序》，载《法律适用》2022年第2期。

[4] 蒋国艳：《论我国个人破产制度的构建》，载《广西社会科学》2010年第8期。

[5] 美国的个人信用法律体系包括：《公平信用信息披露法》《诚实信贷法》《消费信用保护法》《平等信用机会法》《统一消费信用法典》等。

向现代信用观的转变。"[1]二是组织开展各种类型的适合不同人群的信用培训。改革开放以来，随着经济的发展，人员流动速度加快、流动范围更广，因此，必须加大个人信用教育培训的范围和广度，避免"信用市场中失信者驱逐守信者，失信者得利，守信者遭殃"[2]的现象出现。三是加大个人信用的宣传力度，提高公民的信用意识。[3]只有人人了解信用、学习信用、重视信用，甚至把信用看得比自身的生命还重要的时候，一个诚信的、和谐的、守信的社会才会真的成为可能。[4]

（3）规范个人征信机构运作。2015年以前，我国主要是以央行建立的个人信用数据库为主导的征信模式，但随着互联网征信的发展，"政府主导+市场化结合"的征信格局初步形成。[5]但无论是芝麻信用，还是腾讯征信等，由于缺乏统一的管理监督，都不同程度地出现了侵犯信用信息主体权利等问题。[6]2018年2月，由中国互联网金融协会和腾讯、芝麻信用等八家个人征信机构组成的百行征信正式批准成立。[7]个人征信的未来发展路径，从《征信业管理条例》中"对个人征信机构实行审批管理"而"对企业征信机构采取备案管理"的规定看，采取的是审慎稳妥、逐步推进的方式。应该分阶段进行：目前以央行为主导，推动百行征信发展、探索路径、模式，出台规范标准；适时央行退居二线，鼓励符合条件的第三方进入个人征信市场自由竞争，有序发放个人征信牌照；最后央行主要负责监管，形

---

[1] 夏勇、郭红欣：《论建立我国个人信用制度的法律对策》，载《当代法学》2003年第7期。

[2] 《信用、信用缺失及社会信用建设问题研究》课题组：《信用、信用缺失及社会信用建设问题研究》，载《济南金融》2003年第4期。

[3] 刘肖原等：《我国社会信用体系建设问题研究》，知识产权出版社2016年版，第79-80页。

[4] 刘振环：《自然人破产制度、个人信用体系与和谐社会的构建》，载《学术交流》2005年第8期。

[5] 郭澎：《互联网征信中个人信息保护的困境与完善进路》，载《北京工业职业技术学院学报》2023年第1期。

[6] 杨东、徐信予：《个人征信机构独立性研究》，载《中国高校社会科学》2017年第6期。

[7] 八家机构分别是：芝麻信用管理有限公司、腾讯征信有限公司、深圳前海征信中心股份有限公司、鹏元征信有限公司、中诚信征信有限公司、考拉征信有限公司、中智诚征信有限公司和北京华道征信有限公司。

成符合市场需求的竞争有序的多元个人征信格局。[1]

(4)构建统一的信用平台。构建全方位多层次覆盖全部信用主体的统一的信用信息平台,消除“信息孤岛”。[2]建议按照村(社区)—乡镇(街道)—区(县)—省(直辖市、自治区)—国家五级行政区划,建立各自的区域信用信息网。第一层级做好村级及社区的信息采集全覆盖,随时更新相关信息;第二层级在各自所属乡镇(街道)实现第一次互联共享,整合本行政区域内的信息,确保无死角无遗漏,全员覆盖;第三层级实现区(县)级信息互联共享,注重各行政主管部门之间的协调沟通,在各自分管领域实现信息的采集更新;第四层级是实现各省(直辖市、自治区)级内的互通共享,可以通过制定地方性法规或规章的形式实现信息的规范统一;第五层级最终各省(直辖市、自治区)的信息统一到国家级的个人信用信息基础数据库。

(三)传统债务观念的进一步转变

民间“欠债还钱,天经地义”以及“父债子还”的传统观念根深蒂固,为我国个人破产制度的建立设置了障碍。[3]特别是个人破产制度中的免责制度让很多人无法理解和接受,在传统的观念中这是有悖于公平、平等、诚实信用等民法的基本原则的。时至今日,人们的观念仍然没有多大的改变,“把破产当作惩罚仍是今天人们对破产的主要印象”[4]。

在我国目前的文化与传统背景下,在个人破产的移植过程中,一定要充分考虑破产免责文化贫瘠、“欠债还钱”观念深入人心的现实,应逐步实现对个人债务人生存权与发展权由低到高的保护。[5]与熟人社会主要依赖

---

〔1〕 刘肖原等:《我国社会信用体系建设问题研究》,知识产权出版社2016年版,第152页。

〔2〕 刘肖原等:《我国社会信用体系建设问题研究》,知识产权出版社2016年版,第119页。

〔3〕 张志铭、于浩:《现代法治释义》,载《政法论丛》2015年第1期。

〔4〕 崔之元、王战强:《不完全市场与策略性破产——美国破产法第11章的历史演变及理论意义》,载《经济社会体制比较》1996年第1期。

〔5〕 殷慧芬:《个人破产立法的现实基础和基本理念》,载《法律适用》2019年第11期。

血缘、地缘关系发放信用借贷不同的是，在陌生人社会中面向普通消费者提供的信用债权债务关系中，双方已经不存在任何的人情关系，因而滥用破产程序的可能性更大。[1]据此，在推进个人破产制度立法时，需要注意个人破产制度与文化的契合，既要引导社会公众接受，又要使制度的构建符合我国基本的价值观念。公众对于个人破产的担忧主要在于其会助长非理性消费和冒险、增加金融风险、帮助恶意逃债者免除责任。整个社会对破产的接纳度和破产污名化的逐渐澄清要求个人破产制度的建立。[2]而通过有效的宣传引导，让公众逐步转变债务观念，接受免责的理念，强化对债务人的诚信引导，为其重回社会提供可行的路径。[3]

法律的制定与实施必须充分考虑公众的法律意识现状，否则难以取得预期的法律效果。[4]1986年《企业破产法（试行）》实施以来，社会公众对于破产制度的认识和理解随着企业破产实践的不断深入，从当初的排斥、抗拒、不接受、不理解、存在抵触情绪到逐步接受和认可，发生了根本性的转变。[5]“大家不再‘谈破色变’，接受债务清偿不能、宽容失败、鼓励创业的观念，正逐步深入人心。”[6]从某种意义上讲，《企业破产法》的实施、《个破条例》以及各地法院开展的不同形式的“类个人破产”的试点，对个人破产的理念进行了很好的宣传，为个人破产制度的建立实施作了很好的铺垫。但是，在推进个人破产立法的进程中，各方面还需要不断加大宣传力度，开展广泛深入的宣传教育。[7]

---

〔1〕殷慧芬：《个人破产立法的现实基础和基本理念》，载《法律适用》2019年第11期。

〔2〕许德风：《论个人破产免责制度》，载《中外法学》2011年第4期。

〔3〕刘冰：《论我国个人破产制度的构建》，载《中国法学》2019年第4期。

〔4〕文秀峰：《个人破产法律制度研究——兼论我国个人破产制度的构建》，中国人民公安大学出版社2006年版，第45页。

〔5〕江苏省高级人民法院课题组：《我国个人破产制度立法模式的选择》，载《中国应用法学》2021年第5期。

〔6〕江苏省高级人民法院课题组：《我国个人破产制度立法模式的选择》，载《中国应用法学》2021年第5期。

〔7〕刘作翔：《法治文化的几个理论问题》，载《法学论坛》2012年第1期。

（四）社会保障制度的建立完善

执行不能属于当事人市场交易风险在执行程序中的延续，应当由当事人而不是国家和社会来承担。[1]但是，由于债务人丧失履行能力而使申请执行人的生活受到影响的，理应得到社会的关爱与救助。特别是随着经济社会的不断发展，对于社会保障制度的需求不断增长。[2]《中共中央关于制定国民经济和社会发展的第七个五年计划的建议》首次引入“社会保障”一词。此后，医疗保险、失业保险、养老保险制度改革在全国范围内全面推开。[3]从20世纪80年代开始建立个人保障制度，至今已走过了40多年的历史，无论保障的力度、类型，还是覆盖范围等方面均有了较大程度的提高。[4]多层次立体化的社会保障制度全面建立，为个人破产制度的实施提供了有利的制度保障。

（1）完善司法救助机制。司法救助是指被执行人无财产可供执行案件退出本次执行程序后，对符合条件的生活特别困难的申请人给予一定的救助，使其基本的生活得到保障。诚然，司法救助不属于执行不能案件的退出，其实质是对申请执行人的救济机制。2015年12月，中央政法委、财政部、最高人民法院等六部门联合印发《关于建立完善国家司法救助制度的意见（试行）》，对救助对象、救助程序以及救助资金的管理等问题作出了明确的规定。[5]2016年7月，最高人民法院专门制定下发了《关于加强和规

---

〔1〕 梁帅：《我国执行救助基金制度的困境与出路》，载《法律适用》2011年第9期。

〔2〕 龙玉其、王延中：《新时代中国特色社会主义保障道路：经验、特征与形成逻辑》，载《中共中央党校学报》2021年第6期。

〔3〕 文秀峰：《个人破产法律制度研究——兼论我国个人破产制度的构建》，中国人民公安大学出版社2006年版，第53页。

〔4〕 潘慧斌、郑丛华：《重获新生：自然人执行不能案件的出路与利益衡平——以构建个人破产制度为思路》，载上海市法学会：《上海法学研究》2021年第9卷。

〔5〕 参见《关于建立完善国家司法救助制度的意见（试行）》规定，司法救助的对象主要是遭受犯罪侵害或民事侵权，无法通过诉讼获得有效赔偿，造成生活困难的当事人或近亲属。救助标准以案件管辖地上一年度职工月平均工资为基准，一般在36个月的工资总额之内。

范人民法院国家司法救助工作的意见》，对在审判执行工作中的司法救助工作进行了规范，特别是明确了对同一案件的同一申请人只能救助一次。救助对象仅限于丧失劳动能力，或者无生活来源的申请人。对于救助的适用案件范围仅限于追索劳动报酬、“三费”案件以及损害赔偿案件等。[1]

为将此项工作推向深入，最高人民法院于2017年5月19日指定宁波市中级人民法院为全国唯一一家试点法院，将保险理赔机制纳入个人执行不能案件的处理中。同年12月，全国首份司法援助保险合同正式在宁波落地。[2]司法援助保险理赔案件限定于刑事附带民事以及人身损害赔偿两类案件，理赔以案件终本程序为前提。被执行人在交通肇事、刑事附带民事赔偿以及人身损害赔偿案件中出现执行不能的情况，致使申请人的债权无法实现，给申请人的生活造成重大影响的，可以申请司法救助。[3]

2018年12月4日，最高人民法院执行局与中国人保财险股份有限公司签署战略合作备忘录。其目的就是解决执行实践中大量存在的执行不能案件，通过机制创新来保护申请人的合法权益。由法院作为牵头部门，通过引入第三方（保险公司）的形式，为因被执行人执行不能导致生活困难的申请人提供救助，然后将对被执行人的追偿权转让给第三方，实现风险转移的同时，可以提高申请人乃至社会对法院工作的理解与支持。2018年7月，辽宁省盘锦市中级人民法院跨界合作，与中国人民财产保险盘锦市分公司通过“诉讼保全责任险+执行悬赏保险+执行救助保险”三险合一的形式解决资金不足问题。[4]

可以说，在基本解决执行难的过程中，执行不能案件的大量存在引起

〔1〕 四川省高级人民法院执行局课题组：《无财产可供执行案件退出机制研究》，载《中国应用法学》2017年第6期。

〔2〕 巩剑：《司法援助保险，解“执行不能”之困》，载《中国保险》2019年第5期。

〔3〕 汪显：《社会救助机制与执行不能衔接问题研究》，载《辽宁公安司法管理干部学院学报》2019年第2期。

〔4〕 刘贵祥、张晨：《构建中国特色执行新模式破解执行难》，载《法制日报》2018年10月26日，第5版。

了社会各界的广泛关注，由于执行不能导致申请人得不到及时赔偿从而使其生活陷入困境的情况时有发生。司法救助制度充分彰显了司法为民的理念，经过不断的实践探索，取得了一定的社会效果。但由于目前尚没有明确的法律规定，仅有最高人民法院的相关文件作为指引，使司法救助工作的开展缺少合法依据，权威性容易受到质疑；且救助范围和救助资金的规定太过原则，实践中各地把握的标准不统一。

笔者认为，对于个人执行不能案件退出后债权人的救济保护的适用条件应当进一步予以明确，需要完善立法，构建统一的国家司法救助制度，提升法律位阶。明确统一的救助程序和救助标准，减少司法救助的随意性；明确救助对象，必须是因被执行人无履行能力，对申请人的生产、生活造成了极大的影响；明确资金来源，包括但不限于各级政府预算、个人或者社会组织的捐款；明确救助额度，以通过救助保证申请人的基本生活为前提。

（2）完善社会救助机制。因执行不能导致申请执行人出现严重的生活困难，其可以申请社会救助。2008年，徐州市铜山区人民法院即开始探索将执行不能案件纳入社会保障机制，区委区政府联合下发了《关于将“执行不能”案件纳入社会保障机制的实施办法》，明确申请主体、严格案件范围、规范审批程序、争取社会支持，由政府出资建立执行救助基金制度。一方面对由于被执行人执行不能导致生活困难的申请人给予资金救助，另一方面为符合条件的申请人办理低保以解决他们的生活之困。2014年国务院颁布的《社会救助暂行办法》规定了临时社会救助的情形，主要包括意外事件和因病陷困、低保户超支致困以及其他特殊情况三种情形。〔1〕从规定看，执行不能导致的申请执行人生活困难，应当属于社会救助的范

〔1〕《社会救助暂行办法》第47条规定：“国家对因火灾、交通事故等意外事件，家庭成员突发重大疾病等原因，导致基本生活暂时出现严重困难的家庭，或者因生活必需支出突然增加超出家庭承受能力，导致基本生活暂时出现严重困难的最低生活保障家庭，以及遭遇其他特殊困难的家庭，给予临时救助。”

围。[1]2018年7月，民政部、财政部、国务院扶贫办联合下发了《关于在脱贫攻坚三年行动中切实做好社会救助兜底保障工作的实施意见》，规定要加大临时救助力度。如个人执行不能案件中，因交通肇事导致医疗费用赔付无法兑现，造成申请执行人生活困难的情况，可以申请社会救助。同时，可以充分考虑将保险制度纳入执行不能案件的解决中，发挥保险制度的事前风险管理以及事后的风险分担功能。[2]

笔者认为，可行的办法是参照目前法律规定的汽车驾驶员应当缴纳的“交强险”，将强制责任保险的范围扩大到承担特定责任的人群，如承担医疗责任的医生、承担过错赔偿责任的公司董事、承担食品安全责任的经营者、承担安全责任的雇主等，建立专门的“被执行人保险”。具体可以由被执行人根据自己的债务额缴纳一定数额的保险费，债权人作为受益人。此外，还需要从国家层面、法律层面出台规定，如在“强制执行法”中明确规定设立执行不能案件的社会救助制度，并明确资金来源、救助的对象、适用的案件范围、救助的额度以及监督的主体责任等。

---

〔1〕 铜山区法院:《执行不能案件纳入社会保障机制研究》，载徐州市铜山区人民法院网，https://xz.tsfy.gov.cn/article/detail/2011/06/id/801028.shtml。

〔2〕 江必新:《完善保险法律制度 破解执行难题》，载《中国保险报》2012年3月26日，第1版。

参考文献

中文著作

1. 陈计男：《破产法论》，台北，三民书局2017年版。

2. 陈荣宗：《破产法》，台北，三民书局1986年版。

3. 褚红军主编：《民事执行裁判理论与实务》，人民法院出版社2022年版。

4. 陈裕琨主编：《最高人民法院司法观点集成（民事诉讼卷）》，人民法院出版社2014年版。

5. 范健、王建文：《破产法》，法律出版社2009年版。

6. 范利平：《我国不动产登记的理论与实践》，知识产权出版社2012年版。

7. 付翠英编著：《破产法比较研究》，中国人民公安大学出版社2004年版。

8. 费孝通：《乡土中国》，长江文艺出版社2019年版。

9. 葛行军：《民事强制执行实务专题讲解》，中国法制出版社2007年版。

10. 郭兵主编：《法院强制执行》，人民法院出版社2007年版。

11. 郭靖祎：《个人破产立法中的制度规则衔接问题研究》，法律出版社2022年版。

12. 韩长印主编:《破产法学》,中国政法大学出版社2016年版。

13. 何勤华主编:《法国法律发达史》,法律出版社2001年版。

14. 霍利民主编:《强制执行的现代理念》,人民法院出版社2005年版。

15. 江必新主编:《强制执行法理论与实务》,中国法制出版社2014年版。

16. 江必新主编:《比较强制执行法》,中国法制出版社2014年版。

17. 江必新主编:《新民事诉讼法条文理解与适用》,人民法院出版社2022年版。

18. 江必新、刘贵祥主编:《最高人民法院执行最新司法解释统一理解与适用》,中国法制出版社2015年版。

19. 江必新、贺荣主编:《强制执行法的起草与论证(三)》,中国法制出版社2014年版。

20. 江必新、刘贵祥主编:《执行工作指导》,国家行政学院出版社2016年版。

21. 江必新、刘贵祥主编:《执行工作指导》,国家行政学院出版社2017年版。

22. 周继业主编:《强制执行新实践》,法律出版社2018年版。

23. 江伟:《民事诉讼法学原理》,中国人民大学出版社1999年版。

24. 蓝贤勇:《民事强制执行法理论与实务》,人民法院出版社2004年版。

25. 李飞主编:《当代外国破产法》,中国法制出版社2006年版。

26. 李龙主编:《法理学》,人民法院出版社、中国社会科学出版社2003年版。

27. 李清杰主编:《立案登记制改革与诉权保障基础理论及实践》,人民法院出版社2016年版。

28. 李仕春:《民事保全程序研究》,中国法制出版社2005年版。

29. 李永军:《破产法——理论与规范研究》，中国政法大学出版社2013年版。

30. 李永军:《破产法律制度》，中国法制出版社2000年版。

31. 李永军主编:《商法学》，中国政法大学出版社2004年版。

32. 刘汉富主编:《国际强制执行法律汇编》，法律出版社2000年版。

33. 刘贵祥、宋朝武主编:《强制执行的理论与制度创新——“中国执行论坛”优秀论文集》，中国政法大学出版社2017年版。

34. 刘静:《个人破产制度研究——以中国的制度构建为中心》，中国检察出版社2010年版。

35. 刘肖原等:《我国社会信用体系建设问题研究》，知识产权出版社2016年版。

36. 卢林主编:《深圳经济特区个人破产条例草案建议稿附理由》，法律出版社2016年版。

37. 宋汉林:《民事执行请求权研究》，法律出版社2018年版。

38. 巫文勇:《利益平衡视角下的金融机构破产特定债务优先清偿法律制度研究》，中国政法大学出版社2014年版。

39. 齐砺杰:《债务危机、信用体系和中国的个人破产问题》，中国政法大学出版社2017年版。

40. 齐树洁主编:《破产法研究》，厦门大学出版社2004年版。

41. 齐树洁主编:《破产法》，厦门大学出版社2009年版。

42. 乔宇:《强制执行前沿与热点问题》，中国法制出版社2020年版。

43. 沈达明、郑淑君编著:《比较破产法初论》，对外经济贸易大学出版社2015年版。

44. 沈志先主编:《强制执行》，法律出版社2012年版。

45. 孙志伟:《国际信用体系比较》，中国金融出版社2014年版。

46. 孙佑海主编:《强制执行的理论与司法实务研究》，中国法制出版社2020年版。

47. 谭秋桂:《民事执行法学》,北京大学出版社2010年版。

48. 谭秋桂:《民事执行原理研究》,中国法制出版社2001年版。

49. 汤维建主编:《新企业破产法解读与适用》,中国法制出版社2006年版。

50. 汤维建、胡守鑫:《个人破产制度构建的难点与对策研究》,法律出版社2022年版。

51. 童兆洪:《民事执行前沿问题》,人民法院出版社2003年版。

52. 童兆洪主编:《民事强制执行新论》,人民法院出版社2001年版。

53. 童兆洪主编:《民事执行调查与分析》,人民法院出版社2005年版。

54. 王卫国:《破产法精义》,法律出版社2007年版。

55. 王欣新:《破产法》,中国人民大学出版社2019年版。

56. 文秀峰:《个人破产法律制度研究——兼论我国个人破产制度的构建》,中国人民公安大学出版社2006年版。

57. 吴长波:《变革中的破产法——理论与实证》,知识产权出版社2012年版。

58. 吴维海、张晓丽:《大国信用:全球视野的中国社会信用体系》,中国计划出版社2017年版。

59. 王亚新、陈杭平、刘君博:《中国民事诉讼法重点讲义》,高等教育出版社2017年版。

60. 徐阳光:《英国个人破产与债务清理制度》,法律出版社2020年版。

61. 许德风:《破产法论——解释与功能比较的视角》,北京大学出版社2015年版。

62. 熊俊勇:《人民法院立案制度的改革及完善——从立案审查制到立案登记制》,人民法院出版社2020年版。

63. 肖建国:《中国民事强制执行法专题研究》,中国法制出版社2020

年版。

64. 肖建国主编:《民事执行法》,中国人民大学出版社2014年版。

65. 严军兴、管晓峰:《中外民事强制执行制度比较研究》,人民出版社2006年版。

66. 叶建平:《涅槃之道——破产的应然思考与实然探索》,法律出版社2019年版。

67. 杨荣馨主编:《强制执行立法的探索与构建——中国强制执行法(试拟稿)条文与释义》,中国人民公安大学出版社2005年版。

68. 杨建华原著,郑杰夫增订:《民事诉讼法要论》,北京大学出版社2013年版。

69. 张俊:《强制执行专题分析》,知识产权出版社2016年版。

70. 张卫平:《民事诉讼法》,法律出版社2016年版。

71. 张学仁主编:《香港法概论》,武汉大学出版社2006年版。

72. 张永红:《英国民事强制执行法》,复旦大学出版社2014年版。

73. 张善斌主编:《破产法的"破"与"立":〈企业破产法〉施行十周年纪念文集》,武汉大学出版社2017年版。

74. 邹海林、周泽新:《破产法学的新发展》,中国社会科学出版社2013年版。

75. 邹海林:《破产程序和破产法实体体制比较研究》,法律出版社1995年版。

76. 邹海林:《破产法——程序理念与制度结构解析》,中国社会科学出版社2016年版。

77. 最高人民法院执行局:《人民法院办理执行案件规范》,人民法院出版社2017年版。

78. 最高人民法院执行局:《人民法院办理执行案件规范》,人民法院出版社2023年版。

79.最高人民法院执行局、国家法官学院、中国行为法学会执行行为专业委员会编:《困局与破局:执行实务疑难问题研究——第十一届“中国执行论坛”优秀论文集》,中国民主法制出版社2022年版。

80.焦国成主编:《中国社会信用体系建设的理论与实践》,中国人民大学出版社2009年版。

81.李新庚:《社会信用体系运行机制研究》,中国社会出版社2017年版。

82.陈勇阳主编:《个人信用管理:理论、实务及案例》,重庆大学出版社2016年版。

83.程啸、尹飞、常鹏翱:《不动产登记暂行条例及其实施细则的理解与适用》,法律出版社2016年版。

84.江必新主编:《行政与执行法律文件解读》,人民法院出版社2016年版。

85.王娣:《强制执行竞合研究》,中国人民公安大学出版社2009年版。

86.杨仁寿:《法学方法论》,中国政法大学出版社2016年版。

87.杨与龄编著:《强制执行法论》,中国政法大学出版社2002年版。

88.张卫平主编:《民事程序法研究》,厦门大学出版社2016年版。

89.白云:《个人信用信息法律保护研究》,法律出版社2013年版。

90.郑也夫:《后物欲时代的来临》,中信出版集团2016年版。

91.郭新华:《家庭借贷、拖欠与破产研究》,知识产权出版社2010年版。

92.胡玲:《债务人生存权益视角下的我国个人破产立法研究》,中国法制出版社2014年版。

93.腾达:《信用资本:开启未来金融的密码》,电子工业出版社2018年版。

94.最高人民法院执行工作办公室:《执行工作指导》,人民法院出版社2006年版。

译著

1.[德]莱茵哈德·波克:《德国破产法导论》,王艳柯译,北京大学出版社2014年版。

2.[德]丹尼尔·施特尔特:《21世纪债务论》,胡琨译,北京时代华文书局2015年版。

3.[美]查尔斯·J.泰步:《美国破产法新论》,韩长印、何欢、王之洲译,中国政法大学出版社2017年版。

4.[美]大卫·G.爱泼斯坦、史蒂夫·H.尼克勒斯、詹姆斯·J.怀特:《美国破产法》,韩长印等译,中国政法大学出版社2003年版。

5.[美]小戴维·A.斯基尔:《债务的世界:美国破产法史》,赵炳昊译,中国法制出版社2010年版。

6.[美]杰森·J.吉伯恩:《个人破产法比较研究》,徐阳光、李丽丽译,法律出版社2022年版。

7.[日]谷口安平主编:《日本倒产法概述》,佐藤孝弘、田言等译,中国政法大学出版社2017年版。

8.[日]山本和彦:《日本倒产处理法入门》,金春等译,法律出版社2016年版。

9.[日]石川明:《日本破产法》,何勤华、周桂秋译,中国法制出版社2000年版。

10.[日]伊藤真:《破产法》,刘荣军、鲍荣振译,中国社会科学出版社1995年版。

11.[日]竹下守夫:《日本民事执行制度概况》,白绿铉译,载《人民司法》2001年第6期。

12.[英]菲奥娜·托米:《英国公司和个人破产法》(第2版),汤维建、刘静译，北京大学出版社2010年版。

13.［英］伊恩·拉姆齐：《21世纪个人破产法：美国和欧洲比较研究》，刘静译，法律出版社2021年版。

14.［法］卢梭：《社会契约论》，赵平沤译，商务印书馆2017年版。

15.孙平编译：《法国消费法典》，中国政法大学出版社2012年版。

16.《英国破产法》，丁昌业译，法律出版社2003年版。

17.董安生等编译：《英国商法》，法律出版社1991年版。

18.《德国支付不能法》，杜景林、卢谌译，法律出版社2002年版。

19.《法国商法典》，金邦贵译，中国法制出版社2000年版。

20.自然人破产处理工作小组起草：《世界银行自然人破产问题处理报告》，殷慧芬、张达译，中国政法大学出版社2016年版。

21.《法国商法典》，罗结珍译，北京大学出版社2015年版。

中文期刊

1.百晓峰：《中国民事执行年度观察报告（2016）》，载《当代法学》2017年第3期。

2.百晓锋：《程序变革视角下的终结本次执行程序制度——以〈民诉法解释〉第519条为中心》，载《华东政法大学学报》2015年第6期。

3.蔡八弟：《“负翁”族大量涌现　个人破产需立法》，载《中国经济周刊》2005年第42期。

4.蔡晓荣：《从负债应偿到破产免责：破产债务清偿责任衍进的中国法律史叙事》，载《法学家》2013年第6期。

5.曹波：《无财产可供执行案件退出机制的重设与运行》，载《人民司法》2009年第15期。

6.曹启选、景晓晶、叶浪花：《个人破产制度先行先试中的实践示范与体系构建》,载《人民司法》2022年第22期。

7. 曹兴权:《自然人破产之争》,载《河北法学》2006年第4期。

8. 曹祖兴:《浅析执行不能案件的成因及对策》,载《法制与社会》2009年第3期。

9. 曾迪:《利益衡量下平台企业拒绝数据共享的正当性判断》,载《竞争政策研究》2022年第2期。

10. 曾祥生:《无财产案件执行管理机制:困境、改革及其完善》,载《法学论坛》2018年第3期。

11. 陈本寒、罗琳:《个人破产制度中豁免财产范围规则的本土化构建》,载《湖北大学学报(哲学社会科学版)》2021年第1期。

12. 陈杭平:《比较法视野下的执行权配置模式研究》,载《法学家》2018年第2期。

13. 陈宁波、黄寒:《对我国国家助学贷款高违约率问题的博弈分析》,载《海南金融》2004年第4期。

14. 陈荃:《执行程序中对被执行人宅基地上房屋的处置》,载《人民司法(应用)》2018年第34期。

15. 陈文姣:《个人破产失权制度的规范路径研究》,载《湖南广播电视大学学报》2021年第2期。

16. 陈亚东:《建立我国个人破产制度》,载《法治论丛》2004年第1期。

17. 陈育、赵海程、姚艳:《个人信用与个人破产制度法律关系的分析——兼论我国建立个人破产制度的现实意义》,载《财经科学》2009年第8期。

18. 程功舜:《解决我国民事执行难的新思考》,载《中共山西省委党校学报》2019年第6期。

19. 崔之元、王战强:《不完全市场与策略性破产——美国破产法第11章的历史演变及理论意义》,载《经济社会体制比较》1996年第1期。

20.代策:《个人破产制度的构建——以中国香港个人破产制度为例》,载《中国经济报告》2018年第9期。

21.代贞奎、蒲宏斌、何小兵:《居住权保留条件下可执行被执行人唯一住房所有权》,载《人民司法(案例)》2016年第8期。

22.戴继翔、王鹤:《破产免责制度的变迁及对我国立法的启示》,载《南京审计学院学报》2009年第4期。

23.戴彦艳、孙日华:《环境公益诉讼中的利他主义》,载《西部法学评论》2014年第2期。

24.单一良、姚炎中:《解题"执行难":法院执行在行动——专访最高人民法院审判委员会副部级专职委员、执行局局长刘贵祥》,载《人民法治》2015年第1期。

25.丁海湖:《个人破产逃废债的防范》,载《人民司法》2022年第22期。

26.董林华:《"执行难"的原因及对策》,载《燕山大学学报(哲学社会科学版)》2005年第1期。

27.董振国:《试论一个执行依据多次立案》,载《人民司法》2006年第3期。

28.董振国:《试论执行不能》,载《人民司法》2002年第5期。

29.董振国:《完善民商事执行案件退出程序机制研究》,载《法律适用》2006年第5期。

30.范加庆:《适用终结本次执行程序的基本点》,载《人民司法》2015年第7期。

31.方飞潮、叶飞、黄小若:《个人债务集中清理中的金融债权实质性豁免》,载《人民司法》2021年第20期。

32.福建省高级人民法院执行局:《数字说话:执行不能与民商交易风险》,载《人民司法》2002年第10期。

33. 付承晨:《个人破产领域豁免财产制度的立法倾向——以利益衡量论为视角》,载《北方金融》2022年第5期。

34. 高星阁:《"执行不能"案件退出机制的当下境遇与未来图景》,载《学海》2020年第3期。

35. 高执办:《"执行难"新议》,载《人民司法》2001年第5期。

36. 葛现琴:《我国破产复权立法模式之选择》,载《当代法学》2003年第12期。

37. 葛行军:《再议"执行难"》,载《人民司法》2003年第1期。

38. 宫云举、于向华:《"执行难"的司法自救——以统一无财产可供执行案件标准为视角》,载《山东审判》2015年第2期。

39. 巩剑:《司法援助保险,解"执行不能"之困》,载《中国保险》2019年第5期。

40. 顾芳芳:《破产法立法价值嬗变之考察——从历史演进的角度》,载《改革与开放》2013年第6期。

41. 顾建华:《完善无财产可供执行案件退出执行程序》,载《人民司法》2010年第7期。

42. 郭毕华:《关于建立我国个人破产法律制度的相关思考——以日本个人破产制度为参考》,载《法制与社会》2020年第13期。

43. 郭兵:《强制执行中的司法为民》,载《人民司法》2007年第15期。

44. 郭澎:《互联网征信中个人信息保护的困境与完善进路》,载《北京工业职业技术学院学报》2023年第1期。

45. 郭兴利:《赋予个人破产能力:观念变革与国际惯例的双重视野》,载《求索》2008年第11期。

46. 郭兴利:《建立个人破产制度:化解个人债务纠纷的新路径》,载《山东师范大学学报(人文社会科学版)》2010年第2期。

47. 国务院新闻办公室:《中国保障宗教信仰自由的政策和实践》,载

《中国道教》2018年第2期。

48. 韩煦:《我国终结本次执行程序的制度建构与具体实施》,载《法律适用》2022年第9期。

49. 韩长印:《破产界限之于破产程序的法律意义》,载《华东政法学院学报》2006年第6期。

50. 韩长印:《破产理念的立法演变与破产程序的驱动机制》,载《法律科学》2002年第4期。

51. 韩长印:《中国破产法的发展状况及法学论题》,载《法学杂志》2004年第5期。

52. 韩中节、高丽:《破产免责制度立法模式的比较考察及借鉴》,载《法学杂志》2020年第10期。

53. 何骥:《文化语境下的我国个人破产制度建构之路——以美国相关立法为研究视角》,载《贵州社会科学》2013年第1期。

54. 贺丹:《个人破产程序设计:一个新思路》,载《法律适用》2021年第9期。

55. 贺志姣:《破产法的适用范围:商人破产主义还是一般破产主义》,载《中南财经政法大学学报》2002年第6期。

56. 胡家强、张立群:《论执行不能案件的退出》,载《中国海洋大学学报》(社会科学版)2012年第2期。

57. 胡家强:《执行不能案件退出机制的理论基石与法律分析》,载《河北学刊》2012年第5期。

58. 胡利玲:《论个人破产中豁免财产的构成与限制》,载《东方论坛》2020年第3期。

59. 胡利玲:《论个人破产中豁免财产范围的确定》,载《经贸法律评论》2019年第4期。

60. 胡利玲:《预重整的目的、法律地位与性质——基于对我国预重整地方实践的反思》,载《东方论坛》2021年第4期。

61. 胡泽恩:《论破产法中的和解与整顿——兼评我国企业破产法中的和解与整顿》,载《政治与法律》1989年第6期。

62. 胡志超:《我国被执行人财产发现制度之完善》,载《暨南学报(哲学社会科学版)》2009年第1期。

63. 华金秋:《试论个人破产与财务管理》,载《中央财经大学学报》2003年第1期。

64. 黄敏:《浅论我国个人破产制度的构建》,载《现代经济信息》2016年第7期。

65. 黄怡捷:《民事执行的理念更新和相关内容重塑》,载《广西青年干部学院学报》2004年第4期。

66. 黄永民:《通往和谐社会之途——"执法如水"理念的表达与实践》,载《司法改革论评》2007年第1期。

67. 蹇莉:《我国个人破产制度的建构——以债务人失权为视角论》,载《法制与经济》2019年第10期。

68. 江平、江帆:《论商自然人的破产能力》,载《现代法学》1997年第4期。

69. 姜涛:《被执行人财产查明制度的完善》,载《青岛行政学院学报》2008年第9期。

70. 蒋国艳:《论我国个人破产制度的构建》,载《广西社会科学》2010年第8期。

71. 解玉娟:《试论我国破产免责制度的构建》,载《河北法学》2009年第2期。

72. 金春:《个人破产立法与企业经营者保证责任问题研究》,载《南大法学》2020年第2期。

73. 靳建丽、靳可可:《"基本解决执行难"背景下对"执行不能"问题的探索》，载《湖北经济学院学报（人文社会科学版）》2019年第7期。

74. 景汉朝、卢子娟：《“执行难”及其对策》，载《法学研究》2000年第5期。

75. 寇东亮：《陌生化境遇中的社会心态及其道德风险》，载《山东社会科学》2014年第3期。

76. 兰秀文：《破产法的历史沿革及发展方向》，载《人民论坛》2012年第8期。

77. 刘黎明：《回应与前瞻——“统一破产法”若干问题研究》，载《法商研究》2005年第1期。

78. 李昌麒：《弱势群体保护法律问题研究——基于经济法与社会法的考察视角》，载《中国法学》2004年第2期。

79. 李飞：《我国个人破产制度构建的理论展开——以〈深圳经济特区个人破产条例〉为参照》，载《投资研究》2021年第3期。

80. 李宏飞：《对造成“执行难”原因的分析》，载《太原理工大学学报（社会科学版）》2002年第20期。

81. 李宏伟：《以个人破产制度进一步优化营商环境》，载《人民论坛》2019年第23期。

82. 李建东：《个人信用制度 百姓认知多少——关于个人信用制度和信用贷款的调查》，载《北京统计》2001年第1期。

83. 李龙、刘连泰：《宪法财产权与民法财产权的分工与协同》，载《法商研究》2003年第6期。

84. 李少华：《深圳与香港个人破产制度比较》，载《广东经济》2021年第4期。

85. 李曙光：《我国破产重整制度的多维解构及其改进》，载《法学评论》2022年第3期。

86. 李曙光：《新破产法的制定与中国信用文化和信用制度》，载《法学家》2005年第2期。

87. 李宛笑:《论个人破产制度中的自由财产制度》,载《时代金融》2019年第20期。

88. 李晓燕、鹿思原:《论我国个人破产制度的构建》,载《山西大学学报(哲学社会科学版)》2020年第2期。

89. 李永军:《论破产法上的免责制度》,载《政法论坛》2000年第1期。

90. 李永军:《重申破产法的私法精神》,载《政法论坛》2002年第3期。

91. 李永林:《论执行不能及其风险后果承担》,载《四川省政法管理干部学院学报》2002年第3期。

92. 李兆勇:《终本案件分类管理的实证分析与规则构建》,载《人民司法》2022年第16期。

93. 李钟书:《论私有财产权保护在我国的实现》,载《青海社会科学》2004年第4期。

94. 梁帅:《我国执行救助基金制度的困境与出路》,载《法律适用》2011年第9期。

95. 林晓霞:《论破产免责》,载《法律适用》1997年第10期。

96. 刘冰:《论我国个人破产制度的构建》,载《中国法学》2019年第4期。

97. 刘博:《复权制度中国化的路径刍议》,载《学习论坛》2017年第12期。

98. 刘彩玲:《浅析家庭责任伦理在构建和谐社会中的作用》,载《理论学习与探索》2005年第2期。

99. 刘超、孙忆楠:《诉求与回应:我国个人破产制度的建构路径研究》,载《淮阴师范学院学报(哲学社会科学版)》2021年第3期。

100. 刘刚:《浅谈农村房屋登记存在的问题及处理策略》,载《中国集体经济》2018年第21期。

101. 刘贵祥:《人民法院执行工作现状与分析》,载《中国应用法学》2018年第1期。

102. 刘恒:《执行视角下的个人破产制度研究》,载《社会科学动态》2019年第5期。

103. 刘健:《德国民事强制执行法律制度浅窥》,载《中国司法》2002年第5期。

104. 刘静:《不断变革中的美国破产法》,载《中国人大》2006年第17期。

105. 刘静:《个人重整程序与个人破产和解程序的识别》,载《法制与经济(下旬刊)》2010年第1期。

106. 刘静:《起源与词源的双重困境——解析破产制度的历史误读》,载《西南民族大学学报》2010年第3期。

107. 刘静:《试论当代个人破产程序的结构性变迁》,载《西南民族大学学报》2011年第4期。

108. 刘静:《无财产可供执行案件证据问题研究——以执行财产的发现为中心》,载《证据科学》2014年第3期。

109. 刘静:《终结本次执行程序的反思》,载《首都师范大学学报(社会科学版)》2016年第6期。

110. 刘敏溪:《论个人破产中的失权制度》,载《商品与质量》2011年第8期。

111. 刘萍:《个人破产:立法价值、国际比较及制度解构》,载《西南金融》2009年第6期。

112. 刘晓智:《破产法的适用范围探讨》,载《市场论坛》2004年第5期。

113. 刘圳:《论个人破产制度的缺失与构建——以执行不能为视角》,载《河南广播电视大学学报》2020年第2期。

114. 刘振环:《自然人破产制度、个人信用体系与和谐社会的构建》,载《学术交流》2005年第8期。

115. 刘正林:《试论我国破产程序启动机制的不足与完善》,载《武汉职业技术学院学报》2005年第1期。

116. 刘作翔:《法治文化的几个理论问题》,载《法学论坛》2012年第1期。

117. 龙玉其、王延中:《新时代中国特色社会主义保障道路:经验、特征与形成逻辑》,载《中共中央党校学报》2021年第6期。

118. 罗玉冰:《央行征信服务赋能金融发展》,载《中国金融》2019年第19期。

119. 吕澄:《无财产可供执行案件退出机制研究——与瑞士立法例之比较》,载《黑龙江省政法管理干部学院学报》2017年第4期。

120. 马荣:《精准执行协同作战的实践考量——以江苏省徐州市中级人民法院涉徐工集团案件专项执行活动为研究样本》,载《人民司法(应用)》2018年第13期。

121. 马哲:《论澳门破产程序的统一和区分》,载《苏州大学学报(法学版)》2018年第3期。

122. 马哲:《论个人破产余债免除制度在我国的适应性及其构建》,载《中国政法大学学报》2019年第4期。

123. 梅岭:《为9.7亿自然人建立信用档案 个人信用记录日益重要》,载《中国质量万里行》2019年第6期。

124. 牛蕴、叶松:《"赶考"之前——访全国人大代表、中国人民银行郑州中心支行行长计承江》,载《中国金融家》2010年第3期。

125. 欧元捷:《论个人破产建构的中国逻辑——以破产与免债的界分为起点》,载《山东社会科学》2020年第3期。

126. 潘昌锋、孙志丹:《地方法院司法解释性质文件的问题及其破解之道——以执行类司法解释性质文件为切入点》,载《淮阴师范学院学报(哲学社会科学版)》2020年第3期。

127. 庞晓:《公法与私法交叉:执行请求权执行时效制度的思与辨》,

载《西华师范大学学报(哲学社会科学版)》2019年第5期。

128. 裴丽萍、李森:《我国破产制度的域外借鉴与完善进路——基于〈全球营商环境报告〉的分析》,载《西南石油大学学报(社会科学版)》2020年第2期。

129. 祁晓飞:《论个人破产免责制度滥用的防范》,载《黑龙江生态工程职业学院学报》2020年第4期。

130. 秦守勤:《对我国个人破产的法哲学思考》,载《江西省团校学报》2003年第2期。

131. 青岛市中级人民法院执行一庭:《民事执行案件退出与救济机制探析》,载《山东审判》2007年第6期。

132. 邱柳:《我国个人破产法律制度构建之人格破产与复权制度研究》,载《吉林省教育学院学报》2009年第11期。

133. 邱星美:《终结本次执行制度的创新与未来设计——兼评民事强制执行法草案第83条第1款第8项》,载《中国政法大学学报》2023年第2期。

134. 权萌:《个人破产失权与复权制度研究——探寻惩戒与保护的平衡点》,载《法制与社会》2018年第2期。

135. 任健、姚凯:《个人信用:非正式性约束的理论维度及其现实考察》,载《现代经济探讨》2007年第1期。

136. 桑爱英:《浅议破产免责制度》,载《云南大学学报(法学版)》2010年第1期。

137. 桑本谦:《公共惩罚与私人惩罚的互动——一个解读法律制度的新视角》,载《法制与社会发展》2005年第5期。

138. 史际春、陈岳琴:《论商法》,载《中国法学》2001年第4期。

139. 四川省高级人民法院执行局课题组:《无财产可供执行案件退出机制研究》,载《中国应用法学》2017年第6期。

140. 宋炜、王露钰:《个人债务集中清理管理人的实务困境与建议》,

载《法制博览》2023年第8期。

141. 宋炜:《浅议我国破产法上信息披露制度》,载《传播与版权》2016年第7期。

142. 宋云博:《法治多元性视域下考察我国民法的“平等原则”》,载《政法论丛》2015年第4期。

143. 宋振宇:《“个人破产法”执行难问题的破解之道》,载《广西质量监督导报》2021年第4期。

144. 苏福:《民事执行中“完成财产调查”的认定标准与运用向度》,载《东方法学》2017年第5期。

145. 苏良波、崔永峰:《执行不能案件的认定与处置》,载《人民司法》2020年第7期。

146. 孙宏友:《论英国破产法制度发展及其对我国个人破产立法的启示》,载《河北法学》2010年第3期。

147. 孙永军:《程序公正与司法资源的合理配置》,载《江南论坛》2009年第1期。

148. 孙瑜:《超标的查封的认定和处理》,载《人民司法》2022年第2期。

149. 谭秋桂:《论限制债务人高消费的法理基础及其制度完善》,载《时代法学》2011年第6期。

150. 汤鸣、李浩:《民事诉讼率:主要影响因素之分析》,载《法学家》2006年第3期。

151. 汤维建:《〈个人破产法〉的立法研究》,载《山东警察学院学报》2010年第5期。

152. 汤维建:《关于建立我国个人破产制度的构想(上)》,载《政法论坛》1995年第3期。

153. 汤维建:《论破产法上的复权制度》,载《法学家》1996年第5期。

154. 汤维建:《破产概念新说》,载《中外法学》1995年第3期。

155. 汤维建:《谈破产救济》,载《法律科学》1994年第6期。

156. 汤维建:《执行体制的统一化构建——以解决民事“执行难”为出发点》,载《现代法学》2004年第5期。

157. 汤维建:《制定我国〈个人破产法〉的利弊分析及立法对策》,载《甘肃政法大学学报》2021年第6期。

158. 唐京:《论民事诉讼风险》,载《中共四川省委省级机关党校学报》2004年第3期。

159. 唐晓晴:《澳门破产(无偿还能力)制度检讨》,载《财经法学》2015年第3期。

160. 陶乾、张世君:《意大利破产和解制度的发展及经验借鉴》,载《社会科学战线》2016年第10期。

161. 田平安:《民事执行措施论》,载《时代法学》2007年第1期。

162. 田应梅:《论民事强制执行的改革与完善》,载《贵州工业大学学报(社会科学版)》2006年第1期。

163. 童兆洪、林翔荣:《论债权凭证制度的实施》,载《人民司法》2001年第4期。

164. 童兆洪:《论民事执行权的运行》,载《法律适用》2004年第1期。

165. 汪丁丁:《回顾“金融革命”》,载《经济研究》1997年第12期。

166. 汪青松、张汉成:《论平衡性个人破产免责制度的构建》,载《湖北社会科学》2023年第1期。

167. 汪世虎、李刚:《自然人破产能力研究》,载《现代法学》1999年第6期。

168. 汪显:《社会救助机制与执行不能衔接问题研究》,载《辽宁公安司法管理干部学院学报》2019年第2期。

169. 王磊:《关于破产法适用范围的思考》,载《湖北经济学院学报(人文社会科学版)》2006年第1期。

170. 王林清、张璇:《审判权与执行权分离模式之建构》,载《华东政法大学学报》2016年第5期。

171. 王棋国:《论和谐司法》,载《法治研究》2007年第1期。

172. 王欣新、丁燕:《论破产法上信息披露制度的构建与完善》,载《政治与法律》2012年第2期。

173. 王雪丹:《关于二元经济体制对个人破产制度影响的思考——兼与朱涛博士商榷》,载《前沿》2010年第12期。

174. 王亚新、百晓峰:《无财产可供执行案件的退出机制及相关争议的处理》,载《法律适用》2011年第12期。

175. 王艳:《论个人破产免责的例外》,载《经济研究导刊》2019年第24期。

176. 王艳华:《论破产能力的变化——兼论我国破产法的适用范围》,载《求索》2005年第6期。

177. 王智杰:《无财产可供执行案件运行机制的规范化探究——以构建终局性退出机制为中心》,载《南华大学学报(社会科学版)》2021年第8期。

178. 韦蔚:《浅析个人破产制度中的自由财产制度》,载《法制与经济》2022年第1期。

179. 翁晓斌:《对执行公正的思考》,载《人民司法》2005年第6期。

180. 吴雷:《论自然人破产配套制度的完善》,载《学理论》2018年第8期。

181. 吴文琦:《破产免责制度之考察及我国破产免责制度的构想》,载《宁夏大学学报(人文社会科学版)》2007年第5期。

182. 武诗敏:《个人债务清理非正式程序研究》,载《月旦财经法杂志》2020年第45期。

183. 习近平:《在企业家座谈会上的讲话》,载《中华人民共和国国务院公报》2020年第22期。

184. 夏宏强、杨坚:《论对被执行人财产的查明》,载《河南科技大学学报(哲学社会科学版)》2007年第3期。

185. 夏旭阳:《论我国自然人破产能力立法的必要性和可行性》,载《甘肃理论学刊》2003年第3期。

186. 夏勇、郭红欣:《论建立我国个人信用制度的法律对策》,载《当代法学》2003年第7期。

187. 肖建国:《民事强制执行立法的中国选择》,载《华东政法大学学报》2021年第2期。

188. 谢可诗、杨福颖:《论个人破产制度中豁免财产的范围》,载《特区经济》2021年第6期。

189. 谢兰军:《深圳"试水"个人破产——将"宽容失败"落实到制度》,载《人民之声》2020年第7期。

190. 谢佑平、万毅:《论司法改革与司法公正》,载《中国法学》2002年第5期。

191. 信用、信用缺失及社会信用建设问题研究课题组:《信用、信用缺失及社会信用建设问题研究》,载《济南金融》2003年第4期。

192. 徐立志:《日本倒产处理中的和解制度》,载《外国法译评》1997年第4期。

193. 徐阳光、陈科林:《论个人破产立法中的自由财产制度》,载《东方论坛》2020年第3期。

194. 徐阳光、武诗敏:《个人破产立法的理论逻辑与现实进路》,载《中国人民大学学报》2021年第5期。

195. 徐阳光:《个人破产立法的英国经验与启示》,载《法学杂志》2020年第7期。

196. 徐阳光:《执行与破产之功能界分与制度衔接》,载《法律适用》

2017年第11期。

197.许德风:《论个人破产免责制度》,载《中外法学》2011年第4期。

198.杨东、徐信予:《个人征信机构独立性研究》,载《中国高校社会科学》2017年第6期。

199.杨东伟、张楠:《执行难视域下的个人破产制度研究——以G市Y区人民法院执行案件相关数据为样本》,载《法治论坛》2018年第3期。

200.杨慧:《论经济法上的弱势群体》,载《河南司法警官职业学院学报》2021年第4期。

201.杨曦:《互联网消费信贷中个人征信信息的法律保护》,载《河北法学》2020年第3期。

202.杨轶然:《自然人破产制度:个人市场退出的有效机制》,载《现代经济信息》2010年第17期。

203.叶林果:《破冰人民法院"执行难"》,载《四川经济管理学院学报》2007年第3期。

204.殷慧芬:《个人破产立法的现实基础和基本理念》,载《法律适用》2019年第11期。

205.余庆、李梦瑶:《金融债权案件执行难点及对策》,载《人民司法(应用)》2016年第1期。

206.俞飞颖:《确立商自然人破产制度的立法初论》,载《中国律师》2003年第9期。

207.詹应国:《执行与破产程序的衔接规范》,载《人民司法(应用)》2016年第4期。

208.张法能:《执行退出机制:公正与效率的博弈——以再执行程序的"W"与"H"为视角》,载《法治论坛》2014年第3期。

209.张锋学:《浅析我国民事判决"执行难"》,载《广东农工商职业技术学院学报》2006年第1期。

210. 张红霞:《无财产可供执行案件退出机制研究》,载《中南财经政法大学研究生学报》2011年第1期。

211. 张华泽:《个人破产豁免财产范围构想》,载《黑龙江工业学院学报》2022年第3期。

212. 张欢、朱跃星:《执行不能案件的认定规则》,载《人民司法(案例)》2020年第8期。

213. 张丽琴 :《个人破产制度三论》,载《同济大学学报(社会科学版)》2004年第4期。

214. 张亮:《粤港澳大湾区商事法律规则差异及司法应对研究》,载《中国应用法学》2019年第6期。

215. 张美欣:《终结本次执行程序案件的彻底终结制度研究》,载《法律适用》2016年第4期。

216. 张千帆:《中央与地方财政分权——中国经验、问题与出路》,载《政法论坛》2011年第5期。

217. 张榕:《"执行难"化解之误区及其归正》,载《厦门大学学报(哲学社会科学版)》2017年第4期。

218. 张善斌、钱宁:《个人破产热点的冷思考——以立法条件的考量为中心》,载《法学家》2021年第6期。

219. 张姝:《社会保障是社会和谐的基本保障》,载《社会科学战线》2005年第6期。

220. 张卫:《澳大利亚自然人破产法律制度研究》,载《海南大学学报(人文社会科学版)》2002年第2期。

221. 张新宝:《侵权责任法的立法利益衡量》,载《中国法学》2009年第4期。

222. 张艳艳:《论我国自然人破产能力的确立》,载《职业时空》2011年第3期。

223. 张永红:《英国个人破产案件的处理及启示》,载《人民司法》2020年第10期。

224. 张永红:《执行标的到位率的中英比较与思考》,载《人民司法(应用)》2016年第28期。

225. 张志铭、于浩:《现代法治释义》,载《政法论丛》2015年第1期。

226. 章政:《以个人征信报告为切入点建立居民信用体系》,载《征信》2015年第6期。

227. 赵大伟:《畸高的终本率及其治理》,载《民事程序法研究》2020年第1期。

228. 赵丽、秦华民:《个人破产条例深圳"破冰"》,载《法治与社会》2020年第9期。

229. 赵万一、高达:《论我国个人破产制度的构建》,载《法商研究》2014年第3期。

230. 赵以邗、金波、张斌:《推动中国特色个人征信市场高质量发展的几点思考》,载《武汉金融》2023年第2期。

231. 郑涛:《中国民事执行难问题的再解读——法院权能的视角》,载《南大法学》2021年第1期。

232. 郑莹:《从传统走向现代:社会保障权司法救济的检省与矫正》,载《法学杂志》2012年第3期。

233. 郑云端:《破产法律制度的历史沿革》,载《中国人大》2006年第17期。

234. 中国人民银行:《建设覆盖全社会的征信体系》,载《时代金融》2022年第20期。

235. 中国司法改革考察团:《美国司法体制考察及启示》,载《人民司法》2006年第7期。

236. 周鸿武、魏占坤、安广军:《建立个人信用制度之管见》,载《商业研究》2005年第11期。

237.周雅菲:《个人破产制度的新发展对银行债权保护的影响分析》,载《现代金融导刊》2023年第2期。

238.朱涛:《论构建自然人破产制度的现实障碍——关于破产法在农村的适用性思考》,载《农村经济》2010年第1期。

239.淄博市中级人民法院课题组:《解决执行难语境下"执行不能"问题研究》,载《山东审判》2019年第6期。

240.邹海林:《我国企业再生程序的制度分析和适用》,载《政法论坛》2007年第1期。

241.最高人民法院民二庭课题组:《司法实践视野下自然人债务庭外重整程序》,载《法律适用》2022年第2期。

242.左登:《健全民事执行程序中执行不能应对机制的若干思考》,载《湖南社会科学》2010年第1期。

243.郭志俊、吴椒军:《论我国个人信用体系的法律制度建设》,载《社会科学论坛》2010年第5期。

244.王薇:《论建立我国个人破产制度》,载《社会科学论坛》2006年第7期。

245.孟晗骏:《美国个人信用体系及对我国的启示》,载《经济师》2015年第1期。

246.谭明强:《论我国个人信用制度的完善》,载《企业导报》2015年第3期。

247.张明良:《我国当下构建个人破产制度的可行性分析》,载《经济与法》2014年第1期。

248.王晓锋:《个人破产法律制度建立的必要性与可行性》,载《齐齐哈尔大学学报(哲学社会科学版)》2011年第1期。

249.于海斌:《论个人破产制度——兼论个人信用体系之完善》,载

《长白学刊》2012年第6期。

250. 何建奎、岳慧霞:《美国个人信用体系范式及对其对我国的借鉴》,载《财经问题研究》2004年第11期。

251. 殷慧芬:《破产免责制度的历史考察》,载《河北青年管理干部学院学报》2007年第1期。

252. 赵万一、高达:《我国个人破产制度的构建》,载《法商研究》2014年第3期。

253. 王利明:《破产立法中的若干疑难问题探讨》,载《法学》2005年第3期。

254. 邢培泉:《我国个人信用与破产免责》,载《河南社会科学》2007年第9期。

255. 韩中节、高丽:《破产免责制度立法模式的比较考察及借鉴》,载《法学杂志》2010年第10期。

256. 黄家亮:《混合型法律价值体系及其内在冲突》,载《湘潭大学学报》2008年第5期。

257. 李磊:《中国目前建立个人破产制度的可行性分析》,载《法制与社会》2009年第5期。

258. 秦策:《法律价值目标的冲突与选择》,载《法律科学》1998年第3期。

259. 云南省高级人民法院:《云南省高级人民法院关于执行中实施债权凭证制度的规定(试行)——2001年10月16日云南省高级人民法院审判委员会第88次会议通过》,载《云南日报》2001年10月25日,第B04版。

260. 蔡晖:《对无履行能力案件的处理》,载《人民法院报》1999年10月28日,第3版。

261. 陈夏红:《民国〈破产法〉的起草者》,载《法制日报》2016年10月26日,第11版。

262.董如易:《面对“执行不能”:退出与恢复双向通行》,载《人民法院报》2017年11月22日,第2版。

263.顾敏、杨频萍、李刚:《给“诚实而不幸”的人生按下“重启键”》,载《新华日报》2021年8月3日,第7版。

264.韩冰:《香港关于个人破产制度的法律规定》,载《人民法院报》2013年5月10日,第8版。

265.韩长印:《建立自然人破产制度正当其时》,载《人民法院报》2021年10月15日,第2版。

266.贺小荣:《人民法院四五改革纲要的理论基点、逻辑结构和实现路径》,载《人民法院报》2014年7月16日,第5版。

267.胡芦丹:《探索个人“执行不能”退出路径》,载《台州日报》2019年5月18日,第1版。

268.黄榆:《执行不能≠执行难≠执行不力》,载《工人日报》2018年6月18日,第3版。

269.江必新:《完善保险法律制度破解执行难题》,载《中国保险报》2012年3月26日,第1版。

270.解树森:《从源头减少“执行不能”案件——2022年全市法院执行工作会议召开》,载《深圳特区报》2022年6月8日,第A02版。

271.金殿军:《执行程序中财产调查制度亟待完善》,载《人民法院报》2007年8月17日,第6版。

272.刘贵祥、张晨:《构建中国特色执行新模式破解执行难》,载《法制日报》2018年10月26日,第5版。

273.李后祥:《全省法院审判执行结案率居全国首位》,载《合肥晚报》2020年1月15日,第A04版。

274.刘建国:《分清“执行难”与“执行不能”》,载《人民法院报》2018年7月13日,第2版。

275. 龙超凡:《福建启动助学贷款还款救助机制》，载《中国教育报》2018年9月12日，第1版。

276. 骆紫月:《“个人破产复权”在个人破产案件中的适用与限制》，载《人民法院报》2021年6月3日，第8版。

277. 卢林峰、林东婷:《执行结案率92.79%，终本合格率100%》，载《广西法治日报》2021年1月1日，第A01版。

278. 潘婷:《深圳个人破产条例实施首月：共收到260件个人破产申请》，载《每日经济新闻》2021年4月14日，第2版。

279. 王亦君:《3年执结4.07万亿元，322万“老赖”被迫履行义务》，载《中国青年报》2018年10月30日，第6版。

280. 肖波:《深圳中院受理八件个人破产申请——债务人财产申报不实问题突出》，载《人民法院报》2021年4月15日，第4版。

281. 肖建国、童兆洪:《债权凭证制度的“生命力”》，载《人民法院报》2002年6月9日，第3版。

282. 徐隽:《向“执行难”全面宣战》，载《人民日报》2016年4月27日，第18版。

283. 尹忠显:《坚持司法和谐　共建和谐社会》，载《人民法院报》2007年2月13日，第3版。

284. 严剑漪:《破解“执行不能”的“僵尸案”》，载《人民法院报》2017年7月23日，第1版。

285. 郑岗:《破解“执行难”背景下无财产可供执行案件退出机制研究》，载《上海法治报》2017年12月13日，第B05版。

286. 赵春艳:《最高法院晒出“成绩单”》，载《民主与法制时报》2018年11月11日，第2版。

287. 郑少忠:《陕西法院实施债权凭证制度——债权人凭债权凭证可随时申请执行》，载《人民日报》2002年1月16日，第10版。

288. 朱宁宁:《让失信被执行人一处失信处处受限》,载《法制日报》2018年10月25日,第1版。

289. 周强:《最高人民法院关于人民法院解决"执行难"工作情况的报告》,载《人民法院报》2018年10月25日,第1版。

290. 李曙光:《制定个人破产法需着重解决好五大问题》,载《中国证券报》2008年6月14日,第16版。

291. 陈鹏:《〈中国学生资助发展报告(2018)〉发布——2018全国受资助学生1.35亿人次》,载《光明日报》2019年3月1日,第7版。

外文著作和论文

1. William Blackstone, *Commentaries on* the *Laws of England*, *Book* Ⅱ, Child & Peterson.

2. W.W. McBryde, A. Flessner and S. C. J. J. Kortmann, *Principles of European Insolvency Law* , Kluwer Law, 2005.

3. Charles J. Tabb, *Lessons from the Globalization of Consumer Bankruptcy*, *Law and Social Inquiry*, Vol. 30, Issue 4 Fall 2005.

4. Elizabeth Warren & Jay Lawrence Westbrook, *The Law of Debtors and Creditors*: *Text*, *Cases*, *and Problems*, Sixth Edition, Aspen Publishers, 2008.

5. Getahun Walelgn Dagnaw, *Consumer Bankruptcy Law for Ethiopia*: Lessons from United States and Germany, Haramaya Law Review, Vol. 3, Issue 1 Fall 2014.

6. Jason Iuliano, *The Student Loan Bankruptcy Gap*, Duke Law Journal, 2020.

7. John Patrick Hunt, *Consent to Student Loan Bankruptcy Discharge*, Indiana Law Journal, 2020.

8. Robert Weisberg, *Commercial Morality, the Merchant Character, and the History of the Voidable Preference*, 39 Stan. L. Rev. 3 1986.

学术论文

1. 卜璐:《消费者破产法律制度比较研究》，武汉大学2010年博士学位论文。

2. 殷慧芬:《消费者破产制度研究》，上海交通大学2008年博士学位论文。

3. 李颖:《我国个人信用征信体系研究》，同济大学2005年博士学位论文。

4. 谢如良:《我国个人信用及其治理研究》，福建师范大学2006年博士学位论文。

5. 杨柳:《德国民事执行之财产释明制度研究》，南京理工大学2012年博士学位论文。

6. 范向阳:《不动产执行制度研究》，中国政法大学2007年博士学位论文。

7. 徐辉:《论个人破产制度中的债务人财产》，对外经济贸易大学2014年博士学位论文。

8. 李声高:《失信被执行人惩戒制度研究》，中南财经政法大学2019年博士学位论文。

9. 蒋晓亮:《民事执行要件研究》，西南政法大学2020年博士学位论文。

10. 金晓平:《破产制度适用范围演进研究——以个人破产制度的发展为契机》，西南政法大学2021年博士学位论文。

后　记

回望本书的研究之路，感慨颇多。六年之前，本人以一名执行法官的身份再度出发，有幸参与了“基本解决执行难”的全过程。而后，随着“切实解决执行难”号角的吹响，实践与理论的冲突让我陷入无力的困惑怪圈，实践中所出现的执行问题终究需要从理论层面探寻破解之道。于是，我带着终本案件“终而不退”的困惑敲开了这段漫漫六年的探究历程。

个人破产制度在域外国家或地区解决个人执行不能案件的退出方面发挥了无可替代的作用，《个破条例》以及浙江、江苏等地开展的“具备个人破产实质功能”的试点工作均取得了一定的成效，但仍然存在诸多问题。在寻找解决方向及切入点时，我通过阅读不同的文献著作与期刊，“法律制度是立法者对社会上各种现存利益和将来可能产生的利益加以综合平衡的结果”〔1〕让我印象深刻。作为奋斗在执行一线的法官，我深知执行不能案件的化解是提升执行效率效果的重要一环，而执行不能所引发的问题也已经成为司法领域无法忽视的顽疾，过去“头痛医头、脚痛医脚”的制度设计思路亦难以满足当前执行实践中的司法需求。因此，需要立足于司法实践的同时，通过体系化的制度设计来促进个人执行不能案件有序化解。理论知识与实践难题此刻串联成一个闭环。

故此，本书紧紧围绕“个人执行不能案件退出”展开了充分深入细致

〔1〕 张新宝：《侵权责任法的立法利益衡量》，载《中国法学》2009年第4期；付承晨：《个人破产领域豁免财产制度的立法倾向——以利益衡量论为视角》，载《北方金融》2022年第5期；曾迪：《利益衡量下平台企业拒绝数据共享的正当性判断》，载《竞争政策研究》2022年第2期。

的理论考察，并结合自身工作实际开展了有针对性的实证研究，对域外国家或地区解决执行不能案件退出的个人破产相关制度进行了比较分析，充分借鉴域外经验，在结合国内个人破产以及个人债务集中清理试点得失的基础上，立足个人执行不能案件退出的解决，提出了构建个人破产制度的设想。

目前国内对于个人执行不能以及个人执行不能案件退出机制的研究相对较少，且没有形成系统全面完整的研究。本书在现有研究的基础上，通过对选取样本法院的终本案件，以及对已经公布的个人破产案件、个人债务清理案件的文书进行认真细致的分析研究，本书可能的创新主要表现在：

一是借助文献分析，全面系统地对个人执行不能案件退出的理论基础与司法实践进行了详细梳理；二是对《终本程序》实施以来的执行不能案件的运行情况，选取具有典型性的三地六家法院公开裁判数据进行充分的实证研究，较为全面客观地检视终本制度运行实践情况；三是通过已经公布的裁判文书，对个人破产以及个人债务集中清理试点的运行情况进行综合分析，探求影响个人破产推进的各种因素，为下一步优化改革厘清思路方向；四是在前述发现问题、分析原因的基础上，比较借鉴域外经验做法，提出解决个人执行不能案件退出的优化路径与具体做法。

本书以理论研究反哺司法实践为目的，结合求学中的思考与执行工作的困境，并站在前人的肩膀上，主要在实务层面做了四个方面的深入研究与创新。

一是明确了执行不能的概念，可以使债权人、债务人乃至社会公众对“执行不能”以及“执行难”有一个较为清晰的判断标准。执行不能是债务人客观上不具备履行能力，由此产生的不良后果属于债权人应当承担的商业风险、交易风险和法律风险，从而促使债权人在进行市场交易或选择交易主体时不断提升风险意识和责任意识，社会公众不再不加区分地指责法院执行不力，从而有利于法院工作的深入推进以及司法公信的进一步提升。

二是细化了执行不能案件的认定标准，可以使执行法官在执行过程中严格按照实体标准以及程序标准去履行法定的职责，更好地去根据执行实践把握终结本次执行程序的适用，减少甚至避免为了盲目追求结案率而对不符合条件的案件进行终本。有助于加强对于执行工作的监督，对于属于执行难的案件，及时采取有效措施，加大执行力度，最大限度地推动案件的执行，极大地维护债权人的合法权益；同时，可以对确属执行不能的案件进行有效识别，及时实现暂时性退出，有效避免紧缺的执行司法资源被无谓消耗。此外，认定标准的确立，明确了债务人的财产报告义务以及债权人的举证责任，可以使社会公众逐步转变对于法院强制执行就是通过行使公权力对债权实现进行背书的错误观念，“执行万能”的习惯性思维得以扭转。

三是建立执行立案审查制度绝不是无视债权人的权利实现，而是基于客观上大量个人执行不能案件现实作出的科学判断。强化保全措施的采用，是现有法律框架下减少执行不能案件最有效的办法。一些债务人在知道自己被起诉、被执行后，为了逃避债务履行，往往会采取转移财产等方式逃避债务的履行，采取诉前保全可以将这种情况发生的概率降到最低。执行时限制度的提出是在综合平衡债权人、债务人双方利益的情况下作出的最优选择，案件长期不能执行消耗法院的执行资源，债权人还要投入一定的时间成本去寻找财产线索，特别是案件没有执行或没有完全执行时，债权人内心都会抱着一定的期待，长期得不到执行会严重影响债权人的这种内心期待。对于债务人而言，本身就已经没有了履行能力，却长期被限制高消费或被列入失信人名单，正常的生活长期受到影响，自然会滋生“躺平”的心理，放弃努力的希望。正常的市场交易秩序也会由于双方的债权债务长期得不到履行受到影响。规定案件经过一定的时限还没有执行完毕的，丧失强制执行的效力，可以及时阻断各种对于市场交易秩序可能的不稳定因素，使债务人的生活归于正常，使债权人放弃无望的期待。终本案件也可以因此实现彻底的退出。

四是个人破产制度的落地实施不可能在短期内实现，但这是大势所趋，是值得期待的。个人破产制度建立后，对于个人执行不能案件转破产程序的启动，既可以由债务人、债权人按照法律的规定程序提出申请，也可以由法院以及检察机关在必要时依职权提出，并根据债务人的实际情况采取清算或者重整程序进行。待程序执行完毕，免除债务人的未偿债务的清偿责任，执行不能案件据此从执行程序中彻底退出。

本书是我在香港城市大学攻读博士生涯的终章，脱胎于博士论文，同样也是我在法院工作中的一个新的小小成就，这离不开导师、领导、家人与朋友的支持。睹物思人，概莫能外，纵有不舍，皆是感恩。

落其实者思其树，学其成时思吾师。感谢林峰教授、关文伟教授、陈磊教授，你们是我来到香港城市大学求学的引路人，虽非千里马，却也遇伯乐，感谢你们贯穿我整个博士学习生涯始终的坚定支持与帮助。感谢我的导师Peter chan在我论文写作过程中温暖的陪伴与耐心的指导，传道授业、亦师亦友。春风化雨，润物无声，感谢您在繁重的工作中为我答疑解惑。感谢丁春燕教授，感谢您在我前行路上发生自我怀疑与至暗时刻给我带来光明，师者如光，微以致远，句句嘱托、殷殷关切让我坚定了前进的信心。感谢何天翔和贺丹老师，师长易遇，人师难遇。感谢二位老师在答辩过程中为我指点迷津，及具有建设性意义的意见建议。

当时父母念，今日尔应知。感谢我的父母，感谢你们在我已成年却选择继续读书时无声的理解与支持。父母是孩子的第一任老师，您二老的生活经历始终感染着我、激励着我，学习不仅可以改变命运，亦是人生最大的快乐源泉。你们无言的关心与爱护，早已在我心中埋下“活到老学到老”的种子。所爱隔山海，愿山海可平。感谢我的夫人，感谢你在家庭中的奉献与对我的默默支持，让我有足够的时间查阅文献、整理论文、梳理心情，并义无反顾地坚持到最后。感谢陌言、陌语两位小朋友，你们的每一个眼神、每一次微笑，都是我坚持走完这条求学之路的不竭之源。感谢我的哥哥、姐姐和弟弟，感谢你们对我的无私包容，在我缺席父母身边的时候，毫无怨言地替我在父母膝下尽忠尽孝，给予我更多的时间用来学习。

流水潺潺，已过群山。感谢朱春涛、安辉两位领导在我学习期间分担了更多的责任，给予我支持、时间与帮助，让我可以全身心投入学习之中。感谢陶杰、李睿熙、周洁、郭军麟、谭紫玥在我论文的写作修改过程中，对于实证问卷问题的设置、表格的制作、文献的检索等方面给予的批判与帮助。

天下快意之事莫若友，快友之事莫若谈。感谢我求学路上遇到的每一位朋友。感谢2017级的所有同学，你们的鼓励与陪伴一次又一次地坚定了我的信心、振奋了我的精神。感谢张艳红、麦青、陈瑞光、荣艳、侯军、王丽英、童飞、王艳华以及所有给予过我帮助的师弟师妹们，你们为我带来了无尽的快乐和力量，陪我把路上的迷茫与痛苦变成了再度出发的坚毅与勇敢。此去经年，天涯路远，愿你我彼此珍重、珍重！

书末至此，思绪繁杂，一生坦荡，赤诚善良。回想一路走来，有开心快乐，有艰辛痛苦，有困惑迷茫。最后，感谢从未想过放弃、始终坚持的自己。人生曲曲折折水，世事重重叠叠山。感谢那个初中毕业就被父亲将铺盖卷扔到开往工地的车上开启六年打工生涯的自己，感谢那个以“同等学力可以报名高考”据理力争拿到高考入场券的自己，感谢那个在图书馆、宿舍、教室、食堂四点一线，与图书为伴完成四年大学生活的自己，感谢已过知天命之年仍然舍不得放下背上书包的自己。

再回首，已然白了头。但人生海海，成长与寻找是永恒命题。尽管本书在个人执行不能案件退出方面作出了学术以及实务方面的一些贡献，但囿于本人能力水平以及时间等方面的限制，特别是更多的时间本人习惯于用执行的思维去思考相关问题，文章仍有诸多不足之处。

一是受限于现有文献的缺乏，对于执行不能的理论研究深度还有待进一步加强；二是对于终本程序案件的实证研究仅对选取的地区法院部分裁定书进行了分析，没能实现全国范围内的全覆盖，尽管本人尽力做到对选取样本的细致分析，但难免存在以偏概全之不足；三是在对《个破条例》以及浙江、江苏等地进行的个人破产试点的实证研究中，受限于各地公开的裁判文书数量，研究的问题缺乏针对性有效性；四是比较研究方面，多采取的是文献引述的方式进行，原创性的分析不多，有待进一步加强；五是在执行不能案件退出的路径优化方面，虽然从理论上提出了一些可行性建议，但有待实践进一步检验是否可行，效果尚未可知。

在今后的工作中，笔者也将密切关注相关立法的推进实施，不断提高自身在个人执行不能案件退出方面的研究。我相信，随着这些制度机制的逐步落地落实，个人执行不能案件会越来越少，认定标准程序会越来越规范和公开透明，案件退出会越来越顺畅高效，“切实解决执行难”目标的实现会越来越近。